111 GRÜNDE, JAZZ ZU LIEBEN

Ralf Dombrowski

111 Gründe, Jazz zu lieben

SCHWARZKOPF & SCHWARZKOPF

Inhalt

NUR KURZ VORAB

Natürlich ist es pure Willkür. 111 Gründe sind der Versuch, ein an sich unendliches Phänomen mit einer Ordnungszahl zu fassen. Das ist eine Herausforderung, ein Spaß und in seiner Auswahl etwas sehr Persönliches. Denn über Jazz wurde schon viel geschrieben, Wissenswertes, Kurioses, Redundantes. Ich werde also kaum etwas finden, was nicht schon irgendwo einmal gedacht oder erwähnt wurde. Doch darum geht es auch nicht. Dieses Buch ist eher eine Art Netz mit vielen Anknüpfungsoptionen, die als Ausgangspunkt für eigene Entdeckungen dienen. Manches betrifft Geschichtliches, anderes die Form der Musik, einzelne Stücke oder Personen. Einige Pfade führen in die Nachbardisziplinen, beschäftigen sich mit Rock und Pop, Literatur und Film, Ästhetik und Wahrnehmung. Es sind Kuriosa dabei, Anekdoten, hier und da auch mal ein Pamphlet oder eine Assoziationskette, die auf ungesichertes, hypothetisches Terrain führt. Aber hinter allem steht das Ziel, auf eine Musik neugierig zu machen, die zum Spannendsten gehört, was sich Geist, Gefühl und Kultur über die Jahrhunderte ausgedacht haben.

Und ich habe mir helfen lassen, von einer Reihe von Künstlern und Kollegen, die sich in Interviews und Erinnerungen, mit Büchern, Analysen und Recherchen ausführlich mit Jazz beschäftigt haben. Wolf Kampmanns sozialgeschichtliche Darstellung des Jazz zum Beispiel ist grundlegend, ebenso der noch immer mächtige Wälzer von Joachim-Ernst Berendt, den Günther Huesmann kompetent modifiziert hat. Einige der vom Jazzinstitut Darmstadt herausgegebenen Bände bohren tief hinein in die Materie und ein echtes Füllhorn der Information und Unterhaltung ist die im Schnodderton niedergeschriebene Autobiografie von Miles Davis. Das sind wunderbare, erkenntnisreiche Quellen und Basistexte, ebenso wie die grenzenlose Welt von Wikipedia immer neue Details präsentiert, von wo aus man weiter graben kann.

Ich habe daher versucht, diese Vielfalt der Impulse in 111 Gründe zu gießen, die ich selbst mindestens spannend, zum Teil tatsächlich liebenswert finde. Jedes Kapitel steht für sich und kann einzeln gelesen werden, ist darüber hinaus aber in lockeren Themengruppen sortiert und verbunden. Es sind Schmökerangebote, die aber eines nicht ersetzen können: die Musik selbst. Jazz ist Hören, noch besser, Selbst-Spielen! Da kann ich noch so viel schreiben, ein gutes Solo erzählt mehr als die Worte! Aber vielleicht hilft der eine oder andere Grund, es noch ein bisschen besser zu verstehen.

Ralf Dombrowski

1. Kapitel

ALTE ZEITEN

Ein bisschen Geschichte

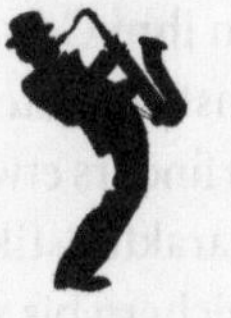

1. Grund

Weil Adolphe Sax sein Saxofon nicht umsonst erfunden hat

Antoine-Joseph »Adolphe« Sax war ein miserabler Geschäftsmann. Aber der Belgier war auch ein zäher Bursche mit Visionen, der im Laufe seines Lebens mehrere schwere Unfälle, ein Lungen- und ein Krebsleiden, drei Insolvenzen, mehrere Plagiat- und Patentstreitereien, Intrigen und Neid überstand. Je nach Zahlung hat er mehr als 100 Instrumente erfunden und hielt außerdem Patente an medizinischen Geräten, Eisenbahnsignalen und für Konzertsaalakustik. Im Jahr 1841 erfand er nach mehreren modifizierten Klarinetten sein erstes Saxofon, eine damals unübliche Verbindung aus Klarinettenmundstück, Klappenmechanik und Metallkorpus. Ziel war es, den im Zeitalter der Bürgerlichkeit boomenden Freiluft- und Militärblaskapellen ein Instrument an die Hand zu geben, das im

Unterschied zu Streichern und Klarinetten möglichst unabhängig von Feuchtigkeit und Witterung war, darüber hinaus über einen kräftigeren Ton verfügte. Junge Komponisten wie Hector Berlioz, Giacomo Meyerbeer und George Bizet waren begeistert, die Leiter der Militärblaskapellen leider auf Dauer weniger. Große Aufträge blieben aus oder wurden, je nach politischer Lage, bald wieder storniert. Und im klassisch-romantischen Orchester waren alle Plätze, für die sich das Saxofon geeignet hätte, schon mit konkurrierenden Instrumenten besetzt. Idee und Wirklichkeit hätten zusammenpassen können, nur standen ihm Gewohnheiten und Eitelkeiten im Weg. »Der Neuling in der Instrumentenfamilie des 19. Jahrhunderts hatte also im Sinne seines Erfinders etwas strukturell Revolutionäres. Er verknüpfte die Klangcharakteristiken verschiedener Vorgänger und Konkurrenten von Streichern bis zu Klarinetten, war mobil und vielseitig einsetzbar, hatte aber auf der anderen Seite durch diese Universalität, Progressivität und die Orientierung am Militärischen das Problem, keinen Fuß in die Tür der bürgerlich schöngeistigen Salon- und Konsum-Kreise zu bekommen«[1].

In Amerika war vieles anders. Als Einwanderungsland war es nicht durch feste Musikkulturen geprägt, sondern ließ Experimente wie die Orchester von Patrick Sarsfield Gilmore oder John Philip Sousa zu, die Richtung Jahrhundertwende Blasmusik-Battles und Konzert-Marathons organisierten, wo zum Teil bis zu zehn Saxofone in einem Ensemble antraten. Freiluftmusik war der Renner, Schätzungen zufolge soll es um 1900 in Amerika rund 10.000 Blaskapellen gegeben haben. Als dann die Sax'schen Patente frei wurden, machten sich amerikanische Instrumentenbauer wie die Firma Conn, deren ehemaliger Mitarbeiter Ferdinand August Buescher und Händler wie H. N. White King ans Werk, eigene Instrumente herzustellen oder originale und umgearbeitete Importe aus Frankreich zu vertreiben. Das Saxofon fand Eingang in die Laienmusik, auf die ersten echten Virtuosen musste es aber noch warten. Im New Orleans Jazz und den Derivaten in Chicago dominierten – den kreolischen, letztlich frankophil orientierten Wurzeln geschuldet – noch Kornett und Klarinette.

Mitte der 1920er-Jahre jedoch kam die Wende. Die Wirtschaft war wieder in Schwung gekommen, das Entertainment verlangte nach neuen Farben und Erfahrungen. Die ersten namhaften Künstler wie Sidney Bechet griffen zum Saxofon, die nächste Generation stand mit begeisterungsfähigen Studenten wie Frank Trumbauer in den Startlöchern. Aufstrebende Swing-Orchester suchten nach frischen Sounds, Duke Ellington engagierte Johnny Hodges, Fletcher Henderson und Chick Webb holten Benny Carter in ihre Reihen, schließlich tauchten Coleman Hawkins und Lester Young auf und bescherten dem Jazz die Stars am Saxofon, die das Instrument brauchte, um in den folgenden Jahrzehnten seine Erfolge zu feiern.

2. Grund

Weil er Begräbnisse fröhlicher werden lässt

New Orleans ist eine heiße Stadt. Temperaturen über 40 Grad Celsius sind im Sommer keine Seltenheit, was bei hoher Luftfeuchtigkeit dazu führt, dass man umgehend im Schweiß steht, wenn man den Schatten kühler Gebäude verlässt. Wer dann auch noch zum Kornett oder gar zum Sousafon greift, um unter freiem Himmel Musik zu machen, muss schon Kondition haben. Auf der anderen Seite war New Orleans auch in der Frühzeit des Jazz schon eine Stadt vielfältiger Kulturen. Im Jahr 1718 unter französischer Ägide gegründet, erlebte New Orleans eine kurze spanische Herrschaft, bevor es von Napoleon mit ganz Louisiana an die Vereinigten Staaten verkauft wurde. Über den Sklavenhandel und durch verschiedene Einwanderungswellen landeten dort Menschen aus Westafrika, Haiti, Europa und brachten ihre Religionen, Bräuche und Gewohnheiten mit. Eigene Bevölkerungsteile wie die Kreolen als bürgerliche Schicht mit schwarzen Wurzeln und starker Verbundenheit zur frankofonen Kultur bildeten sich heraus, und all diese einzelnen Gruppen suchten nach Möglichkeiten, neben der oft harten Arbeit auch Geselligkeit zu pflegen. Marching Bands waren so ein Ventil. Um 1900 soll es allein 30 feste Laienensembles dieser Art gegeben haben, die zum Teil jeden Sonntag ihre Paraden abhielten. Das waren mal öffentliche Gottesdienste, mal Prozessionen, mal einfach Feste, die mit viel Musik gefeiert werden konnten und das Straßenbild in New Orleans prägten.

Dabei ging es weniger um klangliche Raffinesse. Wer bei einer Marching Band spielte, war meist Amateur, spielte nach Gehör und kannte Noten nur als Option. Geübt wurde kaum oder gar nicht, dafür bei einschlägigen Ereignissen oft Stunden am Stück gespielt, mit Kraft, Lautstärke und in Uniformen gepackt. Den Legenden nach gab es immer wieder Beteiligte, die bei solchen Gelegenheiten zusammenbrachen, manch einer soll auch in Ausübung der Musik gestorben sein. Jedenfalls waren es eindrucksvolle Ensembles, die Blechbläser und Klarinetten, Flöten, Stimmen, Trommeln und manchmal auch Geigen zusammenbrachten. Sie waren für viele Schwarze außerdem die einzige Gelegenheit, sich ungestraft in weiße Viertel begeben zu können, auch wenn das trotzdem riskant sein konnte. »Um sich gegen weiße Übergriffe abzusichern, hatte man die Second Line im Schlepptau. Was sich bei heutigen Paraden als lustiger Mob mit Schirmgewedel, Tanz und Akrobatik bunt und freundlich ausnimmt, war damals bis an die Zähne mit Steinen, Messern und Baseballschlägern bewaffnet. Die Second Line war ausschließlich Schwarzen vorbehalten. Kreolen sahen diese Art von Krawall als zu gefährlich an«[2].

In der Regel aber waren die Anlässe friedlich. Marching Bands spielten bei Paraden und zu Picknicks, bei Ausflügen, Tanzveranstaltungen und Begräbnissen. Finanziert wurden sie oft von Bruderschaften, die eigens dafür unterhalten wurden, um so ein Funeral würdig gestalten zu können. Und so eine Zeremonie hatte feste

Regeln. So erinnerte sich Bunk Johnson, ein Kornettist noch aus der Ära von Buddy Bolden, an die klaren Abläufe der Trauerumzüge: »Auf dem Weg zum Friedhof spielten wir immer sehr langsame Stücke […] Wir spielten in sehr langsamem Viervierteltakt, denn wir gingen sehr langsam hinter dem Sarg her. Wir kamen auf dem Friedhof an, und nachdem der Tote zu Grabe getragen worden war, näherte sich die Band dem Grab, und dann entfernten wir uns im Marschschritt nur zur Trommelbegleitung, bis wir ein, zwei Häuserblocks vom Friedhof entfernt waren. Dann spielten wir Ragtime.«[3] Und die Party begann.

3. Grund

Weil er Immigranten und Emigranten Arbeit gab

Amerika ist ein Einwanderungsland. Einen Großteil seiner wirtschaftlichen und kulturellen Potenz konnte sich der Kontinent vor allem dadurch erarbeiten, dass er nach weitgehender Ausrottung der indigenen Völker Arbeitskräfte, Intellektuelle und Visionäre ins Land holte. Große Fluchtwellen aus Europa etwa nach der Russischen Revolution und vor allem zur Zeit des Nationalsozialismus sorgten erst für die Menge Know-how, die beispielsweise der amerikanischen Filmindustrie oder dem Musikleben in die Puschen half. So standen Komponisten wie Hanns Eisler, Paul Hindemith, Friedrich Hollaender, Ernst Krenek, Georg Kreisler, Erich Wolfgang Korngold, Alma Mahler-Werfel, Arnold Schönberg, Robert Scholz oder Kurt Weill auf der Liste der Einwanderungsbehörden, ebenso Dirigenten wie Otto Klemperer und Bruno Walter, darüber hinaus viele noch unbekannte Künstler, die wie die Gründer des Labels Blue Note, Alfred Lion und Francis Wolff, oder die Gründer der Plattenfirma Atlantic Ahmet und Nesuhi Ertegün ihre Qualitäten erst nach ihrer Ankunft entfalten sollten. Man kann die verschiedenen freiwilligen und unfreiwilligen Wanderungsbewegungen sogar noch weiter fassen: »Das Entstehen des Jazz wäre ohne globale Vernetzung, konkret: ohne den transatlantischen Handel mit Gütern und Arbeitskräften zwischen Europa, Afrika und Amerika, undenkbar gewesen«[4].

Als sich neu entwickelnde Kulturform, die von den konservativen Kreisen in den USA zunächst kritisch als Verlotterung der Sitten gedeutet wurde, schuf Jazz dabei Freiräume zur Entfaltung. In den ersten Jahrzehnten bis zur Konsolidierung als Unterhaltungsmusik war er für junge weiße, zumeist bürgerlichen Kreisen entstammende Musiker eine Möglichkeit des Protests gegen die verspießerten Eltern, für ihre afroamerikanischen Kollegen und für alle außerhalb der bestehenden Strukturen Situierten wie die Immigranten eine Option auf ein besseres Leben überhaupt. Jazz bedeutete Chance und Hoffnung, bis 1945 für viele Exilanten aus der Alten Welt, in den Folgejahren auch für Amerikaner, die vor dem Rassismus und dem Verfolgungswahn der McCarthy-Ära nach Europa flüchteten. Schon in den 1920er-Jahren gab es Musiker, die den Verhältnissen in den USA zumindest zeitweise den Rücken kehrten. Nach den umjubelten Europatourneen der Harlem Hellfighters und von Sam Wooding entwickelte sich vor allem Paris zu einer Außenstelle des amerikanischen Jazz. Der Saxofonist und Klarinettist Sidney Bechet blieb dort seit 1920 mehrfach für längere Zeitabschnitte, bevor er sich 1951 endgültig an der Seine niederließ. Ihm folgten der Trompeter Arthur Briggs, der Pianist Claude Hopkins, der Saxofonist und Fagottist Garvin Bushell, die Bars wie das »Chez Florence« zu Jazztreffpunkten machten. Coleman Hawkins lebte von 1934 an fünf Jahre in Europa, ebenfalls in Paris, außerdem in London und Amsterdam, sein Kollege Benny Carter gönnte sich ausgedehnte Aufenthalte in der Alten Welt der 1930er.

Nach dem Zweiten Weltkrieg flüchteten zahlreiche schwarze Musiker aus den USA von Don Byas und Dexter Gordon über James Moody und Tadd Dameron bis Kenny Clarke. Seine Big Band, die er zusammen mit dem belgischen Pianisten Francy Boland leitete, entwickelte sich zur Sammelstelle amerikanischer Jazz-Koryphäen, die wie Johnny Griffin, Benny Bailey, Kenny Drew oder auch Sahib Shihab auf diese Weise Arbeit hatten. Überall in Europa wohnten die Stars aus Übersee, Stan Getz, Kenny Drew, Oscar Pettiford in Kopenhagen, Art Farmer in Wien, Mal Waldron in München, und hinterließen ihre Spuren. Mehr denn je wurde Jazz zu einer Musik des Austausches, die dann am besten funktionierte, wenn man sich gegenseitig unter die Arme griff, zunächst als Vorbild, dann als Partner und Link in die jeweils andere Welt.

4. Grund

Weil Jazz der Soundtrack der Prohibition war

Mit Alkohol war viel Geld zu verdienen. Denn seit in der Nacht zum 17. Januar 1920 der Zusatzartikel 18 der amerikanischen Verfassung inkraftgetreten war, standen Erzeugung, Transport und Verkauf alkoholischer Getränke unter Strafe. Die Folge dieser radikalen Maßnahme zur Domestizierung der Bevölkerung war einerseits zwar ein spürbarer Rückgang registrierter Todesfälle durch Leberzirrhose und ähnliche alkoholbedingte Krankheiten. Auf der anderen Seite entstanden aber in Großstädten wie New York und vor allem Chicago eigene Kartelle organisierter Kriminalität, die dafür sorgten, dass trotz des Verbots für die vergnügungswilligen Stadtbürger der Roaring Twenties genügend Rauschmittel zur Verfügung standen. Getrunken wurde dann in mehr oder weniger getarnten Kneipen, den sogenannten Speakeasys, außerdem schossen illegale Destillen wie Pilze aus dem Boden, deren Schnaps allerdings selten den Qualitätsstandards regulärer Brennerei genügte und daher zum Erblinden oder Tod führen konnte. In den Jahren bis zur Aufhebung des Alkoholverbots 1933 kam es zu rund 10.000 Todesfällen durch Vergiftungen im Zusammenhang mit Alkoholkonsum und einer Vielzahl von

Opfern von Gewaltdelikten, die im Gefolge von Vermarktung und Vertrieb der begehrten Droge zu beklagen waren[5].

Insbesondere Chicago entwickelte sich zum Zentrum der organisierten Kriminalität, denn dessen Bürgermeister »Big Bill« William Hale Thompson hatte keine Probleme damit, beide Augen zuzudrücken, wenn es um die Aktivitäten der Banden von Johnny Torrio oder Al Capone ging. Die Speakeasys florierten, und sie brauchten musikalische Untermalung, damit das verbotene Vergnügen sich noch etwas prickelnder anhörte. Gleichzeitig waren mit dem Auszug vieler Jazzmusiker aus dem Kriegshafen New Orleans und dessen nicht mehr vorhandenem Vergnügungsviertel Storyville seit 1917 viele junge Jazzmusiker in die Windy City gekommen, in der Hoffnung auf Arbeit. Eine Zeit lang ging die Rechnung durchaus auf. Anfang 1921 beispielsweise heuerten im »Friar's Inn« die New Orleans Rhythm Kings an, als weiße Musiker von schwarzen Kollegen kritisch beäugt, aber von den Youngstern gefeiert. Immer wieder trieb sich der Nachwuchs wie die Brüder Jimmy und Dick McPartland oder auch Frank Teschemacher im Publikum herum, die 1922 als Austin High School Gang eigene musikalische Gehversuche machen sollten. Und der junge Kornettist Bix Beiderbecke, der in der nahe gelegenen Militärakademie Lake Forest studierte, lauerte gelegentlich vor den Pforten des Lokals, um ein wenig Musik abzubekommen. Auch er sollte 1923 mit den Wolverines eine Band gründen, die während der zwei Jahre ihres offiziellen Bestehens dann zu den bekanntesten Combos des Chicago Jazz wurde.

In der schwarzen South Side rund um die State Street wiederum waren andere Künstler am Start. Dabei entsprach die Wirklichkeit vor Ort nur am Rande den Glorifizierungen späterer Jahre, die aus der Gangster-Ära eine Epoche romantischer Anarchie zu machen versuchten. »Als King Oliver mit seiner Creole Jazz Band im Juni 1922 auf dem Podium des Lincoln Gardens Platz nahm, dachte er nur daran, so gut wie möglich seine Arbeit zu verrichten, die auch darin bestand, die Gäste des Lokals zum Tanzen zu bringen. Da waren Weiße und Schwarze, und sie tanzten Bunny Hug, Charleston, Black Bottom und andere Modetänze von damals, während eine große Kugel mit kleinen Spiegeln, die an der Decke befestigt war und von zwei Scheinwerfern angestrahlt wurde, sich langsam drehte und sie mit lauter Lichtflecken überflutete.«[6] Im Jahr 1923 stieß dann für kurze Zeit der noch kaum bekannte Louis Armstrong zur Band, bevor er ein Jahr lang mit Fletcher Henderson unterwegs war. Außerdem konnte man Earl Hines und Jelly Roll Morton, Barney Bigard und Kid Ory in der Stadt treffen. Zur Hochzeit der Prohibition, bevor die Weltwirtschaftskrise ihre Vorboten schickte, war daher Jazz der Sound der Stadt, bis die Situation langsam aus dem Ruder lief. »Mehrere Jazzclubs waren von den Fehden zwischen rivalisierenden Banden betroffen, Bombenattentate machten ihren Besuch gefährlich. [...] Trotz des konzertierten Protests mehrerer Clubbesitzer beim Obersten Gericht wurden in den Clubs Razzien durchgeführt und einige von ihnen geschlossen. Bei der Stadtverwaltung setzten sich die Moralisten durch, unterstützt von einer Bevölkerung, die des ewigen Bürgerkriegs zwischen Polizei und Gangstern überdrüssig war.«[7] Viele Musiker zogen weiter nach New York, das die Kriminalität besser im Griff hatte. Dort gab es außerdem reichlich Arbeit, in Tanzpalästen und ca. 30.000 Speakeasys, beim knospenden Rundfunk, zuweilen auch am Broadway. Den Jazz aus New Orleans und Chicago nahmen sie mit und brachten ihn mit den Spielformen aus Harlem und Brooklyn zusammen. Der Mythos des Jazz als Soundtrack der Prohibitionsjahre hingegen wurde weiter gepflegt, nicht zuletzt durch Filme wie *Some Like It Hot* (1959), wo Billy Wilder die Capone-Ära persifliert oder durch George Roy Hills *The Sting* (1973), der zwar 1936 spielt, aber nicht nur das große Scott-Joplin-Revival einläutete, sondern das Chicagoer Kriminellenmilieu pointiert durch den Kakao zog.

5. *Grund*

Weil er die Big Band erfunden hat

Vieles, was heute selbstverständlich erscheint, musste erst erfunden werden. Die Jazzcombo mit Solist, Klavier, Kontrabass und Schlagzeug zum Beispiel entwickelte sich zu Beginn des vergangenen Jahrhunderts in Bars und Bordellen von New Orleans aus Vorläufern, die sich auf ein auf Bass, Cello und Klavier reduziertes Mini-Salonorchester zurückführen lassen. Die erste Fußmaschine für Schlagzeug ging 1899 bei William F. Ludwig in Serie, das erste Drumset verkaufte die Ludwig & Ludwig Drum Company 1918. Um den Rhythmus in der Band kümmerten sich bis in die 1920er-Jahre vor allem Bass und Banjo, wahlweise Gitarre. Das Saxofon konkurrierte lange mit der Klarinette, überhaupt existierten sehr unterschiedliche Formationen. Paul Whiteman bevorzugte einen großorchestralen Klang, Duke Ellington die reduzierte, bläserbetonte Variante, Louis Armstrong wiederum kompakte Formate wie die Hot Five und Hot Seven. »Erst Mitte der dreißiger Jahre zeichnet sich die typische Big Band mit der Brass-Section, bestehend aus drei- bis vierstimmigem Trompeten- und Posaunensatz, der Reed-Section mit 4 oder 5 Saxophonen mehr und mehr ab.«[8]

Zu diesem Zeitpunkt stand der Swing in voller Blüte und mit ihm das ganze Spektrum der orchestralen Möglichkeiten. Die echten Swing-Big-Bands konnten von Benny Goodman und Jimmie Lunceford über Bob Crosby und Count Basie bis zu Duke Ellington und Glenn Miller in ihrem Stil sehr variieren. Daneben gab es zahlreiche Sweet-Bands wie Glen Gray und das Casa Loma Orchestra, die Ensembles von Isham Jones und Ray Noble oder auch von Guy Lombardo und Tommy Dorsey, deren Focus mehr auf Sängern, Sängerinnen und dem Schlager-Schmalz der Lieder lag. Wichtige Faktoren waren dabei die Persönlichkeit des Leaders, der sich in der Regel um die Beschaffung der Musikstücke und Arrangements kümmerte, die Kompetenz der illustren Solisten und eben der Vokalisten, die als Aushängeschild dienten.

Den kulturellen Boden für den Höhenflug des Orchesterswings boten die ökonomisch prosperierenden 1930er-Jahre. Nach dem Schock der Weltwirtschaftskrise 1929 setzte von 1933 an mit der New-Deal-Politik von Franklin D. Roosevelt in den USA ein Umschwung in der öffentlichen Selbsteinschätzung ein. Im Februar 1933 wurde das Alkoholverbot aufgehoben, die Finanzmarktregulierung ordnete den Geldverkehr neu. Subventionen in Landwirtschaft und Industrie sorgten dafür, dass die Lohntüten sich wieder füllten. Das Geld wollte ausgegeben werden, und vor allem in den Städten entstand eine florierende Vergnügungsindustrie mit Hotels und Ballsälen, Kinos und Radioanstalten, die Konzerte übertrugen. Das Bedürfnis nach Livemusik, nach Tanz traf auf eine junge Generation kreativer Musiker, die in den Big Bands die Möglichkeit sahen, neuen Sound auszuprobieren und eine Stange Dollars zu verdienen. Der Bedarf war groß genug, dass Hunderte Big Bands gleichzeitig bestehen konnten, und diese Entwicklung hielt bis in die Kriegsjahre an.

Von 1942 an jedoch änderten sich die Vorzeichen. Viele Orchesterleiter von Artie Shaw über Bob Crosby bis Claude Thornhill und Glenn Miller wurden zum Militärdienst eingezogen und dienten fortan zumeist musikalisch an der Front. Treibstoff wurde knapp, Gummi ebenso, Tourneen waren damit kaum noch zu organisieren. Die Regierung erhob eine 20-prozentige Vergnügungssteuer zur Unterstützung ihrer Militäraktivitäten, zeitweise wurden Ausgangssperren ab Mitternacht verhängt. Gleichzeitig waren viele Solisten durch die guten Jahre so verwöhnt, dass sie weiterhin Traumgagen verlangten. Der Recording Ban der einflussreichen Musikergewerkschaften, die von den großen Plattenfirmen mehr Geld für Instrumentalisten herausschlagen wollten, sorgte vom 1. August 1942 an bis weit in das Jahr 1944 hinein dafür, dass die nicht unbeträchtlichen Zusatzeinnahmen durch Schellack-Platten einbrachen.

Am Ende erschienen Big Bands einfach nicht mehr zeitgemäß. Einerseits stellte der Bebop in kleinen Formationen den genialischen Solisten in den Mittelpunkt, auf der anderen Seite trafen Sänger und Sängerinnen mit romantischen oder aufmunternden Texten mehr den Zeitgeist als die bisherigen Tanzspektakel. Der Sound der Orchester wurde wie bei Stan Kenton oder Woody Herman komplexer, schlechter tanzbar. Das Geld saß nicht mehr locker, Subventionen durch die Army blieben aus und am Horizont lockte schon das Fernsehen als neues Medium des Rückzugs ins Private. »Schließlich, mehr als ein Dutzend Jahre, nachdem Benny Goodman dem zarten Bigband-Pflänzchen erstes Leben eingehaucht hatte, im Dezember 1946, platzte die ganze Seifenblase mit einem gewaltigen Knall. Innerhalb weniger Wochen verkündeten acht der Top-Bandleader der Nation, dass sie ihren Hut nehmen würden – einige verschwanden für eine Weile, einige für immer: Benny Goodman, Woody Herman, Harry James, Tommy Dorsey, Les Brown, Jack Teagarden, Benny Carter und Ina Ray Hutton.«[9] Bebop und Cool übernahmen die stilistische Führung, Rhythm & Blues, Rock 'n' Roll und Folk standen in den Startlöchern des Populären. Für die Big Bands war es eine dunkle Zeit, die sich erst wieder aufhellte, als Duke Ellingtons Comeback beim Newport Jazz Festival 1956 Aufmerksamkeit erregte und die ersten Oldtime- und Swing-Revivals einsetzten.

6. Grund

Weil er Wladimir Horowitz staunen ließ

Um Art Tatum ranken sich viele Geschichten und Bonmots. Mindestens zwei davon haben mit einem der größten Klassik-Virtuosen des 20. Jahrhunderts zu tun. Denn Wladimir Horowitz war ebenso genial, wie ehrgeizig und wollte daher auch Art Tatum beeindrucken. So hat er wohl, soll André Previn einmal Oscar Peterson erzählt haben, ausführlich ein paar Variationen zu *Tea For Two* ausgearbeitet und sie bei einer Gelegenheit seinem Jazzkollegen vorgespielt. Der wiederum habe sich lobend geäußert, ans Klavier gesetzt und spontan das Stück und Horowitz' Bearbeitung an die Wand gespielt, woraufhin der Klassiker beschloss, es nie wieder vor Publikum anzustimmen. Darüber hinaus macht ein Statement die Runde, wo Horowitz meinte, wenn Tatum ernsthaft Klassik geübt hätte, hätte er aufgehört zu spielen. Die aber am häufigsten kolportierte Legende erzählt, dass eines Abends Fats Waller in einer Bar gespielt habe, als ein großer, schwerer Mann durch die Tür gekommen sei. »Ladies and Gentlemen, ich bin nur ein Klavierspieler, aber gerade ist Gott hereingekommen«, soll Waller gesagt und den Schemel am Klavier geräumt haben[10].

Egal, ob diese Geschichten wahr sind oder nur zur Hagiografie eines großen Künstlers gehören, sie verweisen auf einen Punkt in der Jazzgeschichte, als ein einzelner Virtuose das Niveau der Gestaltungskunst gattungsübergreifend auf eine neue Ebene gehoben hat. »Die Superlative, in denen Jazzmusiker schwelgen, wenn es den fast blinden König der ›cutting contests‹ zu preisen gilt, werden in diesem – und nur in diesem einen – Fall von klassischen Meisterpianisten bestätigt. Sergej Rachmaninoff, Ignacy Paderewski, Leopold Godowsky und Walter Gieseking gehörten ebenso zu seinen Bewunderern wie Wladimir Horowitz.«[11] Die Wirkung des 1909 in Toledo, Ohio, geborenen Pianisten, der erst 1932 als Begleiter der Sängerin Adelaide Hall nach New York kam, dann aber umgehend die Stride-Piano-Szene umkrempelte, ist immens. Nicht nur wurden die bisherigen Platzhirsche Waller, James P. Johnson und Willie »The Lion« Smith in ihre Schranken gewiesen. Tatum zeigte vielmehr völlig neue Möglichkeiten für das Jazzklavier auf, von seiner Kunst perlender Arpeggierungen über die Art, harmonisch, nicht mehr melodisch aus den Changes heraus zu solieren, bis hin zu einer Variationskunst, die europäischen Impressionismus und Romantik ebenso integrierte wie eine mit der afroamerikanischen Stadtklangkultur verschmolzene Fugentechnik. Tatum war schlicht der Beste, vor allem wenn er als Solist antrat. Er duellierte sich gerne musikalisch mit Kollegen und hat letztlich die texturalen Improvisationsideen eines John Coltrane ebenso beeinflusst wie die Zerlegung der Formkonventionen eines Cecil Taylor. Bis heute gilt er als Meister aller Klassen, auch wenn er selbst auf dem Sterbebett einem jungen Kollegen den Namen des aufstrebenden Pianisten genannt haben soll, den er selbst genial fand: Erroll Garner.[12]

7. Grund

Weil »Strange Fruit« noch immer einer der beeindruckendsten Songs des Jazz ist

Werner Burkhardt war einer dieser Feingeister, die die deutsche Musikkritik mit der Bildung eines Universalgelehrten und der Feder eines Literaten bereicherten, ein Jongleur der Worte, der sich der Faszination seines Berufs ebenso bewusst war wie der vielen Fallstricke, die auf dem Terrain der Beurteilung kultureller Phänomene auslagen. »Mythen erfordern Wachsamkeit. Man kann auch hineinplumpsen in den Brunnen der Vergangenheit«[13], schrieb er in einem Artikel über Billie Holiday, den er ursprünglich für das Schweizer Kulturmagazin *Du* verfasste und 2002 in einem Sammelband mit Essays und journalistischen Arbeiten noch einmal zugänglich machte. Und dann entrümpelte er das Bild von der Lebefrau ein wenig, charakterisierte sie zugleich aber als aufmerksame Beobachterin des Urbanen, die ihren mit viel Dramaturgie und pointierter Reduktion arbeitenden Personalstil vor allem in Reaktion auf die Impuls-Opulenz der Metropole New York entwickelte. Bewusst versuchte Burkhardt, all die Holiday-Mythen zu umschiffen. Doch am Ende landete auch er bei einem Song, der im Repertoire der Sängerin zwar zu den Ausnahmen gehörte, zugleich aber ihr bekanntester wurde.

Denn *Strange Fruit* hat nichts mit dem Nachtleben zu tun, in dem Holiday in den späten 1930er-Jahren ihre Reputation als Meisterin des Feinen, Emotionalen, aber auch Swingenden und Bluesigen erwarb. Es ist vielmehr eines der stärksten Lieder gegen Rassismus, die in Amerika jemals geschrieben wurden. Im Text heißt es unter anderem: »Southern trees bear a strange fruit, blood on the leaves and blood on the root, black body swinging in the southern breeze, strange fruit hanging from the popular trees«. Geschrieben hatte diese Anklage Abel Meeropol, ein Lehrer aus der Bronx, unter dem Eindruck eines Fotos, das den Lynchmord an Thomas Shipp und Abraham Smith zeigte, zwei Schwarzen, die von einem wütenden Mob in Marion, Indiana, aus dem Gefängnis gezerrt und aufgehängt wurden, weil ihnen der Tod eines weißen Arbeiters und die Vergewaltigung von dessen Freundin vorgeworfen wurden. Der überzeugte Kommunist Meeropol wurde das Bild nicht mehr los, bis er das Gedicht *Bitter Fruit* geschrieben hatte, das er zusammen mit Danny Mendelsohn später in einen Song umwandelte. Der wiederum wurde zunächst nur im kleinen Kreis bekannt, was sich aber änderte, nachdem Meeropol im Café Society im New Yorker Greenwich Village Billie Holiday kennengelernt und ihr auch *Strange Fruit* mitgebracht hatte. Die Sängerin war fasziniert und zugleich verunsichert von dem Stück, nahm es aber in ihr Programm und sorgte dafür, dass es eines Abends in der Szenekneipe totenstill wurde. Die Art, wie sie mit einer Mischung aus kindlicher Diktion, rauchigem Timbre und unendlicher Traurigkeit von der tumben menschlichen Brutalität sang, intensiv, bewegend, eher melancholisch als larmoyant, packte die Zuhörer bald auch auf Schellack, erstmals aufgenommen am 20. April 1939 für das Label Commodore Records und dann noch mehrfach in wechselnden Besetzungen unter anderem mit dem Orchester von Tony Scott. So untypisch das Stück für ihr übriges, eher am Entertainment orientiertes Repertoire war, so klar wurde es neben *Lady Sings The Blues* und *Good Morning Headache* zu einem ihrer Erkennungstücke. *Strange Fruit* bildete fortan die Schlusszugabe vieler

Konzerte, den Song, mit dem das Publikum nachdenklich, irritiert, nicht selten auch empört in die Nacht entlassen wurde.[14] Eines dieser Stücke, die man sich merkt.

8. Grund

Weil man zu 2 und 4 nicht marschieren kann

Wer in den Goldenen Zwanzigern etwas Urbanes erleben wollte, der konnte in Paris einbiegen. Oder in Berlin, denn trotz der Zerstörungen des Ersten Weltkriegs und der wirtschaftlichen Repressionen des Versailler Vertrags entwickelte sich die zentraleuropäische Metropole rasant. Neben zahlreichen kleinen Etablissements buhlten Prachtadressen wie der »Delphi-Palast«, das »Ballhaus Femina« oder das »Scala«, wo bis zu 3.000 Plätze belegt werden konnten, um die Gunst des Publikums. Berlin war die Stadt eines avancierten, neuen Rundfunks, der 1923 vom Vox-Haus in der Potsdamer Straße den Betrieb aufnahm. Es gab Filmstudios mit Entourage, berühmte Hotels wie das »Adlon« oder das »Eden«, wo renommierte Ensembles wie die Oscar-Jobst-Band als Hausorchester fungierten. Und es gab die zum wieder einsetzenden schillernden Leben passende Musik, die nach 1923 und der Einführung der Rentenmark florierte, die nicht nur einheimischen Künstlern das Auskommen sicherte, sondern auch die Verpflichtung internationaler Gäste ermöglichte.

Swing und ein nicht näher definierter Jazz wurden zum Sound der Zeit und hielten sich auch nach der Machtergreifung durch die Nationalsozialisten 1933 als beliebte Unterhaltungsmusik. Auch wenn am 12. Oktober 1935 vom damaligen Reichssendeleiter ein »Jazz-Verbot« für den deutschen Rundfunk ausgesprochen wurde, konnte man die Musik weiterhin über den Volksempfänger hören. Noch im Februar 1938 übertrug die BBC live das Konzert des Showorchesters des britischen Entertainers Jack Hylton aus dem »Scala«.

Denn das wirkte mondän, ein Zeichen der internationalen Ausstrahlungskraft von Berlin als Kulturstadt. »Es gab im Dritten Reich zu keiner Zeit ein generelles Jazz-Verbot«, erläutert Marko Paysan die Ausgangslage in dem ausführlichen Booklet der Edition *Swinging Ballroom Berlin*, die Archivaufnahmen von 1926 bis 1943 in einer Zusammenstellung versammelt. »Und es gab auch keine gesetzliche Grundlage für ein solches. Denn die Nationalsozialisten vermochten während ihrer gesamten Machtdauer den Begriff ›Jazz‹ nur unzureichend oder widersprüchlich zu definieren.«[15] Zwar wurde von offizieller und publizistischer Seite gegen die Musik gehetzt, und nicht nur aus ideologischen, sondern auch aus wirtschaftlichen Gründen ging die Reichsmusikkammer von 1937 an verstärkt gegen das Spielen ausländischer Verlagswerke vor, weil auf diese Weise Tantiemen ins Ausland abflossen. Ausländische Jazzplatten waren aber bis 1941 in einschlägigen Geschäften durchaus noch zu kaufen. Und gespielt wurde die Musik weiterhin, wenn auch umsichtig präsentiert.

Nach der Kriegserklärung Deutschlands an England am 3. September 1939 wurden englischsprachige Musiktitel als »feindstaatlich« erklärt. Kontrolleure durchstreiften das Nachtleben, die Musiker halfen sich, indem sie internationalen Swingstücken deutsche Titel gaben und immer eine *Mondscheinsonate* oder Ähnliches im Programm hatten, auf das sie schlagartig umstellen konnten. Neben solch vorsichtiger Form des Widerstandes gab es vor allem in Berlin und Hamburg auch Cliquen wie die Swing-Jugend, die versuchten, sich durch Musik zu definieren und vom Mainstream abzusetzen. »Swingmusik verkörperte die sinnlich erfahrbaren Wurzeln einer jugendlichen Protesthaltung, die sich gegen die Welt der Eltern und Großeltern, überkommene gesellschaftliche Wertesysteme und Ordnungskriterien sowie gegen das NS-Regime richtete«[16]. Da sich diese an sich pubertär harmlose Form des Widerstandes in einem eigenen, betont eleganten Kleidungsstil, dem ostentativen Genuss von Jazz-Schellacks und der Weigerung manifestierte, sich in Organisationen wie der Hitlerjugend kasernieren zu lassen, witterten die Machthaber genügend gefährliches Potenzial darin, um die Grüppchen der Swing-Jugend zu verfolgen und zum Teil in Konzentrationslagern zu ermorden. Diese Angst vor der vermeintlich zersetzenden Kraft der Musik hatte auch strukturelle Gründe, denn der Jazz widersprach als kulturelles System »in zu starkem Maß einer auf Disziplin, Härte, Gleichschaltung, Führerprinzip und Chauvinismus ausgerichteten Ideologie«[17]. Synkopiert, auf zwei und vier kann man nicht marschieren. Jazz taugt daher nicht als Soundtrack des Totalitarismus.

9. Grund

Weil er half, den Faschismus zu besiegen

Absurd, einerseits. Aber auch clever gedacht als Teil der Feindpropaganda. Bereits am 11. Oktober 1939 wurden in Berlin von der Reichs-Rundfunkgesellschaft erste swingende Aufnahmen mit einem Propagandatext versehen. Die Idee war, mit wehrkraftzersetzenden Versen im saloppen Klanggewand den Widerstand der Gegner zu schwächen. Engagiert wurde das Orchester Erhard Bauschke, man sang auf Englisch und Französisch. Dann war erst einmal Pause, wohl auch weil der Propagandaminister Joseph Goebbels und der Reichs-Außenminister Joachim von Ribbentrop ihre jeweiligen Zuständigkeiten klären mussten. Erst im Herbst 1940 ging es weiter, aber dann nahm das Projekt »Charlie And His Orchestra« konkrete Formen an. »Charlie«, das war der Sänger Karl Emil Heinrich Schwedler aus der Rundfunkpolitischen Abteilung des Außenministeriums, und das Orchester war ein eigens zusammengestelltes Ensemble um den Saxofonisten Lutz Templin. Man spielte Unterhaltungsmusik ohne veränderte Texte, aber auch Schlager und Jazz-Hits vom *St. Louis Blues* über *Bei mir bist du schön* bis hin zu Irving Berlins *Slumming in Park Avenue*, die mit antijüdischen, antibritischen oder später auch antisowjetischen Inhalten versetzt waren. Da jubilierte Charlie dann, dass deutsche Bomben London zerstört hätten oder Winston Churchill England an die Amerikaner verkaufen würde, stellenweise hanebüchener Blödsinn, aber mit swingender Überzeugung vorgetragen und gesendet.

Bis 1943 nahm das Orchester, in dem zahlreiche ausgezeichnete Jazzmusiker wie etwa der Schlagzeuger Freddie Brocksieper Unterschlupf fanden, in Berlin und Stuttgart geschätzt 200 Stücke auf, etwa die Hälfte davon ist erhalten. Die Schellacks kamen nicht in den Handel, sondern wurden nur in kleinen Auflagen gepresst und an Rundfunkstationen verteilt. Ohne Schwedler wurde dann noch in Schwaben weiter Musik gemacht, bis die SS im Mai 1945 die Stuttgarter Sendeanlagen sprengte. Die Swing-Propaganda hatte nicht geholfen – und sie war noch nicht einmal eine deutsche Idee gewesen. »Jeder Auslandssender brachte während des Kriegs gegen Deutschland gerichtete Propagandasendungen in deutscher Sprache. Die bekanntesten dieser Sendungen kamen von der BBC London, wo ein Kollektiv um den österreichischen Schriftsteller und Kabarettisten Robert Ehrenzweig (1904–1984), der sich nun Robert Lucas nannte, die Satire-Serie ›Die Briefe des Gefreiten Adolf Hirnschal‹ sendete.«[18] Von Amerika aus wurde die »Operation Muzak« gesteuert, koordiniert vom Office of Strategie Services in Manhattan, die eine Vielzahl emigrierter deutscher Künstler von der Kabarettistin Wilma Kurer bis hin zu Marlene Dietrich für Sendungen mit und ohne Propaganda verpflichtete. »Die Künstler präsentierten amerikanische Broadway- und Tagesschlager, Jazz Songs und Ähnliches in deutscher Sprache. Insgesamt wurden 210 amerikanische Songs von einem Texter namens ›Metzyl‹ – wahrscheinlich ein Pseudonym – ins Deutsche übersetzt, von denen etwa zwanzig mit Propagandatexten ausgestattet wurden.«[19]

Wie viel das tatsächlich bewirkte, ist nicht belegt. Mindestens ebenso wichtig aber war der Jazz im Allgemeinen, der regulär im akustischen Gepäck der Alliierten mitreiste und via Soldatensender etwa von Calais aus in die Kampfgebiete geschickt wurde. Verbreitet wurde er über sogenannte V-Discs – das »V« stand für »Victory« –, die den Soldaten über die Streitkräfte selbst als Botschaft aus der Heimat geschickt wurden. Sie enthielten nicht nur Jazz, sondern verschiedene Schlager, Tanzmusik und auch Klassisches. Die V-Discs waren als Propagandamaterial außerdem von dem sonst sehr effektiven Recording Ban ausgenommen, mit dem die amerikanische Musikergewerkschaft von August 1942 bis November 1944 die Industrie bestreikte, um für die Musiker bessere Arbeitsbedingungen zu erzwingen. Viele der Künstler, die wie Glenn Miller, Artie Shaw, Gene Krupa, Fats Waller oder auch Frank Sinatra in dieser Zeit nicht hätten aufnehmen dürfen, wurden über die V-Discs dennoch dokumentiert und über die Army auf diese Weise finanziell unterstützt. Das konnte allerdings nicht verhindern, dass auf der anderen Seite in den USA selbst das Interesse an den Big Bands in der breiten Öffentlichkeit abnahm, zumal die Plattenproduktion überhaupt durch den Zweiten Weltkrieg beeinträchtigt war.

Davon aber merkten die Soldaten an der Front nichts. Sie hatten ihren Swing im Gepäck, brachten ihn nach Europa und vor allem nach Deutschland, wo ihn eine junge und kulturentwöhnte Generation euphorisch begrüßte, die Jazz zuvor, außer in wenigen Städten wie Berlin und Hamburg, nur heimlich über versteckte Volksempfänger hatte hören können. Manch einer, der später Karriere machte, erlebte ihn gar wie eine Offenbarung. »Die ersten Berührungen gab es schon sehr früh, gleich nach Kriegsende, als wir nach der Flucht vor den Russen in Bayern gelandet sind«, erinnert sich der Saxofonist Klaus Doldinger an die Zeit unmittelbar nach dem Zusammenbruch der Nazi-Herrschaft. »Da marschierten die Amerikaner ein, und ich hörte zum ersten Mal eine Swing-Combo. Das hat mich als Kind sehr fasziniert, genauso wie das erste Weißbrot oder der Kaugummi. Das war wohl die Initialzündung.«[20]

10. Grund

Weil Jazz den deutschen Rundfunk vorantrieb

Deutschland war zerstört. Für manche aber setzte der Wiederaufbau unmittelbar mit der Kapitulation ein. Joachim-Ernst Berendt zum Beispiel, Pastorensohn und Jazzfan aus Berlin, hatte schon zu Zeiten der Nazi-Diktatur heimlich seinem Hobby Swing-Hören gefrönt. Als nun die französischen Besatzungsbehörden sich mit dem Gedanken trugen, einen Rundfunksender für den deutschen Süden einzurichten, preschte er nach vorne und wurde am 1. August 1945 prompt der erste Angestellte des frisch aus der Taufe gehobenen Südwestfunks. Seine Begeisterung für Jazz begann er bald mit Sendungen und eigenen Veranstaltungsreihen ins Funkhaus zu tragen. Wichtig wurde etwa die »Jazztime Baden-Baden«, die er 1949 zum ersten Mal als Konzertreihe veranstaltete, zunächst als öffentliche und mitgeschnittene Jam-Session, von 1952 an unterstützt durch das Orchester Kurt Edelhagen und bald auch von internationalen Gästen.

Im Jahr 1954 wurde die »Jazztime« dann Grundlage für eine TV-Serie, die unter dem Titel *Jazz – gehört und gesehen* dem neuen und boomenden Medium Fernsehen zu swingenden Klängen verhalf. Ein wesentlicher Vorteil war dabei, dass die Musik, die von den Nazis verfemt und offiziell vor allem als Propagandainstrument zur Unterminierung der feindlichen Kampfmoral verwendet worden war, zumindest in den drei Westsektoren als unverdächtig eingestuft wurde. Das half dem SWF, aber auch anderen Sendern im Nachkriegsdeutschland, die zügig anfingen, den Unterhaltungsbetrieb aufzunehmen. Sie konnten nicht nur auf Schallplatten und Bänder zurückgreifen, die von den Alliierten importiert wurden, sondern auch auf zahlreiche Musiker, die es geschafft hatten, entweder in Tanzorchestern oder bis dahin unerkannt als Jazzfan zu überleben. Flugs entstanden erste Combos wie die Berlin All Stars. Zahlreiche Orchester wurden reanimiert oder neu ins Leben gerufen wie das

Radio Berlin Tanzorchester oder das RIAS-Tanzorchester, die sich wiederum zügig zur Talentschmiede für junge Musiker entwickelten.

Und schnell gab es auch die ersten Pflichttermine, die die Menschen an die Radiogeräte lockten. Beispiel *Midnight in Munich*, ein Sendeformat, das der amerikanische Soldatensender AFN mitgebracht hatte und von Jimmy Jungermann für Radio München in *Mitternacht in München* umgetauft wurde. »Rückgrat der Programme wurde ein kleines Ensemble – die Gamelang Combo – und eine Big Band: das Max Greger Orchester mit seinem mitreißenden, harten ›Harlem Stomp‹. [...] Die ›MiM‹ – wie man die ›Mitternacht in München‹ abkürzte – war das erste Zentrum des Jazz in Deutschland nach dem Kriege. Jeder wollte dabei sein, wenn sie ihre Konzerte veranstaltete.«[21] Als dann von 1948 an die einzelnen Bundesländer der Besatzungszonen begannen, mit Landesrundfunkgesetzen, dem ZDF-Staatsvertrag und 1950 der Arbeitsgemeinschaft der öffentlich-rechtlichen Rundfunkanstalten der Bundesrepublik Deutschland (ARD) die Zukunft von Rundfunk und Fernsehen zu regeln, war der Jazz schon ein wichtiger Bestandteil des Radiolebens und blieb es über Jahrzehnte hinweg. Als weltweit einziges Land hat Deutschland bis heute drei feste Radio Big Bands (WDR, NDR, hr) und eine, die projektorientiert zusammenkommt (SWR). Seit der Nachkriegszeit wurden Tausende Stunden mit originärerer Musik bei Konzerten oder im Studio aufgenommen und bilden in den Archiven der Rundfunkanstalten einen Schatz historischer Jazz-Perlen, die mehr und mehr auch der Öffentlichkeit wieder zugänglich gemacht werden. Ohne die Unterstützung der Radioanstalten könnten zahlreiche Festivals von Burghausen bis Köln und Hamburg nur schwer existieren, manch eines ist wie das Jazzfest Berlin seit seiner Gründung 1964 als »Berliner Jazztage« sogar zu einem international renommierten Treffpunkt der Szene geworden, wo von Ornette Coleman bis Miles Davis so ziemlich jeder sich hat blicken lassen, der in Europa musikalisch im Gespräch sein wollte. So wurde der Staffelstab weitergegeben: Am Anfang half der Jazz dem Rundfunk, zu pfiffiger, anspruchsvoller, aber auch unterhaltsamer Musik zurückzufinden. Dann half der Rundfunk dem Jazz, neue Projekte auszuprobieren und im kulturellen Bewusstsein der Menschen präsent zu sein. Eine gute Allianz.

11. Grund

Weil Jazz die Philharmonien entkrampft hat

Rassismus gehörte in Amerika jahrhundertelang zum Alltag. Und er richtete sich nicht nur gegen verschleppte Menschen aus Afrika, sondern gegen so ziemlich jeden, der nicht weiß und protestantisch war. Im Jahr 1944 zum Beispiel wurden bei einem öffentlichen Tumult 21 jugendliche Chicanos – Amerikaner mit mexikanischen Wurzeln – festgenommen und später wegen Mord verurteilt. Diese sogenannte »Zoot Suiter«-Affäre zog ihre Kreise unter liberal eingestellten Mitbürgern, unter denen ein junger Jazzfan namens Norman Granz beschloss, das öffentliche Interesse für ein großes Konzert zugunsten der Chicanos zu nutzen. Er hatte gute Kontakte in die Szene, mietete für den 2.Juli 1944 kurzerhand mit dem Philharmonic Auditorium den größten Konzertsaal der Stadt und organisierte einen Abend, den er »Jazz (Concert) At The Philharmonic« (JATP) nannte. Unter den Musikern waren Stars dieser Jahre wie Nat »King« Cole und Illinois Jacquet. Sie spielten in verschiedenen Besetzungen, die am Ende in eine große Jam Session mündeten. Das Ganze war ein enormer Erfolg, sodass aus dem einmaligen Ereignis eine ganze Reihe wurde, die monatlich stattfand, in Los Angeles bis zum 28. April 1946. Dann gab man dem jungen Impresario zu verstehen, dass der Raum für die Veranstaltung nicht mehr zur Verfügung stünde, angeblich weil dort zu viel getanzt worden sei. »Ich denke, unser Kernpublikum waren junge Italiener, junge Schwarze, junge Juden«, erinnerte sich Granz im Gespräch mit dem Journalisten Nat Hentoff. »Und dann die Musiker selbst, die ich hatte. Ich habe mir nie Gedanken darüber gemacht, was Coleman Hawkins oder Benny Carter zu tun hatten. Sie waren die Besten.«[22]

Granz selbst vermutete, dass das Ende in Los Angeles an seinen Grundsätzen gelegen haben könnte, weder auf der Bühne noch im Publikum Rassentrennung zuzulassen. Doch bis es zu dem Break kam, war einiges passiert. Der Musikerstamm war gewachsen, Künstler und Künstlerinnen wie Ella Fitzgerald, Dizzy Gillespie, Charlie Parker und Lester Young waren zum JATP-Team gestoßen. Granz selbst hatte seine früheren Jobs bei Filmfirmen aufgegeben und konzentrierte sich nun auf die Arbeit als Impresario. JATP wurde vom lokalen Phänomen ab 1946 zu einer Tournee-Karawane, die zunächst die Ostküste, bald auch Europa und Japan bereiste. In den frühen 1950er-Jahren fanden bis zu 150 Konzerte jährlich unter dem Markennamen statt. Granz arbeitete mit seinen Künstlern auch über die Konzerte hinaus, gründete eigene Plattenfirmen, zunächst *Clef* (1946), dann *Norgran* (1953), deren Repertoire er 1956 unter dem Namen *Verve* zusammenfasste und ausbaute. Von 1957 an, auf dem Zenit des Erfolgs der Veranstaltungsreihe, ließ er JATP zunächst in Amerika auslaufen. Ende des folgenden Jahrzehnts gab es dann auch in Europa und Japan kaum noch Konzerte. Granz zog 1960 in die Schweiz, verkaufte *Verve* an MGM (1961), konnte es aber nicht lassen und gründete 1972 mit *Pablo* das nächste Label, für das er viele seiner langjährigen Weggefährten von Ella Fitzgerald bis Oscar Peterson verpflichten konnte. Bis zu seinem Tod 2001 war er unermüdlich aktiv, ein versierter Netzwerker, der viel für den Jazz getan hat. Wie eben mit »Jazz At The Philharmonic«, das die Verknüpfung der improvisierenden Musik und der hochkulturellen Präsentation als Marke und Idee popularisierte.

2. Kapitel

MYTHEN UND HELDEN

Die großen Namen

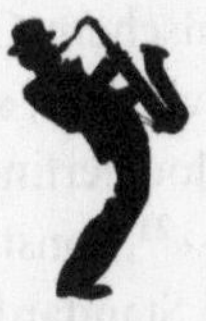

12. Grund

Weil Louis Armstrong so ein hinreißender Revoluzzer war

Louis Armstrong in ein paar Absätze zu packen, ist eine Herausforderung. Denn er war Musiker und Phänomen zugleich, hat die klangliche Erscheinungsform des Jazz, dessen Wahrnehmung in der Öffentlichkeit beeinflusste und gilt als eine der großen Integrationsfiguren der amerikanischen Kulturgeschichte, der es früher als vielen anderen gelungen ist, Rassenschranken hinter sich zu lassen. Er war der nahbare Star, der sich nach Konzerten gerne unters Volk mischte, irgendwo in der Welt, auch wenn er die Sprache nicht verstand. Er hätte sich Paläste leisten können, wohnte aber lieber in seinem Häuschen in Queens, das er zusammen mit seiner vierten (und letzten)

Frau Lucille 1943 für 16.000 US-Dollar erstanden hatte und im Laufe der Folgejahre lediglich ein wenig modernisieren und um einen Garten des Nachbargrundstücks erweitern ließ. Man konnte ihn in Joe's Artistic Barbershop treffen, zwei Blocks weiter, und wenn man das Glück hatte, von ihm in sein Studierzimmer eingeladen zu werden, spielt er gerne Musik von Bändern vor, weil ihn das Tonbandgerät so faszinierte. Louis Armstrong war der Star der Hitparaden, der *Hello Dolly* und *What A Wonderful World* sang und mit Grace Kelly und Frank Sinatra am Filmpool lümmelte. Er war aber vor allem ein vollendeter Musiker, der den Standard setzte. »Armstrongs perfekte Mischung aus selbstsicherer Tonauswahl, Klangqualität und Klangindividualität, rhythmischem Gespür für swing sowie seine Tonverzierungen durch individuelle, sehr kontrollierte Vibrati und nicht zuletzt die sichere Melodieerfindung in seinen Soli machten ihn zum Meister seines Fachs«[23], konstatiert der Musikwissenschaftler Wolfram Knauer, und im Standardwerk *Das Jazzbuch* wird ihm gar die Rolle des Revolutionärs zugewiesen, der den Jazz erst zum Jazz gemacht hat: »Louis Armstrong hat für den Jazz die rhythmische Qualität swing verbindlich gemacht [...] Mit ihm beginnt die biegsame, triolische Jazzphrasierung und sie beginnt – nicht nur im Hinblick auf ihre Relaxtheit – gleich mit einem Höhepunkt. Denn vieles, was Louis Armstrong an Phrasierungsnuancen sang und spielte – seine extrem spannungssteigernden rhythmischen Dehnungen und Stauchungen – geht in seiner Kühnheit so weit, dass es Aspekte der modernen Jazzphrasierung vorwegnimmt.«[24]

Wie sehr Louis Armstrong diesen intuitiv freien Umgang mit den Möglichkeiten der Gestaltung verinnerlicht hatte, zeigt sich nicht nur an seinem Trompetenspiel, sondern auch an seinem Gesang. So sehr das Instrument im Grunde nur eine Fortsetzung der Stimme mit anderen Mitteln war, so selbstverständlich war es auch, dass er von Anfang an in seinen Konzerten und auf Aufnahmen als Sänger mitwirkte und damit stellenweise ähnlich beiläufig Grundlegendes leistete. Berühmt wurde beispielsweise seine Vokalimprovisation über *Heebie Jeebies*, die er am 26.Februar 1926 mit seinen Hot Five aufnahm und die zu den frühesten Tonbeispielen des wortlosen Scat-Gesangs zählt. Mit markant tief gutturalem, gurgelndem Timbre übernimmt er die Phrasierung seines Instruments, variiert sie, führt sie weiter und entwickelt dabei eine mitreißende Energie, die sich noch heute durch das dynamikarme Schellack-Geknister hindurch vermittelt. So war das mit nahezu allen Vokalaufnahmen von den Showjahren in den 1930ern oder den Duetten mit Ella Fitzgerald bis hin zu Chart-Hits à la *Hello Dolly* (1963). Dabei verknüpfte Louis Armstrong die musikalische Finesse immer mit einer Aura des Privaten, die dem Hörer den Eindruck vermittelte, mit dem jeweiligen Stück just in diesem Augenblick an einem fröhlichen Moment des Kreativen teilzuhaben. Diese Einheit von Kunst und Person hielt Armstrong bis in den entferntesten Winkel seines Daseins durch, und daher prallten letztlich auch alle Vorwürfe des Anbiederns, des Uncle Tommings an ihm ab, die gerade von Bürgerrechtlern unter den Musikern erhoben wurden. Er war, wie er war, am Ende zählten der ganze Mensch und seine Schaffenskraft, worin sich selbst die kritischen Kollegen einig waren. »Unter den Musikern zweifelte niemand an Armstrongs Bedeutung«, resümierte sein Biograf James L. Collier. »Dazu Dizzy Gillespie: ›Louis? Er ist der Anfang der Trompete im Jazz.‹ Stan Kenton: ›Louis Armstrong ist der Vater des modernen Jazz, daran besteht kein Zweifel.‹ Sun Ra: ›Sein Beitrag zum Jazz ist unermesslich, und sein Beitrag zur gesamten Musik ist in seinem ganzen Ausmaß noch nicht abzusehen.‹«[25]

13. Grund

Weil Duke Ellington den Dschungel nach New York holte

Die 1920er-Jahre, was für ein Jahrzehnt für die Vereinigten Staaten! Ein Krieg war gewonnen worden. Nach einer kurzen Flaute floss über Reparationen und Investitionen viel Geld in die Wirtschaft. Die industrielle Massenproduktion nahm Fahrt auf, Ford ließ Autos am Fließband bauen, Charles Lindbergh flog über den Atlantik, Radio und Kino wurden zu Massenmedien, der Tonfilm veränderte die Wahrnehmung. Überall rumorte es, in der Kunst, der Politik, der Literatur, und die Stadt wurde nach dem agrarischen und industriellen Jahrhundert zum Zentrum gesellschaftlichen Geschehens. Alles schien gleichzeitig zu geschehen, sexuelle Befreiung und Frauenwahlrecht, Bankenboom und Prohibition, ein Zeitalter der Beschleunigung, dessen Menschen mehr und mehr auch extravagant unterhalten werden wollten. Die passende Ära für das junge Pflänzchen Jazz, das die heimische Szene etwa in Harlem mit frischen Impulsen und Musikern versorgte. »In den 1920er Jahren war Jazz selbst exotisch. Zum einen gehörte er im weiteren Sinne zum urbanen Entertainmentmilieu. Darüber hinaus spielte er mit exotischen Implikaturen, die diesen gesellschaftlich-kulturellen Randplatz unterstrichen, von den Dschungel-Revuen eines Duke Ellington bis hin zu Josephine Bakers blanken Brüsten und Bananenröckchen«[26].

Edward Kennedy Ellington selbst war sich der Klischeehaftigkeit mancher Stücke durchaus bewusst. Als Kind aus bürgerlichem Hause in Washington – der Vater war Butler und Kellner, die Mutter brachte ihm erste Klaviergrundlagen bei – hatte er sich aufgrund seiner gepflegten Umgangsformen bereits in der Schule den Spitznamen »Duke« erworben und war als junger Familienvater und Bandleader 1923 nach New York gezogen, um dort musikalisch sein Glück zu versuchen. Und das hatte er, denn vier Jahre später wurden er und sein Orchester als Hausband des bereits berühmten »Cotton Club« des Gangsters und Alkoholschmugglers Owney Madden engagiert. Seine »Washingtonians« verwandelten sich nach und nach in das Duke Ellington Orchestra, das eigene Stilgewohnheiten kultivierte. Es spielte einerseits Swing und Standards, dann kuschelig melancholische Mood-Nummern, zu denen sich die Pärchen in die Nischen drücken konnten, vor allem aber unterhaltsam packende

Jungle-Nummern, die dem New Yorker Nachtleben das Exotische verordneten. »Unter den wichtigsten Solisten, die Ellington im Cotton Club hatte, waren der Trompeter Bubber Miley, der Posaunist Joe ›Tricky Sam‹ Nanton und der Baritonist Harry Carney. Mit Miley und Nanton hat Duke seinen *jungle style* geschaffen. Der durch die *growl*-Effekte, durch die gepresste, raue Tonbildung von Trompete und Posaune erzeugte Ausdruck erinnerte die damaligen Hörer an das Klagen einer Stimme im nächtliche Urwald.«[27]

Verschiedene Dämpfer und Trichter ergänzten den Sound um Wah-Wah-Effekte, manchmal kam auch die Sängerin Adelaide Hall als Gast dazu, die ihrerseits Stimme ohne Text wie ein Instrument einzusetzen verstand. Stücke wie *Creole Love Call*, *Echoes Of The Jungle*, *East St. Louis Toodle-Oo* und *The Mooche* gehören zu diesem Dschungel-Repertoire, aber auch später integrierte Ellington gerne exotische harmonische und rhythmische Färbungen wie etwa bei seinem zusammen mit Juan Tizol geschriebenen Hit *Caravan*. Für Ellington waren diese Jahre jedenfalls der Start in eine internationale Karriere. Radioübertragungen aus dem »Cotton Club« sorgten für überregionale Bekanntheit, erste Tourneen folgten wie 1933 durch Europa und trugen den charakteristischen Sound in die Welt. Mehr und mehr widmete er sich auch konzertanten Stücken, die er speziell für einzelne Solisten seines Orchester schrieb, mit zunehmendem Alter dann Suiten-artigen Großformen und geistlichen Werken. Schätzungen zufolge hat Duke Ellington bis zu seinem Tod 1974 rund 2.000 Kompositionen geschrieben, viele davon grundlegend für die Geschichte des Jazz. Mit dem Dschungel in Harlem aber fing es an.

14. Grund

Weil Cab Calloway ein Ahnherr des Rap ist

Fragt man die Jungs mit den Goldkettchen, ist die Wahrscheinlichkeit gering, dass sich einer von ihnen an Don Redmans Scat-Passage in Fletcher Hendersons *My Papa Doesn't Two Time No Time* von 1924 oder an frühe Vaudeville-Künstler wie Gene Greene erinnert, der bereits in den 1910er-Jahren mit wortlosem Rhythmus-Gesang in Unterhaltungsshows experimentierte. Vielleicht fällt noch jemandem Louis Armstrong ein, der bei den Hot Five zuweilen zu vokalen Improvisationen neigte. Sehr viel besser aber stehen die Chancen bei Cab Calloway, weil der Regisseur John Landis beschlossen hatte, den einst berühmten Swing-Sänger 1980 aus der Versenkung zu holen, ihm einen dunklen Anzug nebst Sonnenbrille zu verpassen und ihn im Film *The Blues Brothers* zu einem guten Onkel der Titelhelden werden zu lassen, der den Brüdern mit seinem das Publikum wie die lokalen Polizeikräfte begeisternden Scat-Hit *Minnie The Moocher* einen heimlichen Abgang ins Finale der Musikkomödie ermöglichte.

Der Song selbst stammt aus dem Jahr 1929, im Team mit Irving Mills geschrieben, und erfuhr im Laufe des folgenden Jahrzehnts einige Modifikationen. Der 22-jährige Calloway hatte sich in Baltimore und New York bis dato weitgehend erfolglos als Jazzsänger durchgeschlagen, war aber eine elegante Erscheinung mit charismatischer Stimme und darstellerischem, tänzerischem Talent. *Minnie The Moocher*, die Geschichte von der naiven Schnorrerin mit dem Herz »as big as a whale«, deren Sympathie für den zwielichtigen Smokey unter anderem dazu führt, dass sie in Chinatown, vermutlich von Opuim vernebelt, lernt »how to kick the gong around« und anfängt, vom König von Schweden zu träumen, wurde zu einem Hit der 1930er-Jahre und Calloways Erkennungsmelodie. Das lag vor allem an dem eingängigen Refrain, dem »Hi-Dee-Hi-Dee-Hi-Dee-Hi«, das der Entertainer im Frage-Antwort-Spiel mit dem

Publikum so lange variierte und beschleunigte, bis der Saal aufgab und sich die Spannung in der Regel in Gelächter auflöste. Calloway nahm den Song 1929 erstmals mit den »Missourians« auf, der ehemaligen Hausband des New Yorker »Cotton Club«, wo er bereits drei Jahre zuvor ein dauerhaftes Engagement bekommen hatte und in eine Swing-Karriere startete. Das Song-Thema setzte er in verschiedenen Versionen fort, von *Kickin' The Gong Around* bis hin zu *Minnie The Moocher's Wedding Day*. Und die Cartoon-Adaption von Popeye-Vater Max Fleischer, der seine Figur Betty Boop 1931 auf einen finsteren Trickfilm-Trip zu Calloways Musik schickte, tat ein Übriges dazu, das Stück mit Kult zu umwölken.[28]

Natürlich sind die Beziehungen zu Rap als rhythmischem Sprechgesang wie auch zu Hip-Hop als Gesamtsystem identitätsstiftender schwarzer Popularmusik vage. Aber es gibt Parallelen, von Cab Calloways elastisch artistischer Art zu tanzen, die einem Breakdancer gut zu Gesichte stehen würde, über die rhythmische Phrasierung von Silben, die zwar keine Botschaft vermitteln, aber als eigenständiges vokales Gestaltungsmerkmal sich vom melodiengeführten Gesang unterscheiden, bis hin zu den Frage-Antwort-Strukturen, die als Strukturelement auch von MCs verwendet wurden. Minnie selbst wiederum kam als Figur ebenfalls zu Hip-Hop-Ehren, wenn auch weit selbstbewusster als in den späten 1920er-Jahren. »Minnie the Moocher was a legend on the block I'm from«, textete Tupac Shakur und skizzierte eine Figur, die auch mit Smokey, Drogen und den Regeln der Hood zu kämpfen hat. Der Song erschien posthum in der Sammlung *Lost Tapes 1988–1991*, ausdrücklich inspiriert von Calloways Original, wenn auch musikalisch eigenständig.

15. Grund

Weil Scat mehr als die hohe Kunst des Trällerns ist

Für Ella Fitzgerald war es nur konsequent, die Worte wegzulassen. Stimme war für sie ein Instrument, das man wie alle anderen auch an die Grenzen führen konnte, und als in den frühen 1940er-Jahren der Bebop in der Luft lang, begann auch die Sängerin, mit den sich eröffnenden Möglichkeiten zu experimentieren. Eine Idee davon, wo es hingehen könnte, entwickelte sie bereits 1941, als der junge Trompeter Dizzy Gillespie kurzzeitig zum Chick Webb Orchester stieß, dessen Leitung Ella Fitzgerald nach dem Tod des Bandleaders übernommen hatte. Dieser Youngster spielte anders, pfiffiger und fordernder als seine Ensemblekollegen. Und er inspirierte seine Chefin, die sich in den folgenden Jahren sporadisch mit ihm zusammentat. »Das Scat-Singen habe ich von Dizzy Gillespie gelernt, als ich mit seiner Band auf Tournee war«, gibt sie später in einem Interview zu Protokoll. »Immer, wenn ich ihm zuhörte, wünschte ich mir, dass meine Stimme wie eine Trompete klingen sollte. Und er rief: ›Versuch's doch einfach‹, und dann habe ich improvisiert. Wir spielten ›Lady Be Good‹ in einer Radioshow. Das hörten die Leute von Decca und die machten eine Schallplatte davon«[29].

Lady Be Good wurde Mitte der 1940er-Jahre zum Klassiker des Scat-Gesangs, ebenso wie Ellas Version von *How High The Moon*, und markierte den Übergang der Stimme in eine neue Phase der vokalen Freiheit, die sich von den Fesseln der Wortbedeutung und Textinterpretation löste, ohne dabei aber das Formale des melodisch-linearen Ablaufs völlig außer Acht lassen zu müssen. Es wurde in der hurtig swingboppenden Version zu einem von Ellas Markenzeichen, während Kolleginnen wie Sarah Vaughan oder später Betty Carter langsamere und bluesigere Legato-Varianten bevorzugten. »Bewundert haben wir in den frühen fünfziger Jahren diese virtuos überkandidelten Scat-Vocals, in denen kein Wort fiel, doch jeder wusste, was gemeint war«[30], erinnerte sich der Musikkritiker Werner Burkhardt im Nachruf in der *Süddeutschen Zeitung* vom 17. Juni 1996 an die beeindruckenden stimmlichen Eskapaden von Ella Fitzgerald. Erfunden allerdings hatten das Prinzip der wortlosen Improvisation im Jazz bereits andere. Eine der ersten Scat-Aufnahmen beispielsweise stammte vom 26.Februar 1926, als der junge und experimentierfreudige Louis Armstrong mit seinen Hot Five *Heebie Jebbies* anstimmte und nach Johnny Dodds' Klarinette seinen Text kurzerhand zugunsten fröhlich geformter Silbenimprovisationen beiseite ließ, der Legende nach, weil er die Lyrics vergessen hatte. Das wiederum wollte der ebenso visionäre wie eitle Pianist Jelly Roll Morton nicht auf sich sitzen lassen und betonte in seiner Biografie: »(Ragtime Pianist und Blues-Spieler) Tony Jackson und ich haben Scat 1906 und 1907 schon benutzt, als er wirklich noch etwas Neues war. Und da war Louis Armstrong noch im Waisenhaus«[31]. Egal, wer nun die Henne und wer das Ei war, Scat gehörte in den verschiedenen Versionen spätestens seit dem Bebop zum Standard des vokalen Jazz. Es gab swingende Entertainment-Varianten wie Cab Calloways *Minnie The Moocher* (1931), die Bebop-Versionen von Ella Fitzgerald, Sarah Vaughan oder dem ebenfalls singenden Dizzy Gillespie, im Anschluss daran aber auch Vocal Groups, die sich wie Lambert, Hendricks & Ross von 1957 an sieben Jahre lang um die arrangierte Form im Ensemble kümmerten. Aus der exotischen Improvisation wurde ein gängiges Versatzstück der Stilsprache, die von jüngeren Sängern und Sängerinnen wie Al Jarreau, Bobby McFerrin, Kurt Elling, Dianne Reeves, Dee Dee Bridgewater und Cécile McLorin Salvant weiter perfektioniert wurde.

16. Grund

Weil Fred Astaire ein Schlagzeugsolo tanzen konnte

Kein großer Plot. *A Damsel In Distress* (dt. *Ein Fräulein in Nöten*) ist eine dünne Komödie um die von Joan Fontaine gespielte Lady Alyce, die nach einigen Liebeswirrungen, über die von der nicht wirklich feinen Gesellschaft Wetten abgeschlossen werden, am Ende aber doch bei ihrem Jerry landet, einem von Fred Astaire gespielten Musicalstar. Bemerkenswert ist der Film, der 1937 in die Kinos kam, aber wegen zwei Dingen. Er ist erstens der letzte, an dessen Filmmusik George Gershwin noch zu Lebzeiten arbeitete, auch wenn er die Premiere nicht mehr erlebte. Und er hat darüber hinaus eine der herausragenden Astaire-Szenen ins Drehbuch geschrieben bekommen, die bis heute zu den Höhepunkten des Tap Dance gehört. Denn als Lady Alyce wieder einmal zu einer Soiree erscheint, erwartet sie Jerry schon an einem Drum-Set, das er während der folgenden dreieinhalb Minuten betanzt. Zu einer entfernt erahnbaren Big-Band-Version von *Nice Work If You Can Get It* steppt er nicht nur Beat und Akzente, sondern trommelt mit Schuhen und Sticks ein Show-Solo, das mit seiner Eleganz und pfiffig musikantischen Choreografie trotz kleiner rhythmischer Patzer die Kinowelt begeisterte und im Folgejahr prompt den Oscar für die beste Tanzregie absahnte.

Als Broadway-erfahrener Entertainer auf einem frühen Höhepunkt seiner Karriere knüpfte er damit an die Tradition des Vaudeville, aber auch der swingenden Dance Halls an. Denn viele Sänger wie etwa Cab Calloway, aber auch Schlagzeuger wie Jo Jones, Buddy Rich oder J.C. Heard waren ausgezeichnete Steptänzer, die die Musik als Ausdruck des ganzen Körpers verstanden. »Die Trommel spricht, der Bläser singt, der Bass läuft, der Fuß tanzt: Instrumentaler Jazz ist körperliche Musik«, schrieb der Musikjournalist Hans-Jürgen Schaal in einem Essay über den Schlagzeuger Max Roach. »Improvisierte Tanzschritte sind ja nichts anderes als eine rhythmische

Phrasierung der Körpersprache […] ›Man ging an die Straßenecke und fand Tänzer aller Richtungen‹, erinnert sich Roach. ›Und die Schlagzeuger und die Tänzer spielten Duette‹. Der Rhythmus der tanzenden Füße wurde von den Trommelstöcken aufgenommen und an die Tänzer zurückgegeben: Rhythmussprache des Körpers, Tanz auf den Trommeln.«[32] Bis zum Ende des Swings war diese rhythmische Körperlichkeit selbstverständlich, dann verschwanden die Stepptänzer zugunsten der Instrumentalisten und wurden erst von der afroamerikanischen Avantgarde zwischenzeitlich unter anderen stilistischen Vorzeichen wieder hervorgeholt. Ganz verschwunden sind sie bis heute nicht. Als Chick Corea sich 2019 mit seiner Spanish Heart Band auf Welttournee begab, nahm er neben dem Schlagzeuger Marcus Gilmore auch den Flamenco-Tänzer Nino de los Reyes mit auf Reisen. Seine Step-Duette mit den Trommeln des Kollegen gehörten zu den intensivsten Momenten der Konzerte.

17. Grund

Weil Frank Sinatra noch immer aktuell ist

Wenn sich das Jahr seinem letzten Viertel nähert, kramen Radiostationen gerne in ihrer akustischen Weihnachtskiste. Wer sich nicht sofort mit *Last Christmas* zufrieden gibt, landet schnell bei einem kanadischen Sänger, der über den Umweg des gepflegten Pops zum Big Bands Jazz gefunden hat. Michael Bublé ist der inzwischen erfolgreichste Crooner der Gegenwart und sein Album *Christmas* (2011) mit mehr als 10 Millionen verkauften Exemplaren im Zeitalter des Streamings die erfolgreichste Weihnachtsjazzplatte neueren Datums. Und dieses kleine merkantile Mirakel wurde auch deshalb möglich, weil der Adept von Frank Sinatra sich so wenig wie möglich vom Soundgefühl des wohl folgenreichsten Sängers des klassischen Entertainments entfernt hat. Tatsächlich umgab Sinatra, den Pionier aus Hoboken, der seine Karriere in der Swing-Ära bei Unterhaltungsorchestern etwa von Harry James und Tommy Dorsey startete, schon zu Lebzeiten der Mythos des Genialischen. »Er war wie ein Magier«, erinnert sich Quincy Jones, der in den späten 1950er-Jahren zum ersten Mal mit Sinatra arbeitete. »Wie er die Dinge anfasste, so etwas hatte ich noch nie erlebt«[33].

Dabei half dem Künstler aus einfachen Verhältnissen seine Mehrfachbegabung als Schauspieler, Entertainer und aufmerksamer Zuhörer, eine eigenständige, dem Posaunenspiel von Tommy Dorsey entlehnte Atemtechnik zu entwickeln, mit der er gerade in Balladen lang anhaltende Töne singen konnte, ohne zwischendurch hörbar Luft holen zu müssen. Während sich auf der einen Seite seine Konzerte wie bei den Columbus Day Riots im Oktober 1944, wo bis zu 30.000 weibliche Fans Einlass in das Paramount Theatre verlangten, zur Massenhysterie entwickeln konnten, verlieh er auf der anderen Seite seinem Gesang derart nachdrücklich Bedeutung, dass er zahlreiche Grammys zu Lebzeiten und posthum verliehen bekam. Neben dem Entertainment à la Rat Pack wurde Sinatra vor allem durch seine Arbeit mit Count Basie, Buddy Rich, Duke Ellington und Quincy Jones im Jazz-Kosmos verankert. Seine Kunst war vor allem die des Erzählers und der Darstellung, die neben der Musik der eigentliche Eindruck der Sinatra-Aura erzeugte.

Diese Wertschätzung des Textes und der stimmlich dramatischen Darstellung, ohne die Theatralik überzubeanspruchen, entwickelten sich neben seinem präzisen Gespür für Swing und der geläufigen Perfektion seiner Stimmtechnik zum Markenzeichen, an das bis heute Kollegen anknüpfen. Egal ob Harry Connick Jr. oder Kurt Elling, Roger Cicero oder auch Van Morrison, Sinatra bleibt neben Nat »King« Cole und Jon Hendricks einer der Maßstäbe für Männerjazzgesang. Und sogar Bob Dylan verneigte sich 2015 mit seinem Album *Shadows In The Night* vor dem Swing-Ahnen quasi von Legende zu Legende, auch wenn ihm das stimmliche Potenzial dafür fehlte. Denn der Mythos Sinatra ist noch immer aktuell.

18. Grund

Weil »Body And Soul« ein zeitloser Ohrwurm ist

Es war nicht so geplant. Denn eigentlich hatte Coleman Hawkins für die erste Aufnahme, die er nach fünf Jahren in Europa mit eigener Band wieder in seiner Heimat New York machte, nur drei Stücke vorbereitet und als Arrangements mit zur Session gebracht. Aber dann wollte der Produzent noch einen vierten Titel haben, und so erinnerte sich der Tenorsaxofonist an einen Schlager, der bereits seit neun Jahren immer wieder einmal von Leuten wie Louis Armstrong oder Chu Berry aufgenommen worden war.

Body And Soul stammte von John Waldo Green und war ursprünglich für die Sängerin Gertrude Lawrence in London geschrieben worden, die der junge Mann in Zeiten seines Karrierestarts unterstützte. Edward Heyman und Robert Sour schrieben dazu einen blumigen Text, der Musikverlag Chappell & Co setzte dann noch seinen Angestellten Frank Eyton mit in die Lizenz, damit das Kuchenstück der Verlagsrechte ein bisschen größer ausfällt. »Body And Soul« wurde ein mittlerer Hit, nachdem Paul Whiteman den Song im Herbst 1930 mit Sänger Jack Fulton aufgenommen und in den USA eingeführt hatte. Er schaffte es sogar in die Broadway-Revue *Three's A Crowd*, stellte sich insgesamt aber als schwer zu interpretierende Nummer heraus, schon wegen des unüblichen Stimmungswechsels zwischen dem A-Teil in Moll und dem B-Teil in Dur.

Für Hawkins jedenfalls war gerade das eine schöne Herausforderung, und so entwarf er ein karges Spontanarrangement für sein Team und schuf am 11.Oktober 1939 nebenbei eine der legendären Jazz-Aufnahmen. Ein Take genügte, der Bandleader stellte kurz das Thema vor, dann wurde er improvisatorisch Takt für Takt freier, zerlegte die Linien, setzte sie neu zusammen, bis hin zu einer aufschreiartigen Energiespitze, bevor das Stück leise ausklang. Coleman Hawkins maß der Session-Zugabe zunächst keine besondere Bedeutung bei. Als sie aber veröffentlicht wurde, ging ein Raunen durch die Swingwelt. Denn hier hatte jemand, der eigentlich klar aus der Tradition kam, die Regeln des Ornamentierens hinter sich gelassen und einen Maßstab gesetzt, mit überraschender Intensität und Konsequenz an einem Schlager entwickelt, der dadurch zum Standard wurde. »Es ist diese gefühlsmäßige Komponente seines Spiels, von der hier die größte Wirkung ausgeht. Auch ein offener Zuhörer, der von Musiktheorie wenig Ahnung hat, wird hier dadurch emotional zutiefst getroffen. Diese Reaktion ist auch heute noch, nach über sechzig Jahren weiterer Jazzgeschichte mit harmonischen Erweiterungen und Improvisationen ohne Zahl, das Herausragende von ›Body And Soul.‹«[34] Für Hawkins war die Platte ein wichtiger Schritt. Er war damit als maßgeblicher Tenorsaxofonist seiner Ära zurück im Ring, nachdem ihm Kollegen wie Lester Young oder Ben Webster gestalterisch Paroli geboten hatten. In den folgenden Jahren allerdings erwies sich der Erfolg auch ein wenig als Fluch, denn von da an wollte das Publikum den Song immer und immer wieder hören. In seiner Karriere als Evergreen aber passte er – auch wenn selbst ursprünglich ein Londoner Gewächs – gut in die Riege der zweckentfremdeten Schlager vom Broadway oder den Hitfabriken der legendären Tin Pan Alley, der 28th Street zwischen Fifth und Sixth Avenue in Manhatten, wo zu Beginn des 20. Jahrhunderts viele amerikanische Musikverlage ihre Basislager des Song-Nachschubs für Entertainment und Clubs hatten.

19. Grund

Weil »Atomic« auch einmal explosiv sein darf

Hiroshima und Nagasaki waren ein Sündenfall der Menschheitsgeschichte. Das hielt aber die Fortschrittseuphoriker der Nachkriegsjahre nicht davon ab, sich atomar in eine Position der Stärke zu fantasieren, die letztlich im Kalten Krieg das politische Äquivalent zur Hybris entwickelte. Während Robert Oppenheimer, der als bekanntester Wissenschaftler des »Manhattan-Projekts« in der Abgeschiedenheit der Wüste von New Mexico die bislang verheerendste Vernichtungswaffe der Geschichte mit entwickelt hatte, sich bald schon nach dem Abwurf 1945 öffentlich vor sich selbst gruselte, etablierte sich die Atomenergie über die Bombe hinaus als Chiffre der Kraft in der Sprache der Politik, der Kunst, des Alltags.

So konnte ein Atompilz mit seiner eigenartig morbiden Explosionsästhetik ein Album wie *The Atomic Mr. Basie* zieren, das im Januar 1958 erschien und bald zu den erfolgreichsten Aufnahmen der zweiten Karrierephase des Pianisten, Komponisten und Bandleaders aus Red Bank, New Jersey, zählte. Es hatte auch einiges zu bieten. Denn in einer Zeit, wo kleine Combos des Hardbop und Cool Jazz die Szene und den Publikumsgeschmack dominierten, hatte Basie eine Big Band am Start, die die Mär von den behäbig gewordenen Großformationen eindrucksvoll widerlegte. Im Line-up tummelten sich Stars wie die Trompeter Thad Jones und Joe Newman, Saxofonisten wie Eddie »Lockjaw« Davis, Frank Wess und Frank Forster. Der große Stoiker Freddie Green sorgte als Gitarrist für einen ebenso unauffälligen wie grundlegenden Swing, und die Rhythmusgruppe war mit Basie, dem Bassisten Eddie Jones und dem Schlagzeuger Sonny Payne für sich ein Garant der lässigen Expressivität.

Vor allem aber hatte der Bandchef bereits seit 1950 einen Arrangeur im Team, der im Anschluss an die Lehrjahre bei Woody Herman und Harry James nachhaltig den Sound des Orchesters prägte. Neal Hefti war nach seinen Anfängen als Trompeter Ende der 1940er-Jahre nach Hollywood gezogen und konzentrierte sich seitdem auf Komposition und Klanggestaltung. Sozialisiert im Swing und dessen mehr oder weniger beschleunigten Derivaten, hatte er ein gutes Gespür für effektvolle Dynamik und Dramaturgie, für pointierte Melodik und die nötige Prise Witz, um ein Arrangement wiedererkennbar zu machen. Damit half er Count Basie, der in den frühen 1950ern seine damalige Big Band aufgelöst hatte, seine Stilvorlieben mit neuem Ensemble in der großen Form zeitgemäß und für das Publikum verständlich umzusetzen. »Donnernde Abschnitte wurden von einem leichten Klaviersolo abgelöst; große Blechexplosionen folgten einem bewegenden, murmelnden Saxophonsolo [...] Für die Anziehungskraft der Band war grundsätzlich das gefühlvolle und überraschend einfache Spiel verantwortlich. Der Beat war immer da, manchmal raffiniert verborgen, jedoch durchdrang er alles, was die Band spielte, und bezauberte und erregte das Publikum in der ganzen Welt«[35].

Diese Eigenschaften trieb Hefti auf die Spitze, und das Orchester, das spätestens damit aus der Talsohle der Popularität in den Nachkriegsjahren herausfand und wieder große Hallen füllte, bedankte sich dafür mit den Aufnahmen im Oktober 1957, die sich ausschließlich Kompositionen des Bandmitglieds hinter den Kulissen widmeten. Dass dabei neben ungemein schmissigen Up-Time-Swing-Stücken wie *Kid From Red Bank* auch ein Schmuse-Hit wie *Lil' Darling* zum Programm gehörte, der sich in den folgenden Jahren zu einem Evergreen des Balladen-Repertoires entwickelte, änderte nichts daran, dass das Orchester in dieser Konstellation kraftvoll, zeitlos und in seiner Opulenz unbeirrbar wirkte. Bombig eben. »The Atomic Mr. Basie« gewann im folgenden Jahr 1959 gleich zwei Grammys als »Best Jazz Performance, Group« und »Best Performance by A Dance Group«, sammelte Höchstwertungen in Fachzeitschriften und gilt vielen Connaisseuren in der Rückschau als die beste Basie-Big-Band-Aufnahme seiner späten Jahre.

20. Grund

Weil er Coco Schumann das Leben gerettet hat

Heinz Jakob »Coco« Schumann wurde 93 Jahre alt. Er war eine der Konstanten des deutschen Nachkriegs-Jazz, gehörte dem Kreis um den Geiger Helmut Zacharias an und war einer der ersten Gitarristen der heimischen Szene, die zur elektrischen Gitarre griffen und damit so richtig »amerikanisch« klangen. In Kreisen der Berliner Swing-Jugend mit Musik von Duke Ellington, Benny Goodman oder auch Count Basie sozialisiert, blieb er ein Leben lang einem traditionellen Spielstil verpflichtet. Schumann spielte seit Mitte der 1950er-Jahre in zahlreichen Tanz- und Unterhaltungsorchestern, leitete eigene Bands und übernahm auch Filmrollen, die ihn mit einheimischen Szenegrößen wie dem Schauspieler Heinz Erhardt zusammenbrachten.

Als die Rock- und Popmusik die stilistische Führung übernahm, verdiente er sein Geld noch eine Weile in Gala-Orchestern und auf Kreuzfahrtschiffen, zog sich dann aber in den 1980er-Jahren aus dem Business zurück. Der Swing jedoch blieb seine Leidenschaft, und als im folgenden Jahrzehnt unter anderem von Amerika aus der Neotraditionalismus die Runde machte, beschloss auch Coco Schumann, wieder eine Band zu leiten. Und sich öffentlich zu erinnern. Denn Schumann hatte in jungen Jahren eine Lebensgeschichte hinter sich gebracht, in der die Musik eine entscheidende Rolle spielte. Als Berliner Steppke aus jüdisch-bürgerlicher Familie war er Mitte der 1930er in eine Clique von Jugendlichen hineingeraten, die in totalitärer Umgebung unter anderem aus dem Hören von Swing-Platten ein wenig pubertierende Identität entwickelten.

Schumann allerdings war mehr als Konsument. Er war begabt, bekam privat einige Unterrichtsstunden an der Gitarre und schaffte es, bald so ordentlich zu jazzen, dass er in Bars und Cluborchestern des Berliner Nachtlebens engagiert wurde. Er sah älter aus, als er tatsächlich war, umgab sich mit einer Aura unbedarfter Lässigkeit und schaffte es auf diese Weise, dass ihn renommierte Orchester wie etwa das des Holländers Ernst van't Hoff oder auch die Unterhaltungskapelle des Saxofonisten Tullio Mobiglia in der beliebten »Rosita-Bar« buchten. Alles ging gut, bis er 1943 verhaftet und nach Theresienstadt deportiert wurde. Das von den Nationalsozialisten zu Propagandazwecken eine Weile lang herausgeputzte Konzentrationslager leistete sich Orchester und Bands wie die »Ghetto Swingers«, in deren Reihen Schumann landete. Mit viel Glück und Musik schaffte er es, dort zu überleben, wurde allerdings nach Auflösung des Lagers im September 1944 mit den übrigen 30.000 Häftlingen nach Auschwitz-Birkenau überstellt.

Dort half ihm ein Bekannter aus »Rosita«-Zeiten, ebenfalls als Musiker unterzukommen. Schumann spielte für Lagerälteste, Nazi-Schergen und musste, als Gipfel des Zynismus, an der berüchtigten Rampe, von wo aus neu ankommende Häftlinge zur Ermordung in die Gaskammern geschickt wurden, mit seiner Gitarre zur Untermalung Lieder wie *La Paloma* anstimmen. »Die Bilder, die ich in jenen Tagen sah, waren nicht auszuhalten, und doch hielten wir sie aus«, erinnerte sich Schumann Jahrzehnte später in seiner Autobiografie *Der Ghetto-Swinger*. »Wir spielten Musik dazu, ums nackte Überleben. Wir machten in der Hölle Musik. [...] Die Kinder, die an uns vorübergingen, schauten mir direkt in die Augen, ich schaute nicht weg. Sie wussten genau, wohin sie gingen. Diese Bilder sind auf meiner Netzhaut eingebrannt. Ich kann noch so oft blinzeln.«[36]

Coco Schumann überlebte. Er gehörte zu denen, die weiterverlagert wurden, nach Kaufring bei Dachau, eine der mageren Gestalten, die schließlich während eines Todesmarsches nach Innsbruck von den amerikanischen Truppen befreit wurden. Er kehrte nach Berlin zurück, machte ein Leben lang Musik und vergrub seine Erinnerungen, bis der Journalist Paul Karalus ihn 1986 besuchte und fragte, ob er eine Dokumentation über ihn drehen dürfe. Schumann haderte mit sich, entschloss sich dann aber dazu, als Zeitzeuge aktiv dem Vergessen entgegenzuwirken: »Ich bin ein Musiker, ein Musiker, der im KZ gesessen hat, kein KZler, der auch ein bisschen Musik macht. Die Lager und die Angst veränderten mein Leben grundsätzlich, aber die Musik hat es geführt, und sie hat es gut gemacht.«[37]

21. Grund

Weil er Peter Brötzmann ermöglicht, ein Romantiker zu sein

Für deutsche Jazzmusiker waren die 1960er-Jahre ein irritierendes Jahrzehnt. Bis dahin hatten sie sich relativ leicht mit der Identifikation getan. Jazz war nachgeholtes Amerika, man versuchte, mit Ausnahme einiger Eigenbrötler in Frankfurt um den Posaunisten Albert Mangelsdorff, weitgehend das zu erreichen, was in Übersee vorgemacht wurde.

Doch dann bröckelten die Gewissheiten. Experimentatoren wie Ornette Coleman, John Coltrane, Don Cherry, Albert Ayler machten vor, dass man Musik als Befreiung von Regeln verstehen konnte. Die Politik ihres Landes verstrickte sich von der Kubakrise bis zum Vietnamkrieg in Widersprüche, und daheim, vor der eigenen Haustür, wurde ein Diktator wie der Schah Mohammad Reza Pahlavi mit allen Ehren empfangen und der protestierende Student Benno Ohnesorg am 2. Juni 1967 bei der Gelegenheit von dem Westberliner Polizisten Karl-Heinz Kurras erschossen.

Vieles passte nicht mehr zusammen und für den jungen Kunststudenten Peter Brötzmann war das ein Grund, einmal mehr zum Saxofon zu greifen. Einige Erfahrung brachte er bereits mit, wobei am Anfang seiner Laufbahn kein Musiker, sondern der Aktionskünstler Nam June Paik stand, dem er als Student der Wuppertaler Werkkunstschule assistierte. In Amsterdam wiederum lernte er andere Fluxus-Künstler kennen, außerdem junge Musiker wie den Schlagzeuger Han Bennink und den Saxofonisten Willem Breuker, die mit viel Enthusiasmus an einer individuellen Klangsprache laborierten. »Die eigensinnige und selbstbewusste Mentalität Paiks wie auch der holländischen Kunst- und Musikszene prägten den jungen Kunststudenten, der traditionellen Jazz spielte: Swing, Dixieland, Bebop. ›Von Nam June Paik lernte ich, dass es in der Kunst darum geht, eine eigene Sprache zu finden. Man muss eine Vision haben und versuchen, dieser so nahe wie möglich zu kommen.‹«[38]

Das Saxofon oder besser die Saxofone, Klarinetten und instrumentalen Nebenlinien wie das Tarógató, wurden sein Medium. Eigentlich hätte er auch gerne gesungen, aber Klarinette spielte er schon seit Kindertagen, und das Saxofon war eben in den Möglichkeiten etwas drastischer, ohne dabei den Reiz des Körperlichen und Persönlichen zu verlieren. Und so blies Brötzmann los, mit eigenen Bands und mit reichlich Fluxus im Rückgrat ohne Rücksicht auf ästhetische Verluste, erst 1967 im Trio auf seinem LP-Debüt *For Adolphe Sax*, ein Jahr später im Oktett für die Live-Aufnahme *Machine Gun*, die für viele Chronisten als erste wesentliche, weil stilistisch völlig unbeeindruckt von amerikanischen Vorbildern agierende Aufnahme des europäischen Jazz gilt. »Die Irritation, die die Einspielung auslöste, war enorm. Sie galt als Lärm, als gewalttätiger Krach, der selbst überzeugte Jazzfans verstörte. Aber die Zeit arbeitete für Brötzmann. Inzwischen erkennt man die Poesie in all dem scheinbaren Tumult.«[39]

22. Grund

Weil ohne den Jazz die Autobiografie von Miles Davis nie geschrieben worden wäre

Am Ende weiß man: Er hat es krachen lassen. Aber man hat auch gelernt, dass dieser knorrige Paradiesvogel für alles seine Gründe hatte. Und dass er auch als Gestalter seiner Autobiografie ebenso geläufig wie präzise das eigene Monument zu formen verstand. Das Buch erschien 1989 im Original bei Simon And Schuster in New York, bekam im Folgejahr den American Book Award und war das Resultat einer inspirierten Zusammenarbeit.

Denn Miles Davis erzählte, der Journalist Quincy Troupe notierte und brachte die Lebensgeschichte in die passende Form. Dabei gelang ihm das Kunststück, sein Gegenüber behutsam zu leiten und dabei die Chronologie zu ordnen, dass der Wälzer, der auch in der deutschen Übersetzung noch knapp 500 Seiten umfasst, sich wie ein einziges Solo liest. Troupe selbst entstammte als Autor dem weiteren Umfeld der Black Arts Movement, stand in jungen Jahren in regem Austausch mit kritischen Zeitgenossen, Dichtern und Aktivisten der Bürgerrechtsbewegung wie James Baldwin, Amiri Baraka und Nikki Giovanni, arbeitete als Dozent und Journalist und schaffte es 1985, Miles Davis für das Magazin *Spin* zu einem umfassenden Interview zu bewegen.

Damit qualifizierte er sich als Co-Autor des Trompeters, zumal die beiden ganz gut miteinander auskamen. »Hör mal«, startet der Text. »Das wahnsinnigste Gefühl in meinem Leben – jedenfalls in Hemd und Hose – hatte ich, als ich Diz und Bird 1944 das erste Mal zusammen in St. Louis, Missouri, gehört habe [...] Ich hörte die beiden zum ersten Mal in B's Band und dachte: ›Mein Gott, das gibt's nicht! Das ist zu viel.‹«[40] Ein Einstieg wie aus dem Poetik-Lehrbuch mit einer unerhörten Begebenheit, einem Protagonisten, der sich Kunst und Leben als Option offen hält, einem Figureninventar, das gleich zwei der zentralen Gestalten einführt, und einer saloppen Stilebene, die Unmittelbarkeit verspricht. Miles Davis hält das durch, wird zwischendurch rauer, schimpft, beleidigt, analysiert, pendelt zwischen politischer Unkorrektheit, Black Awareness und einem nie wirklich verschwindenden Lausbubentum, skizziert seine Neugier, seine Getriebenheit, die Defizite einer von tief sitzendem Rassismus geprägten Gesellschaft, aber auch die Optionen, die sich daraus ergaben, als Künstler oft noch ein Stück klarer blicken zu können als viele seiner Zeitgenossen.

Er räumt auf mit dem Mythos des Unnahbaren und ersetzt ihn durch den Typus des aufmerksamen, von den Widrigkeiten des Lebens herausgeforderten Beobachters, der möglichst viele Chancen ergriff, die sich ihm boten. Man fühlt die Musik beim Lesen, die Lust am Genuss und an der Gestaltung und lernt Jazz als Nukleus amerikanischen Kulturbewusstseins verstehen.

Am Ende schreibt Miles Davis: »Ich spüre eine gewaltige Kreativität in mir, und ich habe das Gefühl, dass ich immer stärker werde […] Das Beste liegt, glaube ich, noch vor mir. Prince sagt, du musst es ›auf der Eins halten‹, wenn er über den Beat redet, und wie man die Musik und den Rhythmus bringt. Das trifft's genau, Bruder. Ich werde weiterhin versuchen, meine Musik auf der Eins zu halten, jeden Tag, an dem ich noch spiele. Auf der Eins halten. Später.«[41] Nur die Zeit blieb ihm nicht mehr. Im im September 1991 erlitt er einen Schlaganfall, an dessen Folgen er noch im gleichen Monat starb. »Für mich geht's in der Musik und im Leben nur um Stil«[42], heißt es an anderer Stelle. Womöglich ist das überhaupt das Geheimnis, das Miles Davis der Jazzwelt ins Stammbuch geschrieben hat.

3. Kapitel

INNENLEBEN UND AUSSENWIRKUNG

Stile und Entwicklungen

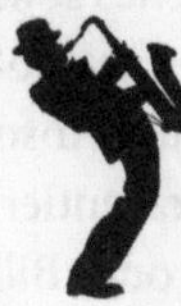

23. Grund

Weil Jazz auf Improvisation aufbaut

Inzwischen haben sich die Fronten aufgeweicht, weil sich nicht nur die künstlerische Realität, sondern auch die Ausbildung an den Universitäten verändert hat. Vielerorts besuchen Novizen der klassischen und der jazzenden Muse im Grundstudium die gleichen Kurse, und auch im professionellen Alltag gehört es heute zur Voraussetzung, wenigsten die Basis sowohl der Improvisation wie auch des Notenlesens zu beherrschen. Trotzdem bleiben es unterschiedliche Strukturmodelle, die letztlich mit einer Haltung zu tun haben. »Als ich mit meinen ersten Bands gespielt habe, gab es noch keine Noten der Songs, von denen man lernen konnte«, erinnert sich der Bassist Wolfgang Schmid, der unter anderem mit der Jazzrockband Passport von den 1970er-Jahren an international bekannt wurde.

»Wir haben uns Platten genommen und sie so oft wiederholt, bis wir ein Solo nachspielen konnten. Oder wir haben einfach dazu gejammt und auf diese Weise unser Handwerk gelernt.«[43] Denn Jazz war bis zum weltweiten Ausbau der Jazzpädagogik in den 1970er-Jahren eine Musik, die über die Praxis weitergegeben wurde, durch Bands und Lehrer, Konzerte, Schallplatten, Radio. Erst als die Musik im Anschluss an prägende und zum Teil messiashaft verehrte Persönlichkeiten wie John Coltrane in eine Periode der analytischen Durchdringung und wissenschaftlichen Erforschung überging, änderten sich die Vorzeichen, und manches solistische Mysterium wurde von den Buchhaltern der Kreativen ausnotiert, mit dem Erfolg, dass in den 1990er-Jahren, als die ersten Absolventen der prosperierenden Jazzpädagogik ihre Diplome präsentierten, nahezu jeder Pianist entweder nach Thelonious Monk oder Bill Evans klang und Saxofonisten in Scharen versuchten, eher Coltrane noch als Charlie Parker nachzueifern.

Inzwischen hat sich die Situation normalisiert. Wer will, kann sich über YouTube und Online-Tutorials die ganze Welt ins Haus holen und von ihr lernen. Improvisation aber bleibt weiterhin eines der Charakteristika des Jazz. Es ist die Fähigkeit, sich »einen Ausweg aus einer Klemme auszudenken«[44], und damit eine Gestaltungskompetenz, die eine spontane, im Kontext stimmige Strukturfindung bzw. den bewussten Umgang mit sich aus Strukturbrüchen ergebenden Kontrasten ermöglicht. Das klingt komplizierter, als es ist, denn auch Improvisation basiert auf klaren Gesetzmäßigkeiten. Von New Orleans bis zum Free Jazz wurde über Harmoniegerüsten improvisiert, im modalen Jazz kamen skalenbasierte Modelle auf Grundlage der Kirchentonarten hinzu, freiere Systeme konzentrierten sich auf antonale Zentren, die aus verschiedenen klanglichen Perspektiven angegangen wurden. In der Regel gibt es ein Thema, das die Musiker variieren, ornamentieren, zerlegen oder anders zusammensetzen, oft sind es Chorusse, also ganze Stücke oder sich wiederholende Teile, die eine formale Gliederung zur Orientierung bilden.

Improvisationen müssen nicht vorbereitet sein, sind es aber häufig, schon aufgrund der Voraussetzungen der Ausführenden. »Jazzmusiker werden für einen individuellen Stil geschätzt, und jeder als solcher erkennbare Stil beruht auf Wiederholung: auf bevorzugten *licks* (Phrasen, die in unterschiedlichen Kontexten wiederbegegnen), auf bestimmten Improvisationsstrategien (wie in schneller Folge hintereinander gespielten Skalen John Coltranes), auf einem charakteristischen *bending* von Tönen oder dem typischen Klang, den ein Musiker auf seinem Instrument zu erzielen versucht.«[45] Die eigentliche Freiheit besteht dann in der Kommunikation mit anderen Musikern und deren Erfahrungen oder auch im improvisatorischen Umgang mit einer Situation, einer Konstellation, einem Raum. In Energie, im Austausch, im Flow, in Momenten bedingungsloser Gemeinsamkeit, die einen Musiker oder auch eine ganze Gruppe, manchmal sogar mit ihnen zusammen das Publikum fliegen lassen können.

24. Grund

Weil Jazz ungerade Rhythmen populär gemacht hat

Der Jazz der frühen Jahre, bevor ihn die Bürgerrechtsbewegung für sich entdeckte, gilt gemeinhin als unpolitisch. Schließlich ist er instrumentale Musik, deren Botschaften im besten Fall unscharf sein können. Allerdings hatte mit dem Swing als populäre Musik der urbanen, freizügigen Unterhaltungskultur auch eine Sematisierung eingesetzt, die ihn als Verkörperung eines freiheitlich amerikanischen Ideals verstand. Als solcher landete er in den Tornistern der alliierten Soldaten, auf den V-Discs zur Truppenbetreuung und nach Kriegsende auch auf den Tourneeplänen mancher Musiker, die von offizieller Seite gepusht wurden. »In Propaganda-Sendern wie Voice Of America hatte Jazzmusik feste Sendeplätze, und ab

Mitte der 1950er Jahre wurden von der US-Regierung Jazzmusiker auf Tourneen in die ganze Welt geschickt – als ›secret sonor weapon‹ der USA, wie die New York Times 1955 titelte.«[46] Der Effekt dieser PR-Maßnahmen war beachtlich. Er half dabei, den Jazz international neben Kaugummi und Coca-Cola als wichtige Errungenschaft der amerikanischen Kultur zu etablieren, und nicht zuletzt bereitete er das Fundament der Konzertkultur der Gegenwart, die auf Tourneen internationaler Starkarawanen basiert.

Manche Folgen aber waren nicht vorhersehbar. Dave Brubeck zum Beispiel war ein neugieriger Mensch. Zwar stammte er aus einer Viehzüchterfamilie in Kalifornien, hatte aber durch seine als klassische Pianistin ausgebildete Mutter schon in Kindertagen Klavier- und Cellounterricht. Als junger Mann studierte er am renommierten Mills College, wenn auch vom Lehrkörper kritisch beäugt, weil er sich mit Noten schwertat. Als Soldat wurde Brubeck nach Europa geschickt, lernte Deutschland, die Musik von Arnold Schönberg und nach Kriegsende als Student auch den Kosmos von Darius Milhaud kennen. Brubeck war experimentierfreudig, wurde Anfang der 1950er mit seinem »Jazz Workshop Ensemble« erfolgreich und galt bald als Protagonist des College Jazz, der aus den Clubs heraus konzertant an die Universitäten strebte.

Nachdem ihn ein schwerer Badeunfall einige Monate lang körperlich beeinträchtigte, beschloss er, sein zuvor gut funktionierendes Trio um den Saxofonisten Paul Desmond als zweiten Solisten zur eigenen Entlastung zu erweitern. Ein folgenreicher Schritt, denn der coole Ton des ansonsten eher unaufgeregten Kollegen passte perfekt zu Brubecks ein wenig nüchterner, aber eleganter Spielweise. Aus den beiden wurde ein Team, das sich Experimente wie die Aufnahmen von *Time Out* im Sommer 1959 leistete, die mit Hörgewohnheiten brach. »Auf einer Tour durch die Alte Welt war Brubeck mit den ungeraden Rhythmen türkischer Straßenmusiker in Berührung gekommen. Diese Erfahrung wollte er auf dem Album verarbeiten, indem er mit einer Ausnahme sämtliche Stücke in ungeraden Taktmaßen schrieb. Die Plattenfirma Columbia reagierte zurückhaltend und stellte die Bedingung, dass das Quartett zunächst ein konventionelles Album veröffentlichen müsste, das vor ›Time Out‹ unter dem Titel ›Gone With The Wind‹ erschien. Doch das Publikum musste nicht abgefüttert werden. ›Time Out‹ mit dem Klassiker ›Take Five‹ wurde das erste Jazzalbum aller Zeiten, das Platin-Status erlangte.«[47]

Neben dem Hit *Take Five*, den Desmond zum Album beigetragen hatte, war es vor allem das Stück *Blue Rondo A La Turk*, das die Menschen faszinierte. Als 9/8-Takt knüpfte es an Brubecks türkische Eindrücke an. Die Betonung in 2-2-2-3 unter Bezugnahme auf die traditionellen, sogenannten Aksak-Metren, die den 4/4-Takt durch Verlängerung der letzten Zählzeit erweitern, verstärkte den Eindruck des vermeintlich Orientalischen, das allerdings dem klassisch europäischen Klangempfinden in Farbe und Melodieführung sehr nahe blieb. Bereits in den späten 1940ern hatte Brubeck mit zusammengesetzten Zählzeiten experimentiert, auf Anregung seines Lehrers Darius Milhaud hin, der selbst ein Faible für afrikanische Musik hatte. Wirklich überzeugend aber klappte es erst mit *Time Out*. Mit *Take Five*, dessen eingängiger Melodie und Desmonds Fähigkeit, über 5/4 souverän zu swingen, war der Bann gebrochen. Das Stück entwickelte sich zum Monster-Hit weit über den Jazz hinaus. Das Ungerade wurde populär.

25. Grund

Weil Jazz den Hipster erfunden hat

Monk war ein passionierter Schläfer. Es konnte passieren, dass er auf der Bühne am Klavier einnickte, ein Mann von beachtlicher Körpergröße, selig schlummernd, während die anderen boppten. »Wenn er wieder einmal eingeschlafen war«, erinnerte sich der Trompeter Dizzy Gillespie, »kniff ich ihn in den Zeigefinger und überhäufte ihn mit Schimpfworten. Das weckte ihn sofort, und er fing wieder an zu spielen, als ob nichts gewesen wäre.«[48] Das war kurios, aber nicht weiter schlimm, denn es gehörte zur Person von Thelonious Monk, einem der eigenwilligen Stilisten des Jazzklaviers, genauso wie seine Angewohnheit, erst einmal lange vor dem Instrument zu verharren, bis er ein Stück anfing, oder um den Flügel zu tanzen oder einfach zu gehen, wenn ihm danach war. Die meisten Musiker in den frühen 1940er-Jahren, als sich der Jazz von der Tanzmusik langsam zur Kunstmusik entwickelte, setzten sich mit extravagantem, meist exquisit gepflegtem und individuellem Äußerem von der Uniform-Ästhetik der Big Bands ab. Monk aber war unter diesen ganzen Jazz-Bohemiens der erste echte Hipster, denn bei ihm passten Mensch, Erscheinung und Kunst idealtypisch zusammen. »Ein eigentlicher Lebensstil entsteht mit einem Slang, der den Musikerjargon verändert und die Zugehörigkeit zu einer anderen Welt signalisiert: der Avantgarde. Auch Monk teilt gewisse Eigenheiten dieses Lebensstils, mehr noch: Er wird zum Trendsetter mit seiner schwarzen Baskenmütze, zuerst verziert mit einer Metallplakette, die ein Klavier darstellt, dann mit einem Abzeichen der Forces Françaises Libres, und seiner großen dunklen Hornbrille. Diese Aufmachung verleitete ihn dazu, jeden Tag auf dem Weg ins ›Minton's‹ den verängstigten Passanten auf Französisch zuzurufen: ›France libre, France libre‹.«[49]

Nun gab es den Begriff »hip« oder »hep« schon vor den Nachtschwärmern in »Minton's Playhouse«, die von etwa 1941 an mehr zufällig als wirklich zielgerichtet an einer neuen Formensprache laborierten. Unter »Hepcats« verstand man Musiker, im weiteren Sinne auch Lebenskünstler, die auf ihre Weise lässig und swingend mit dem Afro-Amerikanischen im Jazz und überhaupt verbunden waren. Sie waren alles, aber nicht »square«, was frei übersetzt mit »kleinkariert« vor allem für eine spießige Geisteshaltung stand, die der Freiheit, Spontaneität, dem Wilden im urbanen Zusammenhang entgegenstand. Duke Ellington war ein »Hepcat«, Glenn Miller so was von »square«, und bei jemandem wie Benny Goodman konnte man sich nicht ganz sicher sein, schließlich hatte er mit Lionel Hampton in der Band bewiesen, doch ein klein bisschen »hip« zu sein. Die Unterscheidung in die Angesagten und die Langweiler blieb natürlich eine Diskussion unter Insidern, letztlich auch Geschmackssache. Norman Mailer versuchte mehr als ein Jahrzehnt später, den Gegensatz in seinem Essay *The Hip And The Square* (1957) in ein System zu packen, auch weil er daraus eine Grundlegitimierung der Beatnik-Nonchalance ableiten wollte, die die 1950er-Jahre als weißes Modell der »Hipness« anboten. Die Ursprünge aber der Hipster, die als kreative, womöglich visionäre Individualisten mehr verkörperten als nur den Gegenentwurf zur faden Norm des Bürgerlichen, waren die Musiker des Bebop, deren zweckfreie, weil zunächst keinen kommerziellen Zwängen gehorchenden Sessions über den Sound hinaus Haltung und Stil präsentierten, die Unabhängigkeit oder zumindest Eigenwilligkeit versprachen. Dizzy Gillespie, Howard McGhee, Roy Eldridge, Teddy Hill, Charlie Parker, Miles Davis, ein wenig später dann auch Charles Mingus, Kenny Dorham, Bud Powell, das waren Hipster. Und natürlich Monk, der Meister.

26. Grund

Weil er den Existenzialismus cool hat klingen lassen

Wer etwas auf sich hielt, nahm seinen Morgentrunk in einem der Cafés in Saint-Germain-des-Prés. Denn in dem Viertel im 6. Arrondissement von Paris, rund um den namensgebenden Boulevard Saint-Germain, hatten einige der traditionsreichen Plätze der Szenekultur ihren Ursprung, deren Strahlkraft auch auf die gesamte Stadt als Metropole des intellektuell unterfütterten Savoir-vivre zurückwirkte. Im »Les Deux Magots« zum Beispiel waren im späten 19.

Jahrhundert Schriftsteller wie Paul Verlaine, Oscar Wilde und Arthur Rimbaud Stammgäste, bevor Surrealisten wie André Breton und die Clique der Existenzialisten von Simone de Beauvoir und Jean-Paul Sartre bis André Gide sich dort blicken ließen. War dort kein Platz, pilgerte man in weiter in das »Café de Flore«, wo sich neben den üblichen Verdächtigen zuweilen auch Jean Cocteau oder Pablo Picasso herumtrieben. Mitte der 1950er-Jahre konnte man an solchen Orten auch ein bis über beide Ohren verliebtes französisch-amerikanisches Pärchen treffen, das perfekt in dieses Ambiente der schwarzen Rollis, gelb dampfenden Gitanes und gewichtigen Gedanken passte. Denn der frisch aus seiner ersten Schaffenskrise aufgetauchte Miles Davis hatte sich gewaltig in die hinreißende Juliette Gréco verguckt, und so traf man den Trompeter im Jahr 1957 des Öfteren in Paris, wo er neben seinen Aktivitäten mit dem gerade aufblühenden eigenen Quintett ein paar Francs als Gastsolist verdiente.

So zum Beispiel mit dem Quartett des Pianisten René Urtreger im Herbst des Jahres. Drei Wochen im Club »Saint-Germain« waren angesetzt, und es wurde noch mehr daraus. »Bei diesem Trip lernte ich durch Juliette Gréco den französischen Filmregisseur Louis Malle kennen«, erinnerte Miles sich in seiner Autobiografie. »Er erzählte, dass er meine Musik schon immer gemocht hätte und ob ich nicht Musik zu seinem neuen Film *Fahrstuhl zum Schafott* schreiben könnte. Ich sagte zu, das Ganze war eine großartige Erfahrung, denn ich hatte noch nie Filmmusik geschrieben. Ich sah mir die ersten Kopien des Films an und skizzierte einige Ideen dazu. Da es um einen Mord ging und der Film als Thriller gedacht war, ließ ich die Musiker in einem alten sehr düsteren, dunklen Gebäude spielen. Ich dachte, die Umgebung würde der Musik Atmosphäre geben und so war's auch.«[50] Und bei diesem Soundtrack war einiges anders als sonst. Neben Miles und Urtreger waren außerdem der Saxofonist Barney Wilen, der Bassist Pierre Michelot und der Schlagzeuger Kenny Clarke beteiligt. Man traf sich, spielte am 4. und 5. Dezember im »Le Poste Parisien« live zum Rohschnitt des Films. Miles legte

Wert auf Spontaneität und Improvisation, gab mit seinen Skizzen Stimmungen und Tendenz vor, der Rest entsprang dem Augenblick, ein Novum in der Geschichte der Filmmusik.

So wie der Film selbst zum Wegbereiter der Nouvelle Vague wurde, entwickelte sich auch der 1958 unter dem französischen Titel *L'Ascenseur pour l'échafaud* veröffentlichte Soundtrack zum Meilenstein des Cool Jazz und der damit assoziierten distanzierten, in die empfundene Verlorenheit geworfenen Weltsicht. Wer einmal Jeanne Moreau zu hypnotischen, teils mit Dämpfer gespielten Miles-Klängen durch die nächtlichen Straßen der Stadt hat hetzen sehen, behält diese Kombination von Bild, Handlung und Jazz im Kopf. Und das fanfarenartige, erdferne Thema *Générique* entwickelte sich zu einer Hymne einer melancholisch-existenzialistischen Lebenshaltung, die die Frage nach dem Sinn immer mit der Verantwortung des Einzelnen verknüpfte. Solche Musik passte perfekt in ein Konzept der Coolness, das für europäische Hörer, aber auch Instrumentalisten gestalterisch nachvollziehbar war und dazu führte, dass man in der Alten Welt der 1950er-Jahre sich gerne an Stilisten wie Gerry Mulligan, Lennie Tristano oder eben dem kühlen Miles orientierte. »Ein Grund der Vorbild-Wahl vieler europäischer Musiker ist sicher in der Tatsache zu sehen, dass Sound, klare Themen und das melodische Schwergewicht des Cool Jazz europäischen Ohren leichter zugänglich waren als die sich stärker an afro-amerikanischen Idealen orientierenden Charakteristika des Bebop.«[51] So wurde das der Jazz, den man von Paris über Frankfurt bis Kopenhagen in den Clubs der Jahre hörte, bis die große Vision des freien Spiels auch in Europa das Bedürfnis nach ungebremster Expression anfeuerte.

27. Grund

Weil er Identität schafft

Jazz hat im Laufe eines guten Jahrhunderts verschiedene Phasen des Selbstwertgefühls durchlaufen. Mal stand er am Rand der Gesellschaft, mal war er Teil einer florierenden, süffigen Unterhaltungskultur. Er schuf Typen wie den Bebop-Hipster, den Subtext-Intellektuellen, den Free-Berserker, den Great-Black-Music-Aktivisten. Dabei half ihm die Vielgestaltigkeit seiner Ursprünge, unterschiedliche Deutungsmodelle zulassen zu können, die zwischenzeitlich auch zu Kontroversen führten. Schon zu Zeiten von George Gershwin und Paul Whiteman wurde diskutiert, ob der Jazz in die hehren Musentempel gehöre, angefeuert in der Folge von Ereignissen wie dem Carnegie Hall Concert Benny Goodmans 1938 und Norman Granz' Konzert-Reihe »Jazz At The Philharmonic«. Man stritt sich über die Menge an Improvisation im Verhältnis zu Komposition, über Swing und Groove gegenüber Abstraktion und Textur, über Amerika und Europa als impulsgebende Einflussbereiche. Selbst die Intensität der »Blackness« als Indikator für das Afro- vor dem Amerikanischen war lange ein Thema, zunächst unmittelbar aus der Erfahrung bestehenden und offensichtlichen Rassismus heraus.

Noch 2008 nannte einer der Wortführer dieser Strömung, der Trompeter Wynton Marsalis, seine Biografie *Moving To Higher Ground. How Jazz Can Change Your Life* – in der deutschen Übersetzung zwei Jahre später mit dem missverständlichen Titel *Jazz. Mein Leben. Von der Kraft der Improvisation* erschienen – und konstatierte in einer Mischung aus Rückblick und Optimismus: »Jazzmusik ist die Vergangenheit und das Potential Amerikas, und sie ist für jeden offen, der lernt, ihr zuzuhören, sie zu fühlen und sie zu verstehen. Diese Musik kann uns mit unserem ehemaligen und unserem zukünftigen, besseren Selbst verbinden. Sie kann uns in Erinnerung rufen, wo auf der Zeitleiste menschlicher Errungenschaften unser

Platz ist: das ist der ultimative Wert von Kunst.«[52] Ein Jahr später wurde mit Barack Obama ein jazzliebender, schwarzer Demokrat ins Weiße Haus gewählt, und man war fast schon verleitet, an das Bessere im Menschen zu glauben.

Bis 2017 das Gegenmodell die politische Weltbühne enterte und man sich wieder in die 1960er-Jahre zurückversetzt fühlte. Zur Erinnerung: Damals gab es zum Beispiel Musiker wie den Schlagzeuger Max Roach, der zusammen mit dem Texter und Sänger Oscar Brown Jr. *We Insist! Freedom Now Suite* (1960) komponierte, ein Jazzalbum, das die Ausbeutung von Sklaven anprangerte, Leidenswege von Verschleppten skizzierte, wie es auf der anderen Seite die Hoffnung auf eine freiere Gesellschaft formulierte. Ein Meilenstein der kulturellen Identitätsfindung, ebenso wie zwei Jahrzehnte zuvor Billie Holidays Hymne gegen die Lynchjustiz *Strange Fruit* oder vier Jahre später John Coltranes *A Love Supreme*, das Bekehrungsalbum zur spirituellen Kraft des Jazz.

Oder auch Ornette Colemans *Dancing In Your Head* (1973/77), das unter dem Eindruck und mit der Mitwirkung der marokkanischen Master Musicans of Joujouka eine Art pankulturelles Gestaltungssystem entwarf, das unter dem Namen »Harmolodics« fortan Kollegen und Wissenschaftler aufgrund seiner Strukturoffenheit irritierte. Über die lange zeitliche Distanz hinweg gelang es der Jazz-Instrumentalmusik immer wieder, Identität zu stiften, auch als Subkultur des gesellschaftlichen Widerstandes in den Ländern des Ostblocks, wo er zumindest in der Hochphase des Kalten Kriegs als Musik einer (westlichen) Freiheit galt. Als Hochamt verinnerlichter Kreativität, das im Anschluss an Keith Jarretts »Köln Concert« (1975) weltweit in den Wohngemeinschaften der Feingeister gefeiert wurde. Oder auch als Vexierbild postmoderner Zersplitterung, wenn sich die Gemeinde der urbanen Hellseher in John Zorns *Naked City*-Collagen (1989) wiederfand. Jazz war und ist bis heute eine Kunst der Optionen.

28. Grund

Weil Freedom Now noch immer aktuell ist

Das Album *We Insist! Freedom Now Suite* (1960) spaltete die Szene. Im Fachorgan *Down Beat* bekam es in der Besprechung die Höchstwertung, zahlreiche Journalistenkollegen aber fühlten sich brüskiert von den klaren Statements, die Rassismus, Sklaverei, auch die damalige gesellschaftliche Situation in Südafrika anprangerten. Max Roach und sein Team hatten Haltung gezeigt, und man traf die Künstler auch bei Demonstrationen oder Umzügen der sich formierenden Bürgerrechtsbewegung wieder. Jazz begann, politisch zu werden, im Rückbezug auf die afrikanische und afroamerikanische Geschichte, und eine der Folgen war, dass der engagierte Schlagzeuger in den anschließenden Jahren von großen Plattenfirmen und einem Teil der Presse boykottiert wurde. Das legte sich in den 1970ern, als Roach dann 1972 zum Professor an die University of Massachusetts berufen wurde. Aber es war bezeichnend für den verkrampften Umgang der amerikanischen Gesellschaft mit dem eigenen Erbe. Und glaubte man Abbey Lincoln, der charismatischen Sängerin der *Freedom Now Suite* und von 1962 an acht Jahre mit Roach verheiratet, dann war der Aufschrei zwar markant, das Resultat aber auf Dauer nicht zufriedenstellend. Als der Publizist Stanley Crouch sie Mitte der 1990er-Jahre fragte, wie es seitdem mit der Freiheit stehe, gab sie zu Protokoll: »Sie ist noch nicht gekommen, niemand hat sie sich richtig genommen! Dabei muss man aufstehen und sich die Freiheit nehmen, wenn sie nicht von selber des Weges kommt. Das sagten wir den Menschen schon vor Jahren und ich denke immer noch so.«[53]

Lincolns Skepsis war verständlich. Auf der einen Seite hatten die Bürgerrechtsbewegung ebenso wie jazzimmanente Strömungen wie etwa das Kollektiv um die »Association for the Advancement of Creative Musicians« (AACM) in Chicago viel bewirkt und unter dem Motto »Great Black Music, Ancient to the Future« Strukturvorstellung, Rhythmen, Ideen und Instrumente in die improvisierende Musik integriert, die weit über den Dschungel-Exotismus der frühen Jahrzehnte hinausgingen. Auf der anderen Seite schien der Neotraditionalismus eines Wynton Marsalis, der vom Lincoln Center aus den Jazz als eine Form schwarzer künstlerischer Bürgerlichkeit propagierte, genau dieser Bewusstheit um das Originäre im Amerikanischen entgegenzustehen. Polystilistik einerseits, die Tendenz zur Marginalisierung der Musik in der Kleinteiligkeit, das Verschwinden der Verteilungskanäle und der in verschreckten Nationalismus führende Schock von Nine-Eleven sorgten solange für eine Entpolitisierung der Musik, bis die öffentliche Ignoranz gegenüber einer multikulturellen Gesellschaft unter der Präsidentschaft von Donald Trump in einem Maße zunahm, dass Statements und Engagement wieder notwendig wurden.

Marc Ribot beispielsweise, New Yorker Gitarrist mit Wurzeln in der Loft-Szene der 1980er, veröffentlichte 2018 mit Freunden wie Tom Waits seine *Songs Of Resistance*, eine Sammlung von mal mehr, mal weniger bekannten Widerstandsliedern im improvisierenden Gewand. Als Anstoß, weil dem Jazz ebenso wie der Konsumgesellschaft in den Jahren der Saturiertheit sogar die Melodien abhandengekommen sind, die man gemeinsam singt: »Ich habe mich schon lange vor Trump ausführlich mit Liedern der Bürgerrechtsbewegung, des französischen Widerstands, der Partigiani beschäftigt. Und ich denke, es gibt doch die vielen fantastische Stücke aus der Bürgerrechtsbewegung, die perfekt auch zu unserer Situation passen würden. Zu der Zeit, als die Menschen verhaftet und ins Gefängnis geworfen wurden, haben sie gesungen: ›Wir sind Soldaten in der Armee, wir müssen kämpfen und weinen‹, Worte, die den anderen Kraft und das Gefühl gegeben haben, nicht allein zu sein.«[54] Max Roach starb 2007 nach einem Leben voll Engagement für die Freiheit des Menschen. *We Insist!* ist mehr als ein halbes Jahrhundert alt, die Botschaft aber noch immer aktuell.

29. Grund

Weil Jazz die neue Klassik ist

Eine freche Behauptung. Und natürlich stimmt sie nicht, zumindest in Bezug auf die Gestaltungsmuster und Formgebung. Betrachtet man Jazz als kulturelles Phänomen, sind aber durchaus Parallelen zum Umgang mit klassischer Musik zu finden. Da ist beispielsweise das Lebensalter der Konsumenten. Belastbare Zahlen gibt es keine, allerdings legt der Blick auf die Garderobenschlangen in den Philharmonien die Vermutung nahe, dass sich dieser Teil des Konzertlebens inzwischen in die Welt der solventen Fünfzig plus verlegt hat. Da haben die ganzen Akkulturationsbestrebungen von Gunther Schuller bis Joachim-Ernst Berendt Früchte getragen, die den Jazz im Kontext der sogenannten Hochkultur verankern wollten, aus persönlicher Überzeugung, aber auch aus dem Wissen heraus, dass der gesamte Apparat der Wahrnehmung von den Medien bis hin zu den Fördermitteln erst greift, wenn eine Entwicklung das Stadium der Subkultur hinter sich gelassen hat. Diese Tendenz setzte in Deutschland in den 1960ern ein und führte dazu, dass sich Jazz als Teil eines kulturellen Konsens mehr und mehr etablierte. »Kurzgefasst wandelte sich die deutsche Jazzszene von einer Freischaffenden-Ökonomie – ähnlich beschaffen wie die Rock und Pop Musikindustrie, sogar weithin ein Teil dieser – hin zu einer institutionalisierten Infrastruktur, bestehend aus Workshops, Jugendorchestern wie auch Jazzstudiengängen an Hochschulen und Universitäten.«[55] Damit wurde er neben den kommerziell orientierten Veranstaltern auch Teil von subventionierten Festivals, Konzertreihen und Events, sowohl in finanzieller Hinsicht als auch mit Blick auf die Würdigung durch ein kunstinteressiertes Publikum. Nicht mehr der Clubgänger allein ist seitdem der typische Hörer, sondern auch der Konzertbesucher klassischen Stils, der nun im Ambiente der Kulturtempel Improvisation goutiert.

In Amerika wiederum hat seit den 1990er-Jahren mit dem Neotraditionalismus eine Rückbesinnung auf den historisch fundierten Kunstcharakter des Jazz eingesetzt. Wichtig wurde dabei die Gründung des »Jazz At Lincoln Center« 1991 als eigene Abteilung des renommierten New Yorker Kulturzentrums mit Veranstaltungsreihen, Radiosendungen, Konzertbühnen und dem künstlerischen Leiter Wynton Marsalis als eloquentem und musikalisch brillantem Netzwerker, der nicht müde wird, die Bedeutung der improvisierenden Musik als amerikanische Klassik zu betonen: »Von allen in Amerika entstandenen Kunstformen sagt der Jazz am meisten über uns aus. Mit der Demokratie erfolgte eine Explosion individueller Kreativität, und daher lag es nahe, dass die amerikanische Kunstform schlechthin eine außergewöhnliche Liste großer Namen hervorbringen würde. Sie und ihre Leistungen zu verstehen heißt, sich an Beispielen von Kreativität, Mut und Ausdauer orientieren zu können, die für uns alle nützlich sind.«[56] Junge Künstler sehen das differenzierter. Hip-Hop etwa gilt vielen längst als die eigentlich adäquate musikalische Ausdrucksform des zeitgenössischen Amerika. Aber auch das passt zur Semantisierung des Jazz als neue Klassik, der sich nicht mehr vorrangig an juvenilen und alternativen Kulturkonzepten orientiert.

30. Grund

Weil Jazz und Kammermusik sich gut ergänzen

Strukturell gesehen hat Jazz als musikalische Gestaltungsform in Windeseile nachvollzogen, was die klassische europäische Musik über Jahrhunderte vorgelegt hatte. Denn von den Anfängen zu Beginn des Jahrhunderts bis zu Ornette Coleman und dessen Zeitgenossen durchlief er die Phasen der Formfindung bis hin zu deren Transzendierung mit dem Free Jazz, der zwar nicht als Revolution gedacht war, gedanklich aber den vorläufigen Endpunkt einer weitgehend linearen Entwicklung bildete. Von da an wurde es schwieriger, sich noch etwas wirklich Neues auszudenken. Die Musiker fächerten daher das Stilpanorama weiter auf, indem sie sich Impulse aus anderen Klangkulturen holten. Spirituell veranlagte Kollegen entdeckten eine jenseitige sphärische Dimension, Bürgerrechtler eine politische. Und dann gab es noch die introvertierten und klassisch interessierten Musiker, die von Debussy, Stravinsky, Messiaen beeindruckt waren und sich anderen Wurzeln als den afroamerikanischen zuwandten. Neben diesen musikimmanenten Entwicklungen hatten äußere Diskurse Türen geöffnet. Jazz hatte schrittweise den Weg in die klassischen Konzerthäuser gefunden. Komponisten wie Gunther Schuller proklamierten einen »Third Stream« zwischen der improvisierenden und der komponierten Musik. Das Modern Jazz Quartet widmete sich Bach, Gil Evans arrangierte Rodrigo, Dave Brubeck schrieb Rondos und Duke Ellington geistliche Werke. Zugleich wurden die Aufnahmetechniken besser und differenzierter. Labels begannen, sich neben der künstlerischen Qualität auch die Besonderheit eines audiophilen Klangs in die Agenda zu schreiben. Nimmt man nach den allumarmenden Jahren des Flower Power auch noch die Tendenz zum Rückzug ins Private oder den Schock über die Grenzen des Wachstums mit dem Bericht des Club of Rome hinzu, wird deutlich, warum das Feine, Innerliche, Ästhetische, ebenso das Kleinräumige als Ausdruck eines sich verändernden Stilwillens wichtiger wurden. Es war die Zeit der frühen 1970er und die Startrampe für den Kammerjazz, der damals noch nicht so genannt wurde, mit bislang eher seltenen Phänomenen wie dem Solokonzert aber neue Ausdrucksformen eröffnete.

Weit vorne stand dabei das Klavier, schon weil mit Keith Jarretts »The Köln Concert« vom 24. Januar 1975 das Flaggschiff des Genres veröffentlicht wurde, das bis heute mit rund dreieinhalb Millionen verkauften Exemplaren zu den meistverkauften Recitals und Jazz-Platten überhaupt gehört. »Für Musikfans steht fest: das ›Köln Concert‹ ist mitreißend wie wenig andere Alben. Ein

Marathon-Ohrwurm des seine Grenzen auflösenden Jazz.«[57] Jarrett kultivierte die über lange Phasen der Improvisation sich entwickelnden Soloprogramme mit zahlreichen Näherungen an den Kern der individuellen Ausdruckskraft. Aber auch ungewöhnlichere Instrumente wagten sich ans Solistische, gefördert unter anderem von dem Münchner Label ECM, dessen Produzent Manfred Eicher gerne klangästhetisches Neuland erforschte. Der Posaunist Albert Mangelsdorff (*Tromboneliness*, 1976), der Schlagzeuger Jack DeJohnette (»Pictures«, 1977), der Bassist Dave Holland (*Emerald Tears*, 1977) versuchten sich beispielsweise an Individual-Exkursen, zahlreiche Duos zogen nach, von Chick Corea und Herbie Hancock über John Abercrombie und Ralph Towner bis zu Eddie Gomez und Jeremy Steig. Streichquartette folgten wie das Kronos Quartet und das Brodsky Quartet, Bands wie Oregon kreierten Musik zwischen den Stilen. Alles wurde offener, wobei sich der Jazz eher Mitteln der Kammermusik bediente als umgekehrt.

31. Grund

Weil Abstraktion auch lustvoll sein kann

Lennie Tristanos Idee war ebenso einfach wie konsequent. Entnervt vom Einerlei des Bebop-Gedudels wollte sich der Pianist und Konzeptdenker von der Funktionsharmonik lösen und die Musik als freie Variable verstehen, die die Künstler neu kombinieren oder abstrahieren können. Das war weit mehr als das, was man üblicherweise bei Sessions in den späten 1940ern hören konnte, und hatte auch seine Wurzeln in Tristanos Ausbildung, die ihn während seines Studiums am American Conservatory of Music in seiner Heimatstadt Chicago viel mit der Klangwelt von Johann Sebastian Bach zusammengebracht hatte. Denn so kreativ die Revoluzzer wie Charlie Parker, Dizzy Gillespie, Bud Powell oder selbst Thelonious Monk in Bezug auf die Befreiung von den Spielnormen der Swing-Ära waren, so schnell fanden sie auch in Mustern wie dem Blues, den Rhythm Changes, umgedeuteten Standards oder auch den Licks, also bewährten Spielabläufen der Solistik, wieder Verbindlichkeiten, die einer weiteren Befreiung von gestalterischen Zwängen entgegenstanden.

Lennie Tristano war das zu wenig. Er wollte raus aus dem Korsett des Bekannten und experimentierte mit Gleichgesinnten. Einen Eindruck davon, wie genau seine Idee der Unabhängigkeit klingen könnte, boten Aufnahmen vom 16. Mai 1949, die im Rahmen einer Studiosession entstanden, die er mit Studenten und Freunden wie den Saxofonisten Wayne Marsh, Lee Konitz und dem Gitarristen Billy Bauer in New York aufnahm. An diesem Tag spielten sie unter anderem die beiden Titel *Intuition* und *Disgression*. Zum ersten Mal in der Geschichte des Jazz befreiten sich Musiker vor Mikrofonen von den Zwängen der Form und improvisierten nahezu frei. Tristano ließ den Quittenzirkel und seine harmonischen Gesetzmäßigkeiten hinter sich und animierte seine Mitstreiter dazu, miteinander und nebeneinanderher zu spielen. Gegen Ende von *Intuition* wurde sogar der Beat überflüssig und löste sich in einen freieren Flow auf. *Disgression* wiederum erschien wie ein vielstimmiges Nebeneinander der Instrumente innerhalb des ästhetischen Rahmens des schönen Tons, das der Zwölftonmusik näher war als dem Bebop.

Es ging Tristano dabei nicht um Ablehnung, sondern um Ausweitung der Formensprache. Im Jahr 1951 gründete er eine eigene Schule in der 317 East 32nd Street, wo er bis 1956 aktiv war, bevor er seine Studenten lieber zu sich nach Long Island kommen ließ. Wer von ihm unterrichtet wurde, musste sich ausführlich mit Harmonielehre, Melodik und Rhythmik auseinandersetzen, weil erst das Wissen um die Grundlagen der Musik die Loslösung davon ermöglichte. In seiner Schule spielte Tristano häufig Konzerte mit Studenten, aufgenommen wurde allerdings wenig. Die Gewohnheiten des Musikbetriebs von Platten bis zu Tourneen und Konzerten empfand er als Einengung der Kunst und forderte stattdessen, sich mit dem

Menschsein an sich, mit Psychoanalyse und Philosophie oder eben Johann Sebastian Bach und Béla Bartók auseinanderzusetzen. Während Schüler wie Bill Russo, Clare Fischer, Dave Liebman und vor allem der Pianist Bill Evans viel von dieser intellektuellen Unbedingtheit übernahmen, wirkte er auf andere Zeitgenossen mit seiner Idee von Abstraktion und Klarheit eher kühl und distanziert. Trotzdem gehörte auch ein Charles Mingus zu Tristanos Bewunderern und übernahm Ideen etwa des Kontrapunkts aus dessen Seminaren in seine Kunst, die alles andere als cool war.

32. Grund

Weil Dixieland ein großes Missverständnis ist

Es gibt Dixieland und Dixieland. Das eine ist eine Spielart des Oldtime-Jazz, die ihre Wurzeln in der folkloristisch durchzogenen historischen Tanzmusik der amerikanischen Südstaaten hat, die im 18. Jahrhundert mit der sogenannten Mason-Dixie-Linie zwischen Maryland und Pennsylvania von den Nordstaaten getrennt wurden. »Dixie's Land« wurde unter anderem in dem Gassenhauer *(I Wish I Was In) Dixie* besungen, den Daniel Decatur Emmett 1859 für eine Minstrel-Show geschrieben hatte, ein volksliedhafter Schlager, beliebt in den Reihen der Konföderierten und deren Anhängern.

Als dann in der ersten Phase der Ausdifferenzierung einer Musik, die vor allem aus New Orleans kam und irgendwie neu war, Musiker weißer Hautfarbe von ihren schwarzen Kollegen unterschieden werden sollten, bürgerte sich »Dixieland« als Oberbegriff einer Stilmixtur ein, die sowohl Elemente der Brass-Band-Tradition vom Mississippi wie auch der urbanen Variante aus Chicago beinhaltete. Nick LaRoccas Original Dixieland Jass Band fixierte den Begriff durch die erste erhaltene Aufnahme des Jazz in den Geschichtsbüchern, ansonsten verschwand er recht schnell zugunsten des aufstrebenden Swings in der Versenkung.

Als der Jazz nach dem Zweiten Weltkrieg in die ersten Phasen der Historisierung eintrat, war der Wiedergänger Dixieland aber durch Bands etwa des Posaunisten Wilbur de Paris mit einem umfassenden Revival zur Stelle und blieb seit diesen Tagen als Spielart des Oldtime Jazz präsent. »›Dixieland‹ wurde zum Sammelbegriff für alle Stile, die sich auf den frühen Jazz mit dem typischen Kollektivspiel der Bläser und dem vom Ragtime übernommenen Rhythmus zurückbezogen. Um 1940 beharrte eine ganze Phalanx von Musikern, Fans und Kritikern darauf, dass man die Entwicklung des Jazz um zwanzig Jahre zurückschrauben müsse, um wieder auf den richtigen Pfad zu gelangen, und so wurde das Dixieland-Revival geboren.«[58] Damit entstand auch ein typisches Deutungsmuster, das die Authentizität der Musik in den Mittelpunkt stellte und vor allem in der Vergangenheit verwirklicht fand.

Da sich diese Entwicklung in Europa mit dem Nachkriegs-Boom der Laienmusik verband, wo wohlwollende Freizeitkünstler versuchten, nach Kräften ihren improvisierenden Idealen nachzueifern, entstanden nicht nur souveräne Ensembles von Chris Barber und Mr Acker Bilk bis zur Dutch Swing College Band und der Allotria Jazz Band, sondern auch eine große Zahl von Straßenfest-, Biergarten- und Festzeltcombos, die ihre Begeisterung für das klischeehaft Swingende zur Normalität der Jazzwahrnehmung für die beiläufigen Konsumenten machten. Das wurde das andere Dixieland, das fortan bei zahlreichen Gelegenheiten die ästhetische Leidensfähigkeit informierterer Hörer auf die Probe stellte und damit mehr Missverständnis als Bewusstsein schuf. Denn mit Jazz als kreativer Kunst des Augenblicks hatte das nicht mehr viel zu tun.

33. Grund

Weil er viel Afrika in Amerika zuließ

Jazz bereitete zunehmend Unbehagen. Gerade schwarze Künstler empfanden ihn in den 1960er-Jahren als eine Form von Kulturimperialismus, mit dem weiße Musiker sich Formen afroamerikanischer Identität und Kreativität aneigneten. Zwar liefen gleichzeitig mehrere Entwicklungen ab: Der Jazz hatte sich zunächst vom Unterhaltungsstandard der 1930er emanzipiert, war zur Kunst für Künstler geworden, beeindruckend in seiner Explosivität, aber beim besten Willen nicht mehr einfach konsumierbar. Zugleich sorgte der Boom von Radio, Schallplatten und Jukeboxes dafür, dass viele kleine Bühnen als Foren der musikalischen Äußerung überflüssig wurden. Außerdem standen Folk, Pop und Rock als junge, authentische Stilrichtungen in den Startlöchern, um die Sympathien des kaufkräftigen oder auch nach Identität suchenden Publikums zu übernehmen. Zeitgleich zog Amerika in den Krieg, schickte viele schwarze Soldaten nach Vietnam, während an der Heimatfront Bürgerrechtler wie Malcolm X und Martin Luther King ermordet wurden. Die gesellschaftliche Balance war labil. In Oakland beispielsweise gründeten Huey B. Newton und Bobby Seale 1966 die »Black Panther Party Of Self-Defense«, die als kommunistisch-maoistische Vereinigung für Gleichberechtigung, Menschenwürde, aber auch für Widerstand gegen die noch immer rassistisch agierende Öffentlichkeit eintrat und prompt zu den Lieblingsfeinden von J. Edgar Hoover und seinem Heimatschutzverein FBI avanciert.

Neben solchen politischen Gruppierungen gab es auch zahlreiche soziale und kulturelle Zusammenschlüsse, deren Aktivitäten zuweilen die Form von Guerrilla-Aktionen annahmen. Der Saxofonist Rahsaan Roland Kirk und der Trompeter Lee Morgan etwa riefen 1969 die kurzlebige »Jazz and People's Movement« ins Leben, die versuchte, die populäre Ed-Sullivan-TV-Show für ihre Statements zu funktionalisieren, indem Kirk dort Charles Mingus' *Haitian Fight Song* anstimmte. Das sorgte für Aufsehen, aber nicht für Nachhaltigkeit im Unterschied zur Association for the Advancement of Creative Musicians (AACM), die sich von Chicago aus zu einer der beständigsten Musikervereinigungen des Modern Jazz entwickelte. »Die AACM wurde im Mai 1965 gegründet, also ein Jahr vor der Black Panther Party. Die vier Gründungsväter waren die Pianisten Muhal Richard Abrams und Jodie Christian, Bassist Fred Hopkins und Trompeter Phil Cochran [...] Neue Mitglieder konnten nicht einfach eintreten, sondern wurden nominiert. Aus den ganzen USA strömten Musiker in die Windy City, um zu der Gruppe gehören zu dürfen. Lester Bowie und Philip Wilson kamen aus St. Louis, Leo Smith aus Mississippi. Regelmäßig wurden Konzerte und öffentliche Proben durchgeführt, Drogen waren verpönt, aber nicht verboten. In den Statuten wurde ausdrücklich darauf hingewiesen, dass es auch um moralische Standards gehe.«[59]

Zentrales musikalisches Sprachrohr der Gruppe wurde von 1969 an das Art Ensemble Of Chicago, das in vieler Hinsicht die üblichen Hör- und Konzertgewohnheiten aufbrach. Denn musiziert wurde auf allem, was einen Sound versprach, aber auch auf herkömmlichen Instrumenten, wobei ein großer Teil der Spannung aus dem Gegensatz des anarchisch humoristisch veranlagten Trompeters Lester Bowie und dem bierernst komponierenden und agierenden Saxofonisten Roscoe Mitchell erwuchs. Zwar stand »Kunst« im Bandnamen, trotzdem wurde Jazz in dieser Runde eher als ein Beteiligungskonzept verstanden. Man machte mit, integrierte Theatralisches und Kostüme, wirkte urtümlich, archaisch und gleich im Anschluss analytisch und experimentell. Konzerte wurden zu Ritualen, Stammestreffen, der Gedanke der Tribe-Kultur, der später für den Hip-Hop wichtig werden sollte, war beim Art Ensemble bereits in der Struktur angelegt. Tatsächlich kamen vor allem über den Bassisten Malachi Favors und den Schlagzeuger Don Moye zahlreiche afrikanische Rhythmen ins musikalische Konzept und inspirierten wiederum ähnliche, aber nicht so langlebige Gründungen wie das Trio Air des Saxofonisten und Klarinettisten Henry Threadgill, das noch deutlich expressivere Revolutionary Ensemble um den Geiger Leroy Jenkins oder auch das Ethnic Heritage Ensemble des Perkussionisten Khalil El'Zabar, das wiederum versuchte, eine Form transafrikanischer Musik zu entwickeln, die Jazz-Improvisation und Klangtraditionen etwa aus Ghana verknüpfte. Das nun war der wahre Melting Pot, der die Welten zusammenbrachte und anstatt einer usurpierten Kunstform eine »Great Black Music« kultivierte, in der sich afroamerikanische Künstler wiederfinden konnten.

4. Kapitel

THEORIE UND PRAXIS

Denker, Macher, Produzenten

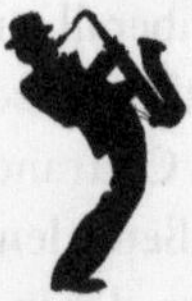

34. Grund

Weil Carlos Santana so auf John Coltrane steht

Es gibt nicht viele Platten, die in der Wirkung weit über die Grenzen ihres Genres hinausreichen. *A Love Supreme* ist so ein Fall. Denn bei der Session, als sich am 9. Dezember 1964 in Rudy van Gelders Studio in Englewood Cliffs, New Jersey, der Saxofonist John Coltrane, der Pianist McCoy Tyner, der Bassist Jimmy Garrison und der Schlagzeuger Elvin Jones trafen, passte alles zusammen. Der Bandleader brachte ein paar Skizzen und ein Gedicht mit, außerdem die Idee, eine Lobpreisung Gottes via improvisierender Musik zu formulieren. Seine Band war nach mehr als drei Jahren gemeinsamer Live- und Studio-Arbeit eingespielt genug, um aus dem Plan rund 33 Minuten kompakt konzentrierte Musik zu entwickeln, die ebenso hymnisch wie befreit die Großartigkeit des Jenseitigen, vor allem aber die eigene kollektive Gestaltungskraft feierte. *A Love Supreme* wurde daher zu einem Monument spirituell kreativer Ausdruckskraft, und es avancierte schnell zu einer Aufnahme, an der sich der Zeitgeist abarbeitete.

Der Komponist und Minimalist Steve Reich beispielsweise ließ sich von der Kombination von Statik und Experimentierfreude inspirieren, die den Saxofonisten umgibt, und erläuterte: »Was mich daran wirklich beeindruckt, ist die Spannung zwischen einem tonal fest verankerten Bezugspunkt einerseits und der Entdeckung andererseits, dass dieser Bezugspunkt es einem erlaubt, innerhalb der zwölf Tonarten buchstäblich überall hingehen zu können und wieder zurückzukommen.«[60] Solch theoretischem Interesse standen Hipster-Faktoren gegenüber, die Coltrane als ernsthaften, spirituellen und zugleich gestalterisch außerordentlichen Musiker umgaben. So betonte der Bassist Rick James, der in den 1960er-Jahren in Kanada in einer Rockband mit Neil Young spielte, das tendenziell modische Element der Bewunder: »Die meisten weißen Jungs, mit denen ich 1965 in Toronto zusammen war, fuhren auf Coltrane ab: David Clayton-Thomas, der spätere Sänger von Blood, Sweat & Tears, Joni Mitchell, Gordon Lightfoot, Neil Young. [...] Sie waren Folkmusiker, und Folk und Jazz gingen Hand in Hand. Jeder besaß ›Sketches Of Spain‹ und jeder besaß ›A Love Supreme‹.«[61]

Für manch einen wurde das Album sogar zu einer grundlegenden musikalischen Erfahrung, die sich über das Zuhören erschloss. So lümmelte beispielsweise der jungen Carlos Santana in einem Plattenladen herum, als dessen Besitzer das Album auflegte und einfach laufen ließ: »Da sitze ich also und rauch' 'nen Joint, geh' immer noch auf die High School und hör' mir ›A Love Supreme‹ an. Es war eines der ersten Male, dass mir etwas Paradoxes an der Musik klar wurde, nämlich dass sie wild und friedlich zugleich sein kann. Ich schaute mir die Plattenhülle an und sah dieses eindringliche Gesicht. Es war, als ob seine Gedanken aufschrien.«[62]

Wenig später versuchte Santana ähnlich Intensives mit einer eigenen Band, nicht mit Jazz, sondern der Verknüpfung von Latin-Rhythmen und Rockmusik. Vor allem in seiner experimentellen Phase in den frühen 1970er-Jahren, als seine bis heute anspruchsvollsten Platten *Caravanserai* (1972), *Welcome* (1973) und *Borboletta* (1974) erschienen, bezog er sich immer wieder auch auf John Coltrane und dessen Spiritualität. Als geistigen Führer wählte er sich allerdings einen esoterischeren Guru, den indischen Meditations-Lehrer Sri Chinmoy, dessen musikalische Qualitäten als Flötist nicht dessen Stadium der Erleuchtung entsprachen.

35. Grund

Weil er die Spiritualität beflügelt

Musik ist auch eine Kunst der Entgrenzung. Das hat zunächst einmal einfache körperliche Ursachen. »Musik bewirkt prinzipiell das Gleiche wie andere biologisch außerordentlich wichtige Reize wie beispielsweise Nahrung oder soziale Signale. Sie stimuliert das körpereigene Belohnungssystem, das auch durch Sex oder Rauschdrogen stimuliert wird, und das mit der Ausschüttung von Domamin und von endogenen Opoiden einhergeht«[63], erklärt der Psychiater und Musikforscher Manfred Spitzer. Hochgefühl und Ekstase wiederum liegen nahe beieinander, und der Schritt, in der damit verbundenen Erfahrung mehr als nur den Augenblick wahrzunehmen, ist ebenfalls kein großer. »Bewusstseinsintensivierung: Das interessiert mich als Jazzmann. […] Man könnte die ganze Jazzgeschichte unter diesem Gesichtspunkt schreiben: als ein ständiges Explorieren neuer Intensitätsgrade, die aufgegeben werden, wenn sie beherrscht werden«[64], räsonierte Joachim-Ernst Berendt bereits 1977 in seinem Aufsatz *Der Jazz und die Neue Religiosität*, ein wenig erstaunt darüber, dass sich die Musik seiner Bewunderung weg von den Clubs und

Drogen hin zu einer die verschiedenen Religionen übergreifenden Spiritualität entwickelt hatte.

Das hatte mehrere Ursachen. Neben dem Bedürfnis, dem eigenen Tun eine Bedeutung beizumessen, die über den kreativen Akt hinausreicht, kamen die Jazzer zunehmend auch mit Kollegen aus anderen Kulturen zusammen, die wiederum ihre eigenen, oft mit Riten und Mythen verbundenen Traditionen mitbrachten. Wichtig wurden beispielsweise der indische Sitar-Meister Ravi Shankar, der Mitte der 1950er-Jahre bereits erste Aufnahmen mit dem Altsaxofonisten Bud Shank machte und eine Dekade später über George Harrison und die Beatles fern der Heimat zum Popstar der Hippie-Ära wurde. Im Laufe der Zeit entdeckten Musiker wie Herbie Hancock den Buddhismus für sich, andere wiederum konvertierten zum Islam wie die Pianisten Ahmad Jamal oder Abdullah Ibrahim. Zentral und für viele Nachfahren nicht nur musikalisch inspirierend aber wurde John Coltranes *A Love Supreme* als in Jazz gegossene Lobpreisung Gottes, gefolgt von Alben mit in die Transzendenz mündenden Titeln wie *Ascension* (1965) oder *First Meditation* (1965/66). Platten seines Saxofonkollegen Albert Ayler hießen *Spiritual Unity* (1964) oder *Ghosts* (1965). Manch einer stilisierte sich wie der Keyboarder und Philosoph Sun Ra gar zu einem Medium mit Antennen in eine intergalaktische Welt wie etwa mit *The Heliocentric Worlds Of Sun Ra* (1965). Spiritualität im Sinne einer die letztlich banale, diesseitige Körperlichkeit und gedankliche Verfasstheit in eine jenseitige Bedeutungsstruktur zu überführen, half den Musikern dabei, die immensen Kreativitätssprünge der Free Ära zu meistern. Sie waren darüber hinaus eine Möglichkeit, Momente sinnstiftend zu konservieren. »Ich glaube an die persönliche Spiritualität und an Geister«, erklärte beispielsweise Miles Davis, einer dieser genialischen Grenzübertreter. »Was wir gespielt haben, das muss irgendwo in der Luft schweben, denn dorthin haben wirs geblasen und dieser Shit war magisch und spirituell.«[65]

36. Grund

Weil Jazz den Blues zur Kunst gemacht hat

Blues ist der kleinste gemeinsame Nenner. Seine zwölf Takte mit standardisierten Harmoniewechseln lassen sich im Bedarfsfall so oft wiederholen, bis die Geschichte zu Ende erzählt ist. In den frühen Jahren in New Orleans, Memphis, Kansas oder Chicago, vor allem aber seit dem Bebop der 1940er, als der Solist mit kreativen Einzelleistungen in den Mittelpunkt des musikalischen Geschehens trat, gehörte er im Doppelpack mit den Rhythm Changes zur gestalterischen Grundausstattung des jazzenden Alltags. Auch Oliver Nelson war mit ihm groß geworden. Als Bub in seiner Heimatstadt St. Louis lernte er Blues und Jazziges zunächst am Klavier, seit dem elften Lebensjahr dann am Altsaxofon. Er machte sich nicht schlecht, spielte als Schüler in einheimischen Bands und wurde dann in den späten 1940ern von George Hudson und Nat Towles in deren Orchestersatz gebucht. Als ihn die Marines zum Militärdienst holten, hatte er sein Instrument im Gepäck, spielte in Army-Kapellen und jammte in japanischen Jazz-Clubs. Die Weltkarriere ließ zwar auf sich warten, aber immerhin war Nelson so sehr vom Musik-Bazillus infiziert, dass er nach seiner Rückkehr in die Staaten ein dreijähriges Musikstudium in Washington anschloss.

Derart gerüstet zog er nach New York und musste feststellen, dass eigentlich niemand auf sein Genie gewartet hatte. Im Gegenteil: »Als ich im März 1959 in New York ankam, dachte ich, ich hätte bereits meine musikalische Identität,« erinnert sich Oliver Nelson in den Liner Notes zu *Blues And The Abstract Truth* an diese Phase des Umbruchs. »Doch es dauerte nicht lange, und alles hatte sich verändert. Für mich begann eine Phase der Selbst-Erforschung.«[66] Die Fülle der unglaublichen Talente, denen man an jeder Club-Bartheke begegnete, erwies sich aber nicht nur als Problem, sondern auch als Chance. Als Oliver Nelson nach ersten wohlwollend wahrgenommenen LP-Versuchen das Experiment wagte, die scheinbar so schlichte Form des Blues aus verschiedenen Perspektiven anzugehen, konnte er auf ein Dream-Team erneuerungshungriger Jung-Kollegen zurückgreifen.

Der Pianist Bill Evans zum Beispiel war gerade mit Miles Davis im Studio gewesen, um das faszinierend rätselhafte Album *Kind Of Blue* aufzunehmen, und galt darüber hinaus als der neue Meister des Klaviertrios. Trompeter Freddie Hubbard kam gerade richtig in die Puschen und hatte mit Ornette Coleman bereits den Jazz befreit. Der Saxofonist Eric Dolphy traute weder dem traditionell Komponierten noch dem allzu Freien, ging seinen Weg melodischer Offenheit und entdeckte außerdem die Flöte für die Avantgarde. Der Baritonsaxofonist George Barrow, der Bassist Paul Chambers und Schlagzeuger Roy Haynes wiederum waren im Bebop und der zeitgenössischen Avantgarde groß geworden, eine famose Mannschaft also, die nur entsprechend geführt werden musste.

Nelson buchte ein New Yorker Studio für den 23. Februar 1961, brachte seine Noten mit und traf damit den Geist der Stunde. Die sechs Stücke von *Blues And The Abstract Truth* entwickelten sich zu einem musikalischen Konzentrat. Sie spielten mit fanfarenartigen Themen, der Lakonik des Hardbop, den profunden Melodiegirlanden nach Art von Charles Mingus, überhaupt mit der kontrastreichen Energie einer Ära, in der Aufbruch und Skepsis nah beieinander lagen. Die Beteiligten, allen voran die Bläser, waren hochmotiviert, die Grenzen des Spielbaren in konstruktivem Rahmen auszuloten, und vor allem der Opener *Stolen Moments* entwickelte sich mit seinem Gegensatz von coolem Flow und expressiver Solistik zu einem Meilenstein der Jazzgeschichte. Oliver Nelson hatte seine Identität im Blues gefunden. Er hatte der bewährten Form eine neue Bedeutung gegeben und sie auf die Ebene einer Kunst gehoben, die dem Archaischen das Intellektuelle einimpfte.

37. Grund

Weil man mit Blues und Rhythm Changes ziemlich weit kommt

George Gershwin war längst ein Star am Broadway. Seit er mit *Lady Be Good* (1924) sein erstes Hit-Musical präsentiert hatte, waren weitere immer erfolgreichere Shows und Revuen gefolgt, die wie *Oh Kay!* (1926), *Funny Face* (1927) und *Rosalie* (1928) schon mal mehr als 300 Aufführungen am Stück erreichten.

Am 14. Oktober 1930, mitten in Zeiten der Depression, dirigierte er dann selbst am Alvin Theatre die Premiere von *Girl Crazy*, das gleich drei Hits enthalten sollte, die in den folgenden Jahren in den Programme der Jazzmusiker auftauchten: *Embraceable You*, *But Not For Me* und vor allem *I Got Rhythm*, das durch die mitreißende Interpretation der bis dahin kaum bekannten Sängerin Ethel Merman umgehend Stadtgespräch wurde. »Mit der melodischen Grundfigur des Songs – vier Töne in pentatonischer Reihenfolge, aufsteigend, absteigend, aufsteigend – schuf George Gershwin einen Archetypus, eine Kernidee, die geradezu nach Variation und Entwicklung verlangt. Der Komponist selbst bearbeitete ›I Got Rhythm‹ zum ersten Mal 1932 innerhalb seiner ›Piano Transcriptions Of 18 Songs‹. Er liebte es, stundenlang über diesen Song am Klavier zu improvisieren.«[67]

Und auch zahlreiche Jazzkollegen ließen sich anstecken. Bereits neun Tage nach der Premiere präsentierte der Trompeter Red Nichols eine Jazzversion, Hunderte weitere sollten folgen. Vor allem aber erwies sich die Harmoniefolge als ungemein variabel und machte unter dem Signum »Rhythm Changes« eine eigene Karriere. Charlie Parker nahm sie als Grundlage für rund ein Dutzend eigener Kompositionen wie etwa *Anthopology* (1946), Lester Young ließ sich zu *Lester Leaps In* (1939), Duke Ellington zu *Cotton Tail* (1940), Dizzy Gillespie mit Coleman Hawkins' Unterstützung zu *Salt*

Peanuts (1942), Sonny Rollins zu *Oleo* (1954), Thelonious Monk zu *Rhythm-A-Ning* (1957) inspirieren.

Kein anderer Song in der Jazzgeschichte hat eine ähnliche Karriere als Ausgangsbasis für andere Kompositionen wie *I Got Rhythm* hinter sich gebracht. Zwar erfuhren auch andere Harmoniefolgen etwa von *How High The Moon* (1940) oder *Autumn Leaves* (ursprünglich *Les Feuilles Mortes*, 1945) melodische Neubearbeitungen. Darüber hinaus lässt sich seine Bedeutung aber nur noch mit der des Blues vergleichen, der sich als weitere Grundform zahlloser Kompositionen und Sessions etablierte. »Die Bluesform ist so flexibel und reizvoll, dass Jazzmusiker ihrer niemals überdrüssig werden, aber sie können sie auf vielfältige Weise variieren, beispielsweise eine Strophe auf acht Takte reduzieren oder auf sechzehn erweitern, in die Folge der Akkorde weitere, das einfache Schema komplizierter gestaltende einfügen, den sauberen dreizeiligen Strophenaufbau verwischen, Noten spielen, die die Bluestonleiter nicht umfasst.«[68] Auch hier ist die Liste voll mit Musikern und Komponisten, die sich von Louis Armstrong und Charlie Parker bis Miles Davis und John Coltrane mit diesem Standardmuster beschäftigt haben. Wer daher Jazz verstehen oder gar bei Sessions mitspielen will, sollte Rhythm Changes und Blues verinnerlicht haben. Denn damit kommt man bis heute ziemlich weit.

38. Grund

Weil Mixolydisch#11 zu den hohen Weihen gehört

Es gab mehrere Möglichkeiten der Befreiung. Musiker wie Albert Ayler, Ornette Coleman und Cecil Taylor wählten die Loslösung von den Vorgaben des Spielens über Changes, indem sie die üblichen Form-Zusammenhänge außer Acht ließen. Freiheit wurde in diesem Fall strukturell verstanden und führte zum Fokus auf den Augenblick, den der Einzelne möglichst bindungsfrei für sich und im Zusammenhang mit seiner Band ausgestaltet. Ein anderer Weg war der des modalen Jazz, der auch von den Harmonien als Bezugssystem abrückte, dafür aber ein Netz von zusammenhängenden Tonleitern, den sogenannten Skalen, als Ausgangspunkt nahm. Der Komponist George Russell, der sich als junger Mann wegen einer Tuberkulose-Erkrankung lange in Hospitälern hatte aufhalten müssen und bei dieser Gelegenheit ausführlich mit Musiktheorie beschäftigte, veröffentlichte 1953 sein Buch *Lydian Chromatic Concept Of Tonal Organization,* mit dem er versuchte, Spannungsverhältnisse innerhalb von Tonleitern musikalisch zu entschlüsseln und zu gewichten. Spielte man die Toniken der ersten sieben Stufen des Quintenzirkels innerhalb einer Oktave, ergab das den lydischen Modus mit den Halbtonschritten zwischen der vierten und fünften und zwischen der siebten und achten Stufe. Nahm man die weiteren fünf Quinten des Zirkels noch hinzu, ergab das die dazugehörige Chromatik. Vor allem aus den ersten sieben Tönen der Leiter ergab sich das Spannungsverhältnis, nicht mehr primär aus Moll/Dur-Zusammenhängen, wobei die Dominante zentral war für den Aufbau der Spannung innerhalb von Skalen.

Dieses Denken in Modi, nicht mehr in Akkorden, knüpfte im Kern an Systeme an, die es in den Kirchentonarten schon vom frühen Mittelalter bis ins 16. Jahrhundert gegeben hatte, dann aber von der Funktionsharmonik abgelöst worden waren. Je nachdem, wie sich die Halbtonschritte innerhalb der Leiter verschoben, ergaben sich andere Höreindrücke, mal mit Moll-, mal mit Dur-Charakteristiken, ohne aber durch die formalisierten Akkorde und ihre Zusammenhänge fixiert zu sein. Die modale Musik bekam daher von der Empfindung eine eigenartig schwebende Textur, weitaus offener im Höreindruck und auch in der Möglichkeit des solistischen Einsatzes. Betrachtete man beispielsweise C-mixolydisch, dann wirkte die Leiter zwar Dur-ähnlich, durch den Halbton zwischen sechster und siebter Stufe aber mit mollgetöntem Beiklang. Wollte man nun beim Improvisieren nicht auf der als dissonant und zugleich zur Dominante führenden Quart, also dem F, herumreiten, war die #11 (F#) eine Möglichkeit, den Klangeindruck noch offener zu gestalten.

Kein Wunder, dass das Russell'sche System mit seinen Ableitungen Musiker faszinierte, die nach mehr Ausdruck suchten, ohne das tonale Konzept ablehnen zu müssen. Der Arrangeur Gil Evans, der Pianist Bill Evans, vor allem aber Miles Davis begannen schon bald angesichts des sich abnützenden Hardbops und Cool Jazz, mit dem neuen Spiel zu experimentieren: »Ich habe aus der modalen Spielweise gelernt, dass sie dich bei den Improvisationen nicht einschränkt. Man braucht sich um nichts zu kümmern, um keine Akkordwechsel, um nichts. Man kann sich mehr auf die Melodieführung konzentrieren. Bei der modalen Form musst du melodische Phantasie beweisen. Es ist ein Unterschied, ob du dein Zeug auf Akkorden aufbaust, dir nach zweiunddreißig Takten die Akkorde ausgehen und du nur noch in Variationen wiederholen kannst, was du gerade gespielt hast. Davon wollte ich wegkommen und mich mehr auf die melodische Seite konzentrieren. Und dafür bot mir die modale Spielweise ungeheure Möglichkeiten.«[69] Zum ersten Mal probierte Miles Davis diese Idee mit *Milestones* (1958) aus. Fest in der Musikgeschichte hat er die modale Idee aber im folgenden Jahr verankert, als er am 2. März und dann noch einmal am 22. April mit ein paar Skizzen ins New Yorker Columbia-Studio kam und sich sein Sextett bereits mit der neuen Vorgehensweise vertraut gemacht hatte. Es entstand *Kind Of Blue*, der Wegweiser der Jazzmoderne.

39. Grund

Weil Jazz hilft, Bach zu verstehen

Bei klassischen Vorbildern sind sich Jazzmusiker uneins. Mit französischer Tradition im Sinn hatte bereits der Ragtime-Ahne Scott

Joplin an einer Oper gearbeitet. George Gershwins *Rhapsody in Blue* (1924) war die Überführung des romantischen Klavierkonzerts in einen jazzverwandten Klangzusammenhang. Der Bebop-Klarinettist Woody Herman ließ sich von Igor Stravinsky ein *Ebony Concert* (1946) schreiben, der Komponist und Theoretiker Gunther Schuller baute ein ganzes Third Stream Universum rund um zeitgenössische komponierte Musik, Bill Evans und seine Adepten bezogen sich gerne auf Maurice Ravel und Claude Debussy, des harmonischen Farbenreichtums wegen. Mal beschäftigt sich der Klarinettist Louis Sclavis mit Jean-Philippe Rameau, mal besann sich der Bassist Dieter Ilg auf Ludwig van Beethoven, und wer im Laufe der vergangenen zwei Jahrzehnte besonders reduktionistisch klingen wollte, packte irgendwie Erik Satie ins Programm. Viele Angebote, viele Meinungen, nur bei einem Komponisten sind sich nahezu alle Jazzmusiker einig: Johann Sebastian Bach ist der Meister, dessen außerordentliche Schaffenskraft bis weit hinein in das Terrain der Improvisation reicht. Für manche Künstler wie den Pianisten Joachim Kühn ist er überhaupt eine Wurzel der eigenen Gestaltungskunst: »Das ist meine Tradition. Bach war als Komponist das Genie schlechthin, ebenso als Spieler und Improvisator, wenn man den Quellen glauben kann. Vielleicht war er wirklich der erste Jazz-Musiker, obwohl er das Wort nicht kannte. Die Vermutung liegt nahe, wenn man sich seine Tempi, seine Basslines, seine Akkorde genauer ansieht.«[70]

Mit dieser Vermutung steht Joachim Kühn nicht alleine. Bereits 1952 veröffentlichte sein Klavierkollege John Lewis zusammen mit der Urbesetzung des Modern Jazz Quartets das Stück *Vendome*, das strukturell wie eine barocke Fuge mit Jazzeinwürfen klang. Dabei interessierten Lewis weniger die konkreten Originalkompositionen, als vielmehr die Bauformen etwa des Kontrapunktes, der sich auf den improvisierenden Kontext anwenden ließ, außerdem klassisch dramaturgische Elemente von Pausen und Reduktionen bis hin zur Kontrolle über das kreative Geschehen, womit er in Jahren des Stilwandels von Bebop zu Cool und Hardbop vielen seiner auf effektvolle Expressivität setzenden Zeitgenossen voraus war. Wenige Jahre später gründete der Pianist Jacques Loussier 1959 aus dem Gefühl heraus, beim Üben von Bach-Stücken eine Grenze des persönlichen Flows überschritten zu haben, sein Play Bach Trio, das sich direkt Kompositionen des barocken Vorbilds annahm und sie swingend synkopiert interpretierte. Das Konzept kam beim europäischen Publikum gut an, das sich in diesen Variationen mehr repräsentiert sah als in manchen afroamerikanischen Experimenten. Loussier nahm mehrere Fortsetzungen von *Play Bach* auf, wurde dafür von der Kritik belächelt, aber vom Publikum dauerhaft verehrt.

Keith Jarrett wiederum ging noch einen Schritt weiter und wagte sich gleich an die Originale. Seine Einspielungen etwa des *Wohltemperierten Klaviers* (1987) am Piano oder auch der *Goldberg-Variationen* (1989) am Cembalo hielten sich an den Text, variierten aber in Tempo und konzeptueller Deutung von klassischen Einspielungen. Bach bekam einen Subtext verordnet, der ihn mit Blick auf moderne Interpretationsgewohnheiten als Strukturgeber anerkannte, die Ausgestaltung innerhalb dieser Form aber jazzender Freiheit überließ. Uri Caine wiederum durchsetzte seine *Goldberg Variations* (2000) mit Geräuschen, Electronics und neu Komponiertem, Joachim Kühn kontrastierte in seinen Kooperationen mit dem Leipziger Thomaner-Chor bei *Bach Now!* (2002) die komponierte Strenge der gesungenen Motetten mit seinen Klavierimprovisationen, was wiederum die verblüffende Offenheit der barocken Vorlagen hervortreten ließ. Und mit am weitesten ging bislang der Pianist Brad Mehldau, der in seinem Programm *After Bach* (2018) einzelne Präludien und Fugen des *Wohltemperierten Klaviers* aus den Strukturgesetzen der Originale heraus mit seinen Variationsmöglichkeiten fortsetzte. So sehr wie Johann Sebastian Bach Jazzmusiker mit seiner übergreifenden Musikalität inspiriert hat, so klar geben solche Experimente den Blick auf das Original in einer Weise frei, wie es Joachim Kühn angedeutet hat, als barocken Komponisten, dessen Wesensverwandtschaft zum Jazz deutlich weiterreicht reicht als eine swingende Partita.

40. Grund

Weil man für ihn große Ohren braucht

Studio klingt gut. Sofort hat man die gigantischen Anlagen der 1980er-Jahre vor Augen, Pulte mit 64 Kanälen und mehr, Arsenale an Mikrophonen, Technik bis zum Abwinken, die vor allem im Pop von Musikern zuweilen monatelang gebucht wurde. Im Jazz allerdings war das lange Jahre ein wenig anders. Rudy van Gelder zum Beispiel war eigentlich Optiker, außerdem aber begeisterter Jazzfan mit Nähe zum Tüfteln. Im Jahr 1952 richtete er sich im Wohnzimmer des Hauses seiner Eltern in der 25 Prospect Avenue in Hackensack, New Jersey, ein Miniaturstudio ein, nur das Allernötigste, um Aufnahmen machen zu können. Alfred Lion, Chef des unabhängigen Blue Note Labels, experimentierfreudig und ohne großes Budget, ergriff die Gelegenheit, kam mit dem Saxofonisten Gil Mellé im März 1952 vorbei und probierte das Homerecording aus. Wirklich brauchbare Resultate entstanden aber erst vom Frühjahr des folgenden Jahres an. Dann allerdings gaben sich die Jazzmusiker von Elmo Hope und Kenny Dorham bis Miles Davis und Thelonious Monk die Klinke in die Hand. Es gab zwar noch andere Aufnahmemöglichkeiten im New Yorker Raum, das renommierte Columbia Studio beispielsweise in einer alten Presbyterianerkirche in der 207 East 30th Street in Manhattan. Dort machten die Klassiker Station, später dann auch Miles Davis, Dave Brubeck, Duke Ellington. Zu van Gelder kamen die Musiker und Produzenten jedoch, weil er als Tontechniker eine spezielle Vorstellung von Sound hatte, die in etwa den Bildern von Francis Wolff entsprach: kleine Räume, präsenter Klang, volle, aber transparente Dynamik, eben so, dass man möglich viel von allen hörte und zugleich ein Gefühl für die Gruppe bekam. Ursprünglich Autodidakt, wachte van Gelder übrigens mit Argusaugen über die Geheimnisse des Klangs und verstellte sogar die Mikrofone, wenn fotografiert wurde, damit man daraus keine Schlüsse ziehen konnte.

Im Jahr 1959 expandierte er, zog um in ein eigens gebautes Studio nach Englewood Cliffs, das sich zu einem Nukleus der auf Platten festgehaltenen Jazzwelt entwickelte, mit Tausenden von Aufnahmen, die dort entstanden.

Aber es gab auch Kritik an van Gelders Klangidee, die manchen Skeptikern zu monolithisch erschien, außerdem Gegenentwürfe. Im Jahr 1969 etwa gründete der Bassist aus Lindau Manfred Eicher das Münchner Label ECM aus den Bedürfnis heraus, der improvisierenden Musik klanglich ähnliche Sorgfalt entgegenzubringen, wie es in der Klassik schon geschah. Seit 1970 und der Aufnahme *Afric Pepperbird* des Jan Garbarek Quartets hatte er dafür den Tontechniker Jan Erik Kongshaug, der nach wechselnden Räumen 1984 in Oslo sein Rainbow Studio einrichtete, das aufgrund seiner exquisiten Ausstattung und Kongshaugs unbestechlichem Ohr zur Pilgerstätte für Jazzmusiker, Klassiker und Weltmusiker unterschiedlichster Stile wurde. Er verstand es, Eichers Idee einer Mischung aus Brillanz und Transparenz mit möglichst filigraner Umsetzung klanglicher Details idealtypisch zu verwirklichen, auch hier zuweilen wegen der Tendenz zu halligen Atmosphären von Kritikern gescholten, aber ebenso für seine Genauigkeit der Soundgestaltung bewundert. Denn am Ende sind es Leute wie Rudy van Gelder oder auch Hans Georg Brunner-Schwer, Walter Quintus, Rob Griffin oder Gerard de Haro, die es erst möglich machen, dass man Jazz auf Tonträgern genussvoll, sinnvoll hören kann.

41. Grund

Weil Musiker zu Produzenten werden können

Der Produzent ist der Regisseur im Tonstudio. Je nach Persönlichkeit ist er eher organisatorisch tätig oder greift umfassend in den künstlerischen Prozess ein. Dabei haben sich die Aufgabengebiete im Laufe der Jahrzehnte immer weiter aufgefächert. Als Frederick William Gaisberg Ende des 19. Jahrhunderts im Auftrag des Technikpioniers Emil Berliner erst in Philadelphia (1897), dann in London (1898) die ersten Tonstudios einrichtete und die Aufnahmearbeit dort überwachte, war er von der Organisation der Künstler bis zur Durchführung noch für alles zuständig. Je mehr sich jedoch die Technik entwickelte, desto mehr differenzierte sich auch der Beruf des Produzenten aus. John Hammond zum Beispiel, Talentscout und Tausendsassa des frühen Jazz, entdeckte und förderte nicht nur Künstler wie Benny Goodman und Billie Holiday, in späteren Jahren dann Bob Dylan, Bruce Springsteen und Aretha Franklin, sondern organisierte 1931 erste Aufnahmen mit dem Pianisten Garland Wilson und bekam zwei Jahre später einen Vertrag bei Columbia, nachdem er Ende 1932 bereits mit Fletcher Henderson im Studio gewesen war. Damals ging es vor allem darum, das Drumherum zu strukturieren und darüber zu wachen, dass die Mitschnitte so natürlich wie möglich auf Schellack kamen. Einfluss allerdings nahm auch Hammond, indem er als Gegner der Rassentrennung bewusst schwarze Künstler vor die Mikrofone holte. Damit war er auf einer Linie mit einem weiteren Produzenten der frühen Jazzjahre, Alfred Lion, der seine Künstler nach musikalischen Geschichtspunkten aussuchte. Gleichzeitig Labelchef von Blue Note, redete er seinen Instrumentalisten zwar nicht rein in ihr Geschäft. Wenn die Musik aber nicht swingte, wurde lieber noch einmal aufgenommen.

Mit der Einführung des Tonbandgerätes 1948 und bald darauf der Mehrspuraufnahme in den Produktionsprozess veränderte sich dann die Arbeit des Produzenten. Denn nun waren technische Veränderungen möglich, Effekte wie Hall oder Echo, bald auch unabhängig von der ursprünglichen Aufnahme später eingespielte und dazugemischte Overdubs. Die Popmusik machte es mit Persönlichkeiten wie Phil Spector oder George Martin vor, die eigene Klangvorstellungen entwickelten und sie mit ihren Künstlern zusammen verwirklichten. Wurden die Produktionen zu aufwendig, unterteilte man die Arbeit in die des Recording Producers, der sich um Künstlerisches kümmerte, und die des Executive Producers, der sich mit der Finanzierung und Organisation des Projekts befasste.

Im Jazz war Rudy van Gelder eine aufnahmeästhetisch prägende Figur, gefolgt von Musikern wie Quincy Jones oder Manfred Eicher, die das Fach wechselten und hinter den Reglern agierten. Wenn sie dabei, wie im Fall von Eicher und ECM, außerdem die eigene Plattenfirma designten, entstanden Phänomene wie ein markanter Labelsound, der über den künstlerischen Output hinweg eine akustische Verbindung zwischen den verschiedenen Aufnahmen entstehen ließ, eine klingende Corporate Identity als Handschrift des Produzenten. Aber auch wenn jemand wie Quincy Jones für andere produzierte, ging es letztlich immer darum, das Größtmögliche an musikalischer Kraft und Lebendigkeit aus einer Platte herauszuholen: »Ich kann allein dasitzen und jede Note aufschreiben und alles haarklein auf dem Papier festlegen, aber dann hörte es sich steif und gezwungen an, einfach nicht echt. Also gehe ich zwar mit einer Vorstellung davon, wie es sich anhören soll, ins Studio, aber ich lasse einen gewissen Spielraum für den Fall, dass wir einen besseren Groove finden. Das ist dann der magische Moment, den man liebt. Wenn sich alles zusammenfügt. Dann ist es, als wäre Gott im Studio plötzlich an unserer Seite.«[71]

42. Grund

Weil er an fast allen Musiken und Techniken andockt

100 Jahre sind eine lange Zeit. Seit der Jazz aus dem Ei schlüpfte, hat die Musikgeschichte zahlreiche Neuerungen erlebt. Allein die Liste der Erfindungen von Instrumenten und Medien der Vermittlung, die die Klangentwicklung beeinflussten, liest sich wie die Dokumentation eines andauernden Strukturwandels. Ein paar Beispiele. Im Jahr

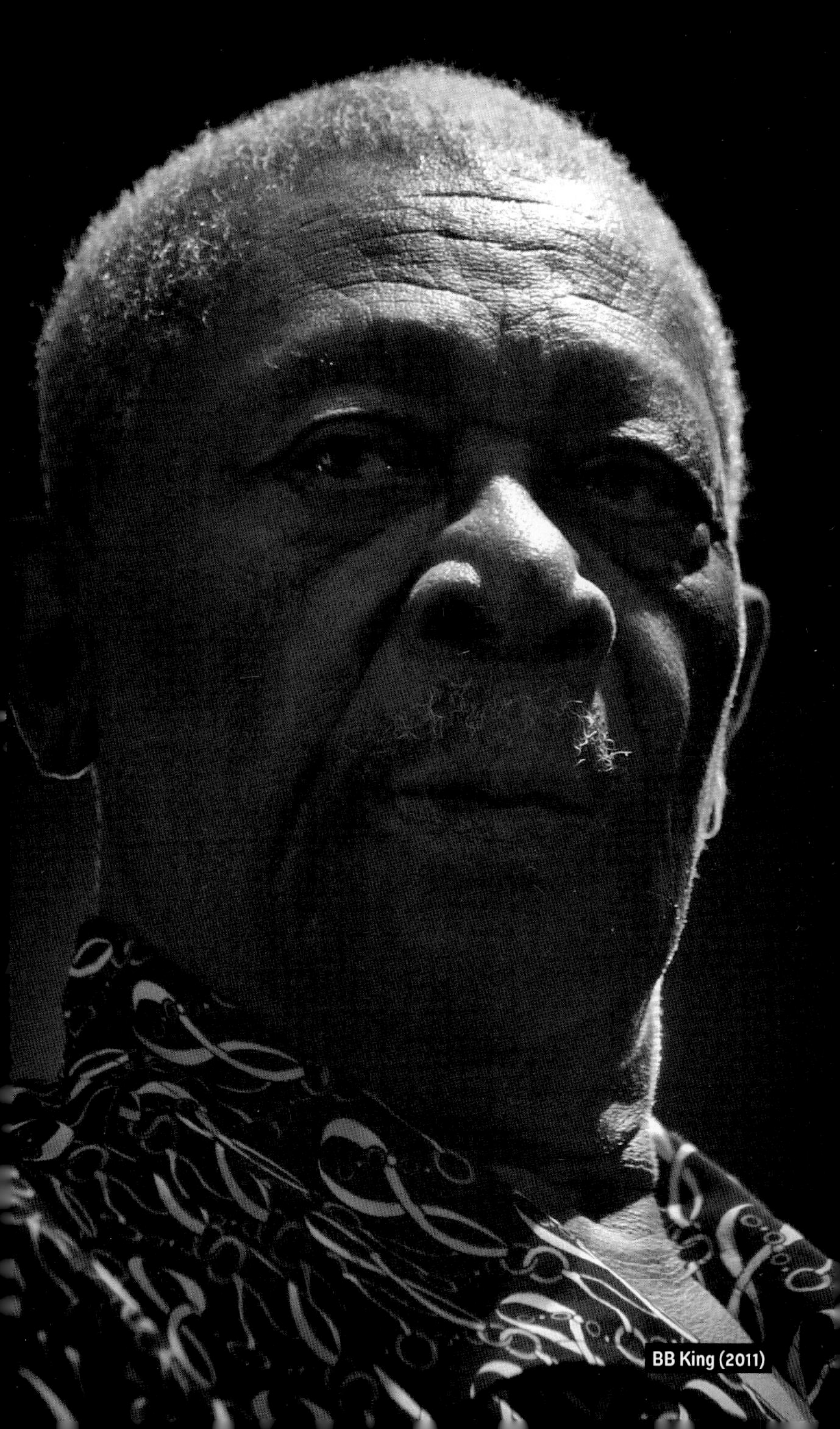

BB King (2011)

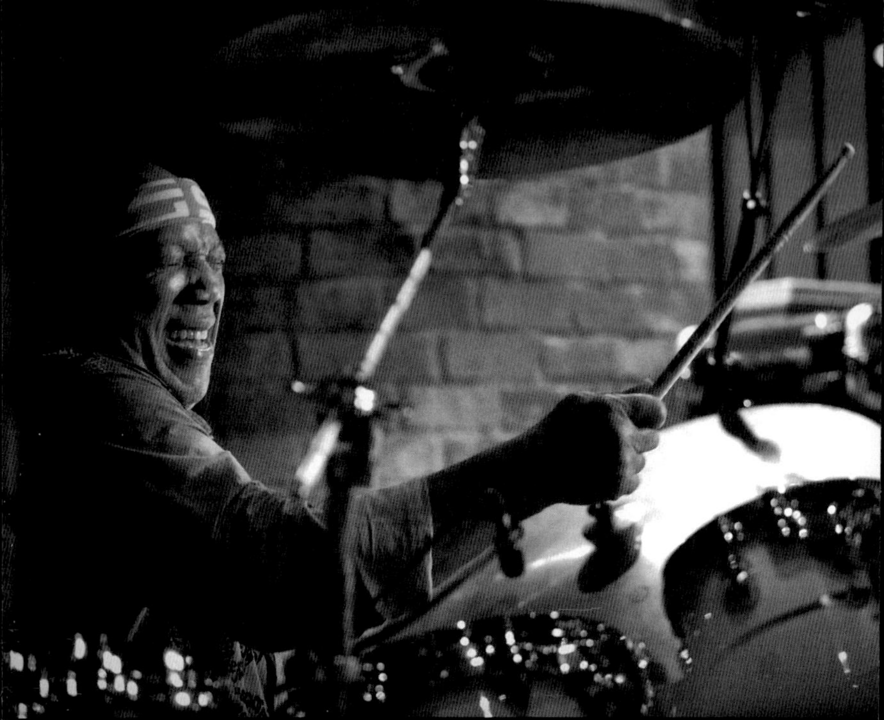

Oben: Billy Cobham (2015), unten: Wolfgang Schmid (2014)

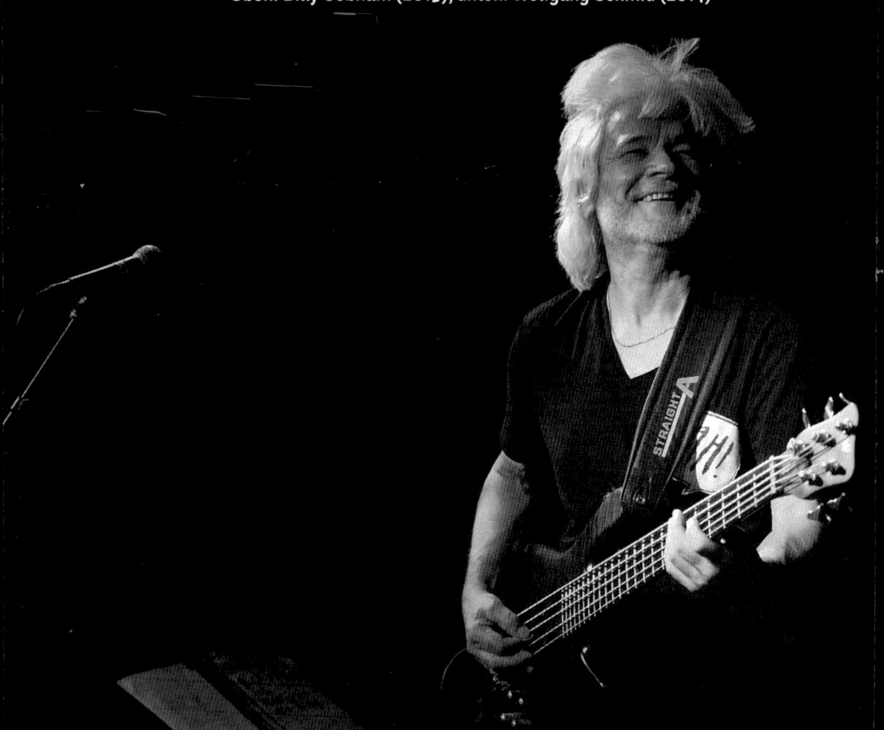

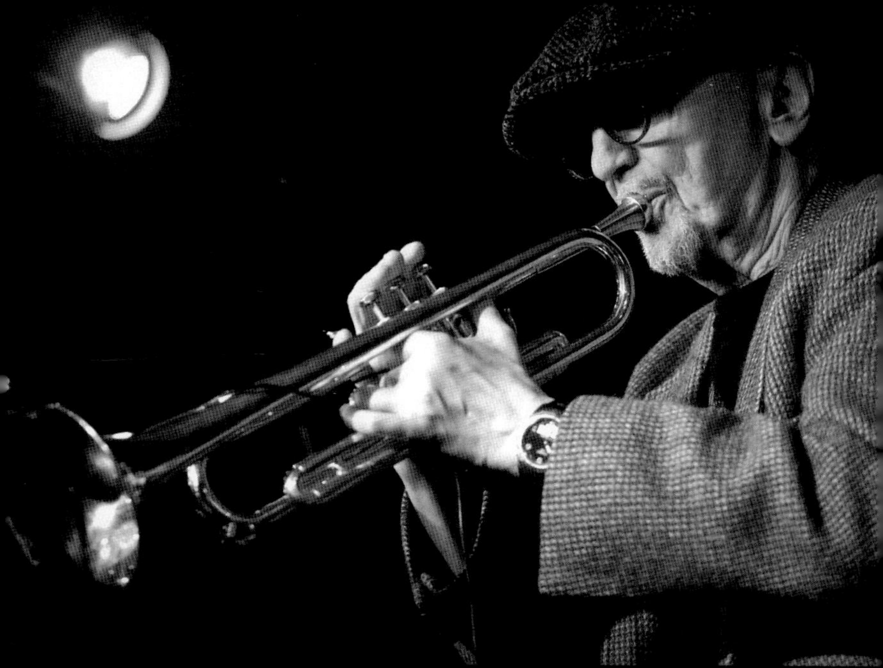

Oben: Tomasz Stanko (2017), unten: Kamasi Washington (2018)

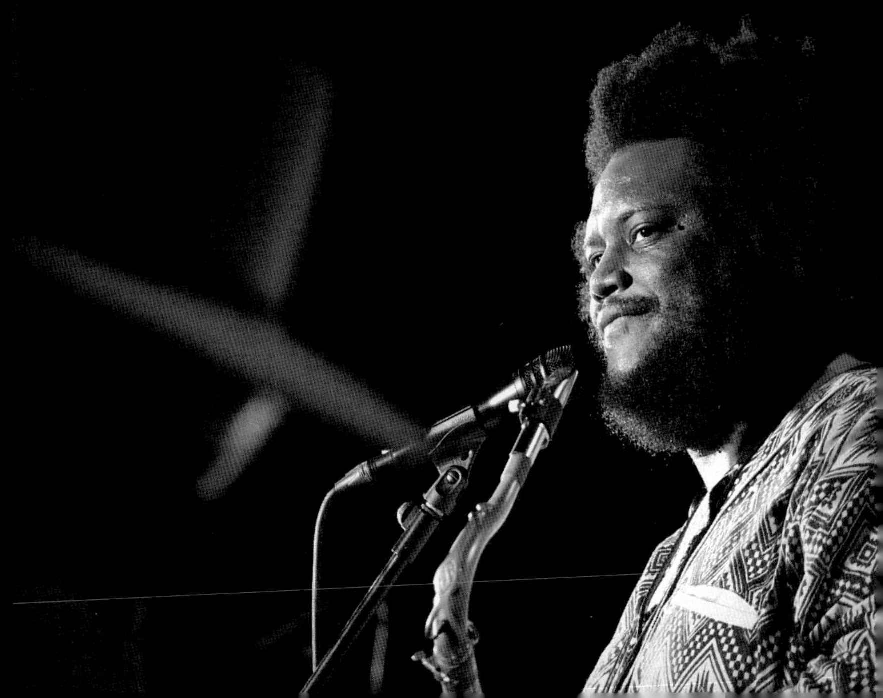

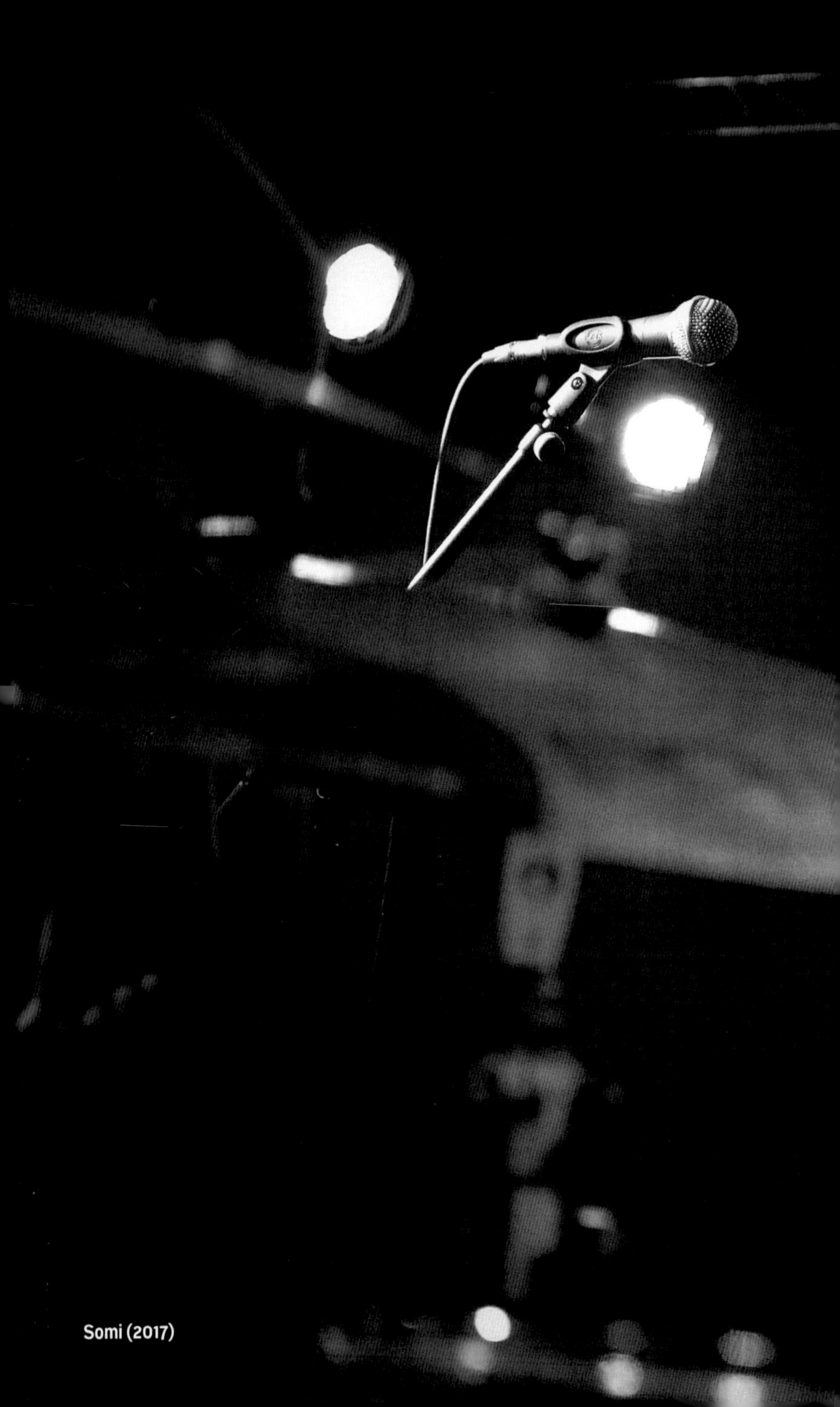

Somi (2017)

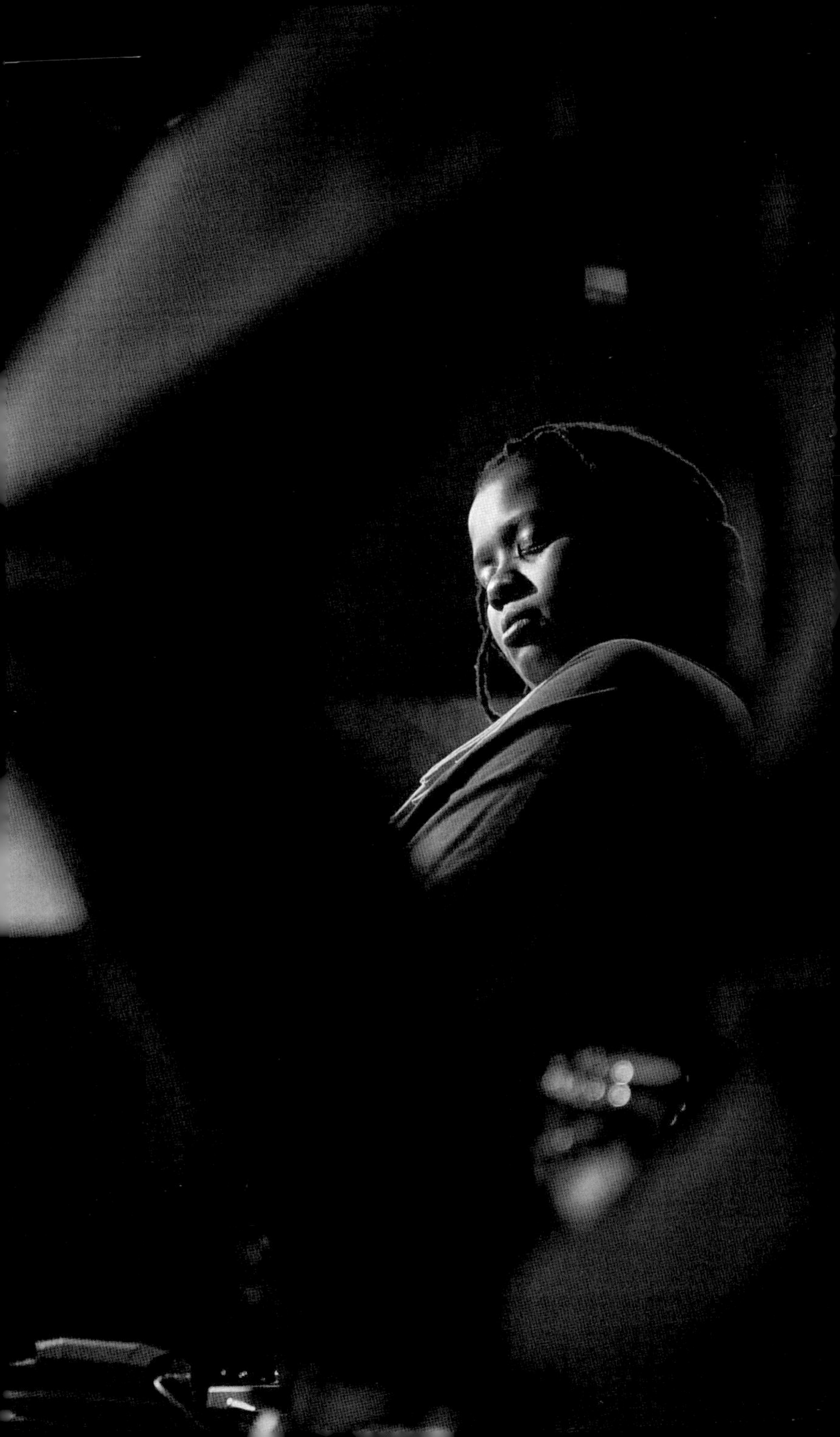

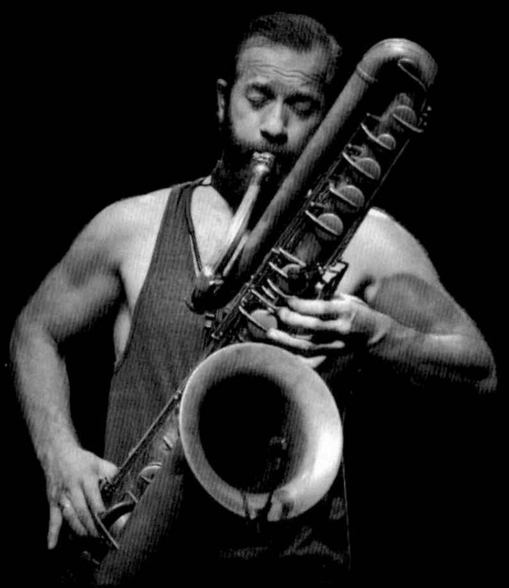

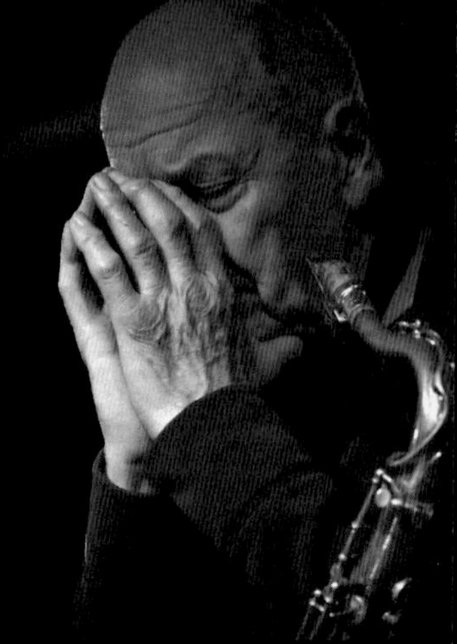

Oben: Colin Stetson (2015), Heinz Sauer (2017)

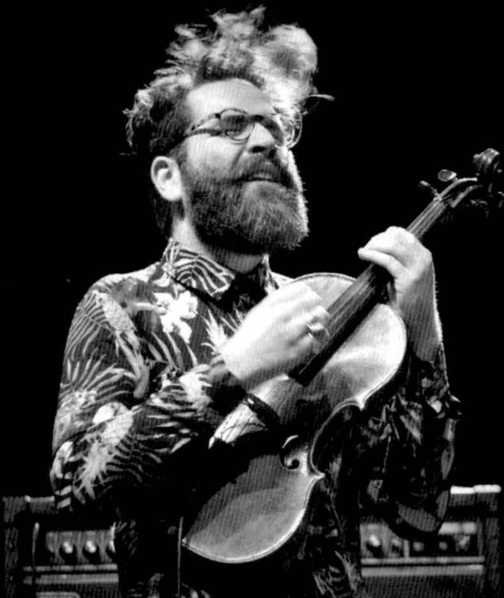

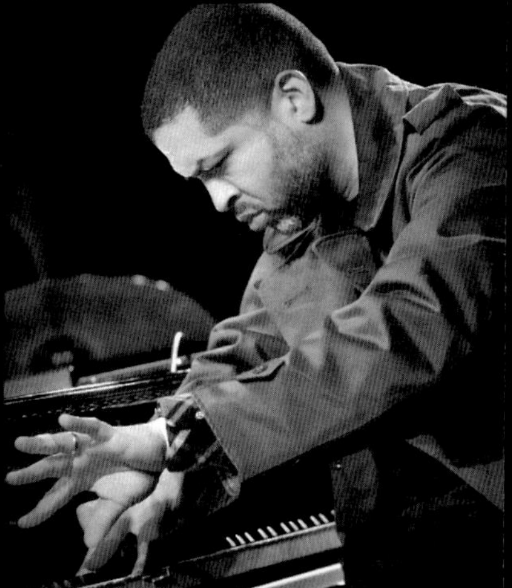

Mitte: Théo Ceccaldi (2018), Jason Moran (2018), unten: John Abercrombie (2016), Christian Lillinger (2018

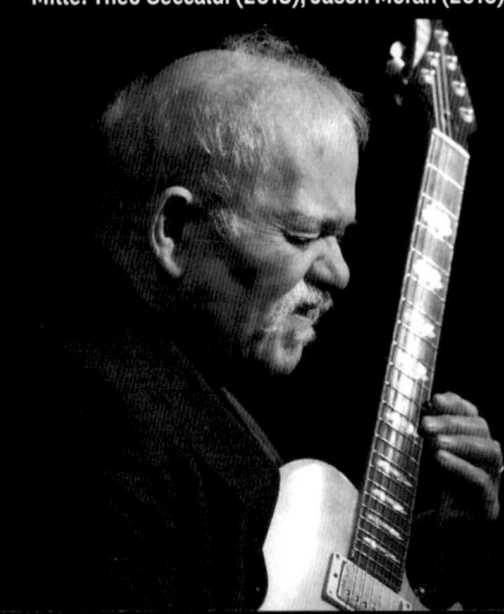

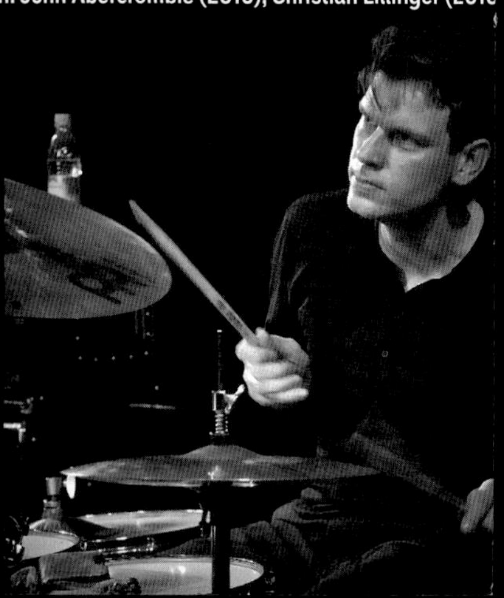

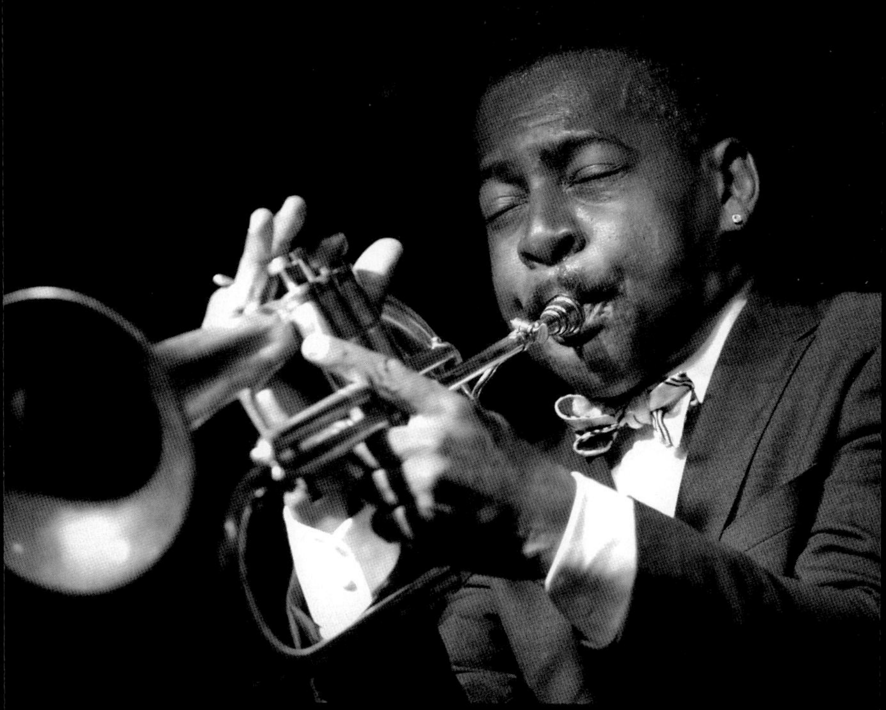

Oben: Roy Hargrove (2017), unten: Gregory Porter (2014)

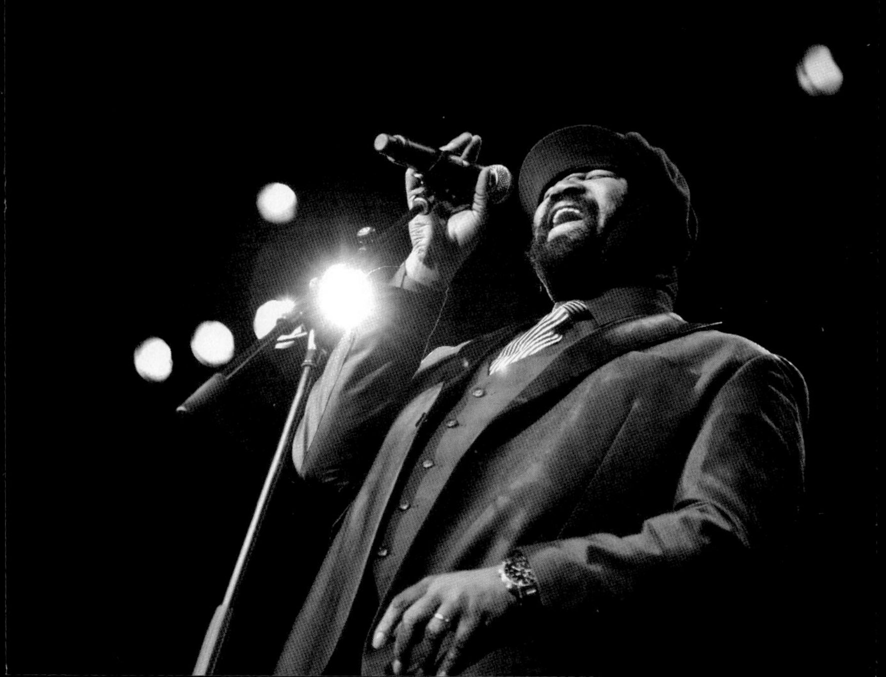

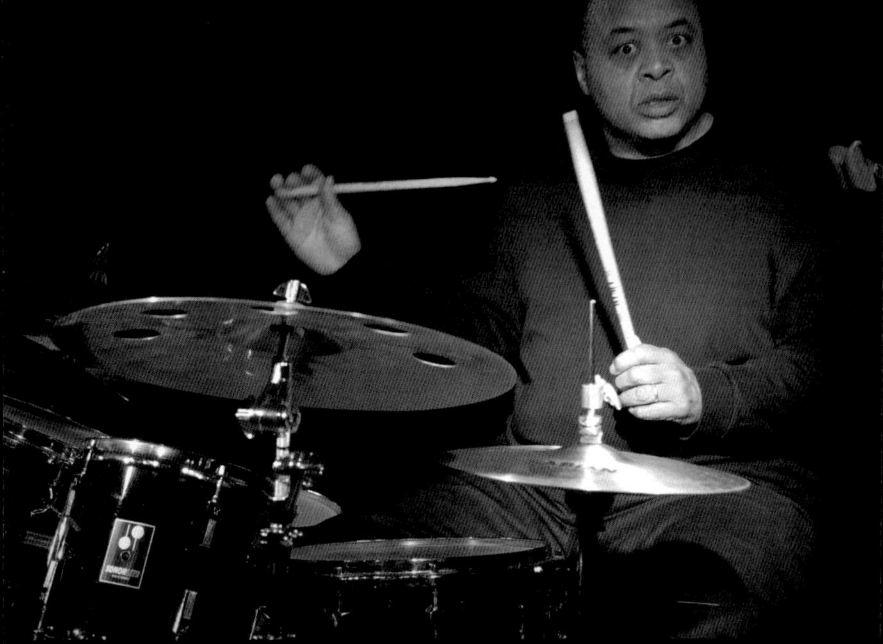

Oben: Jeff »Tain« Watts (2017), unten: Terje Rypdal (2015)

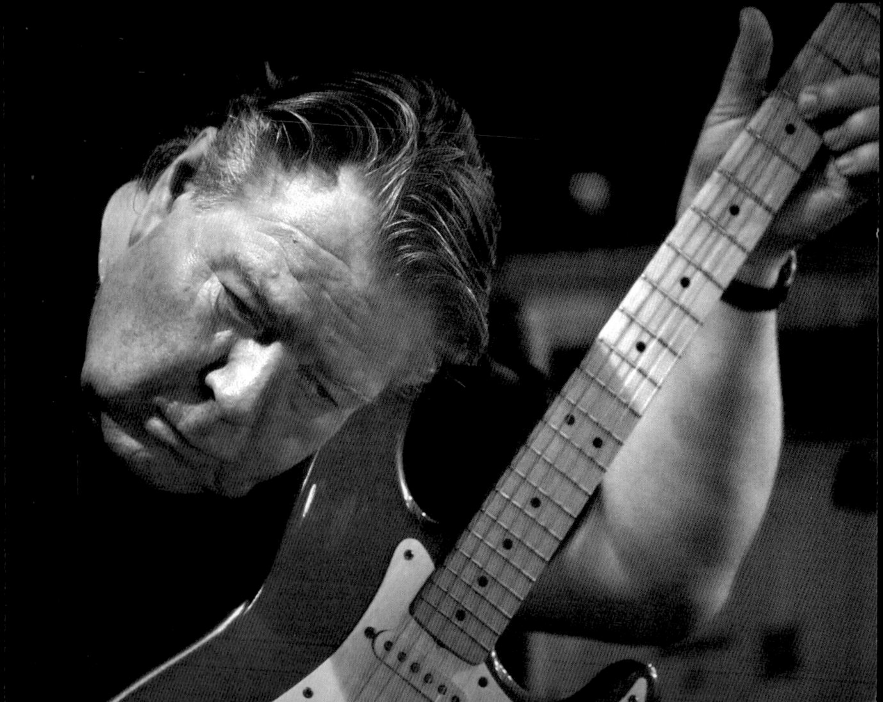

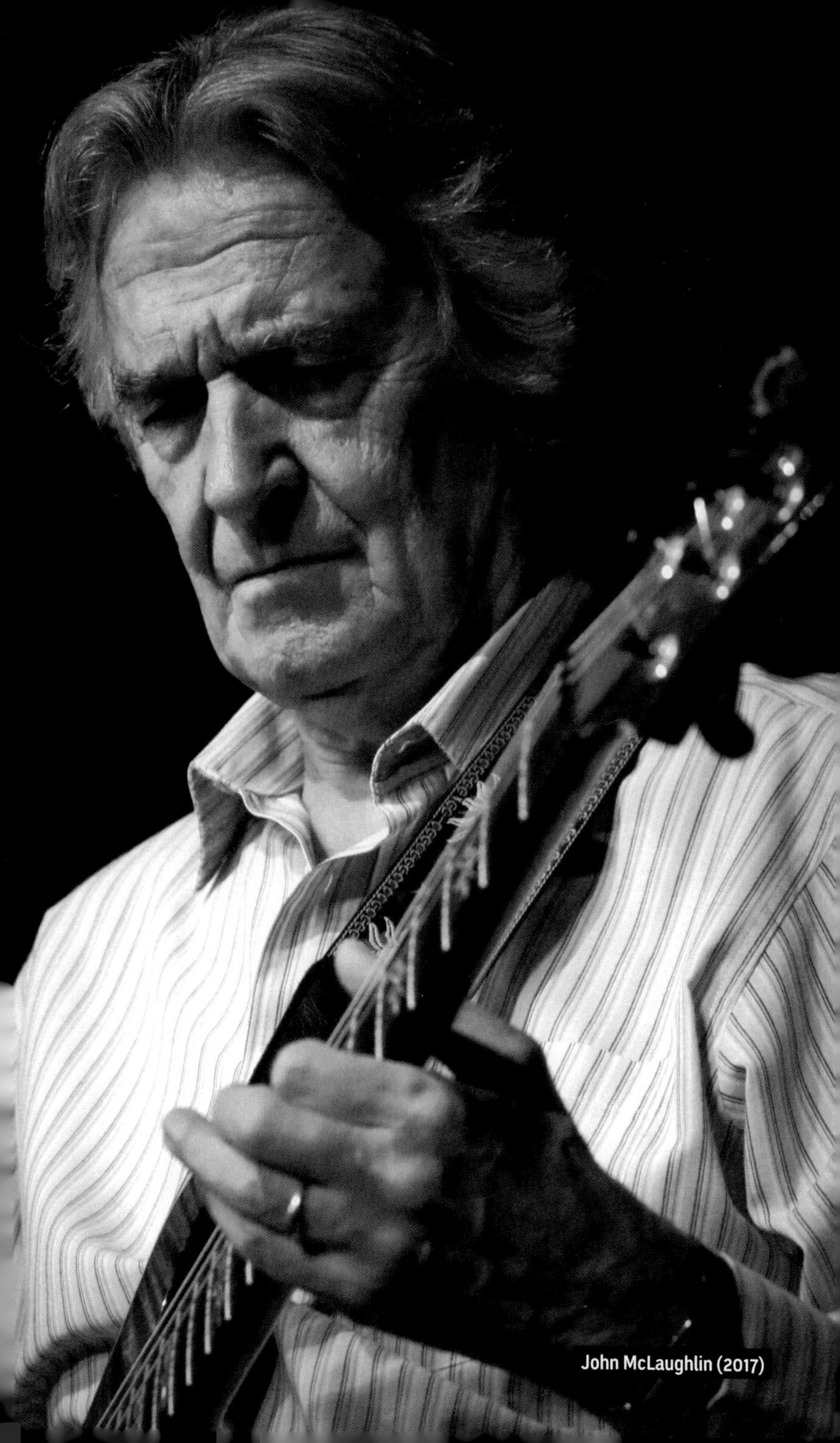

John McLaughlin (2017)

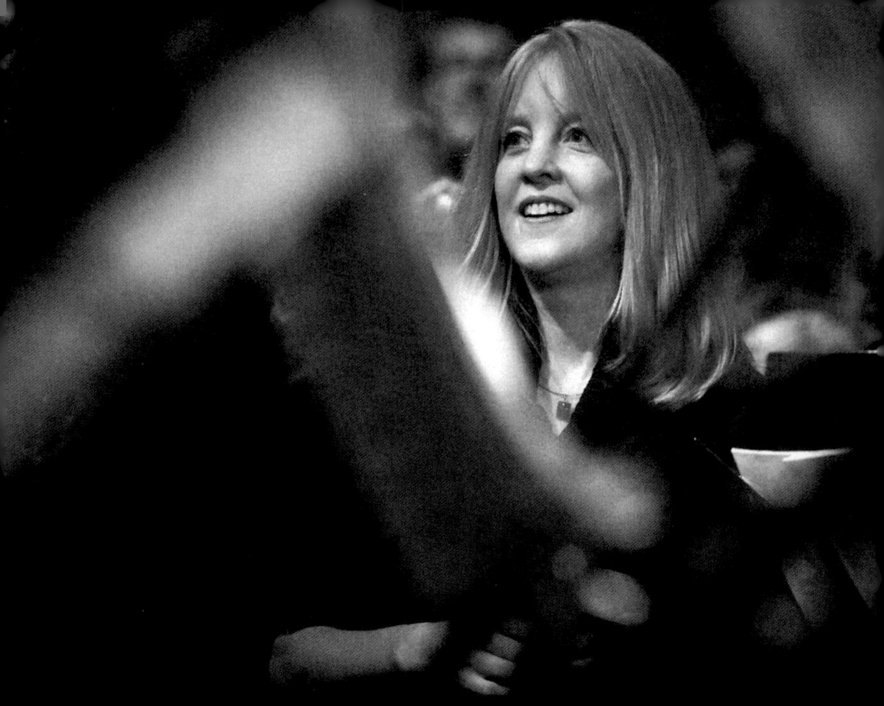

Oben: Maria Schneider (2015), unten: Stanley Clarke (2018)

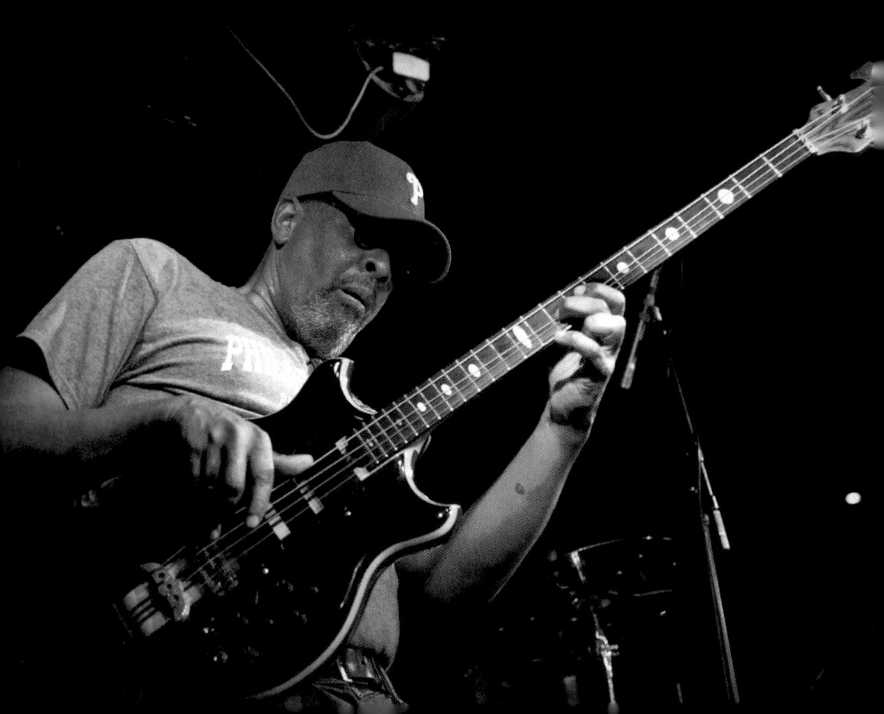

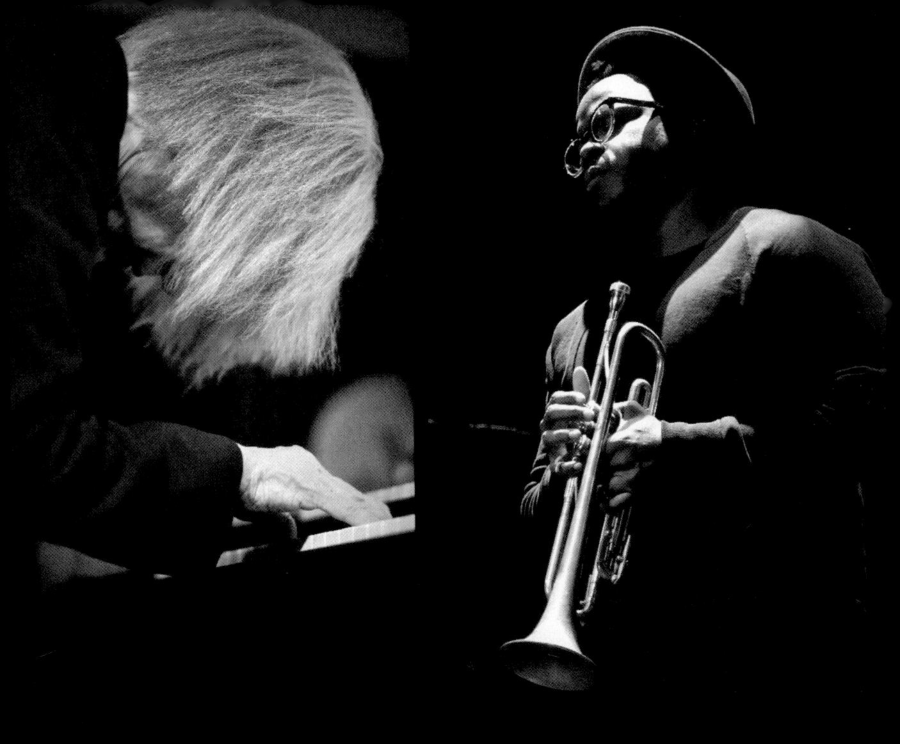

Oben: Carla Bley (2014), Ambrose Akinmusire (2018), unten: Pat Metheny (2017)

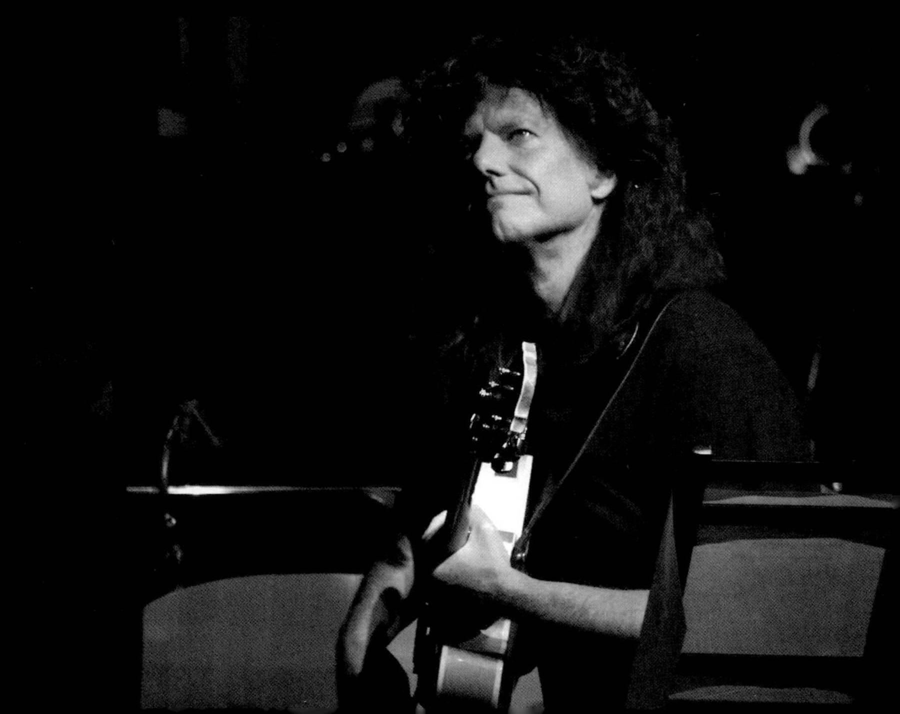

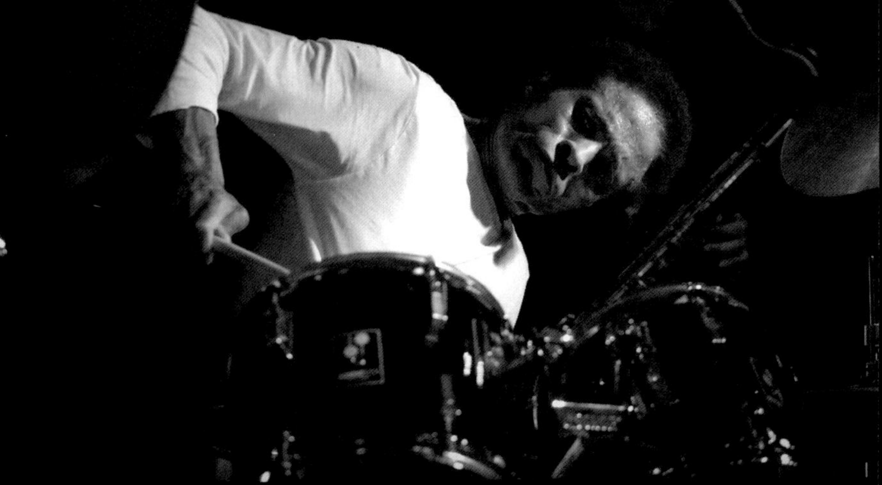

Oben: Eric Allen (2017), unten: Acoustic Africa (2014)

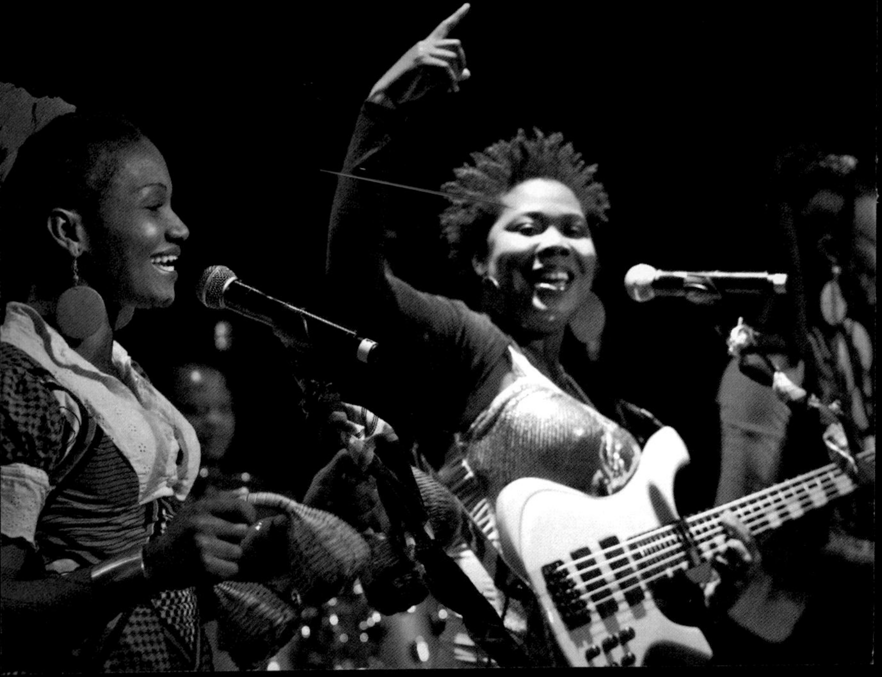

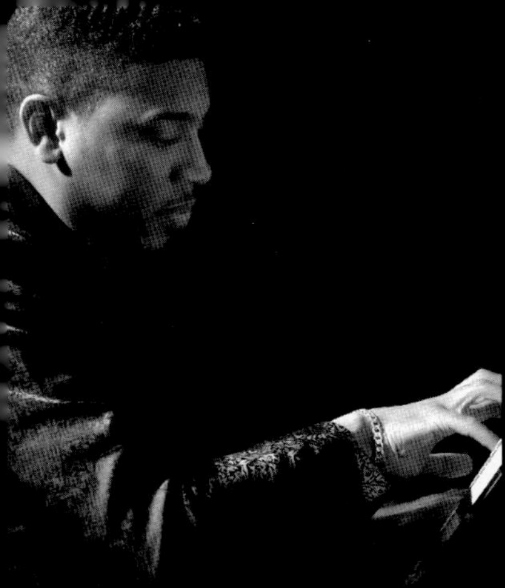
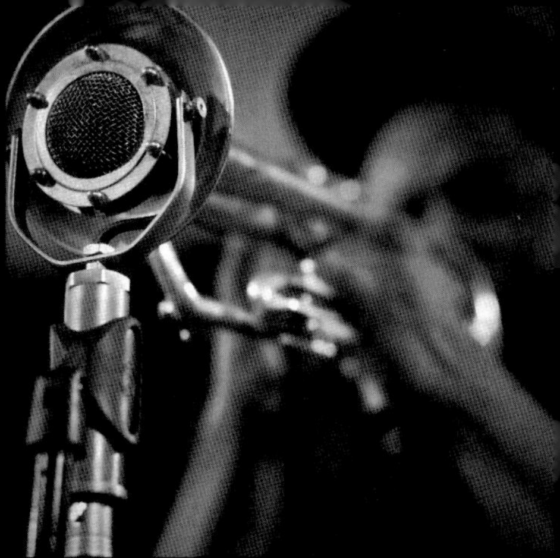

Oben: Christian Sands (2017), Ambrose Akinmusire (2019)

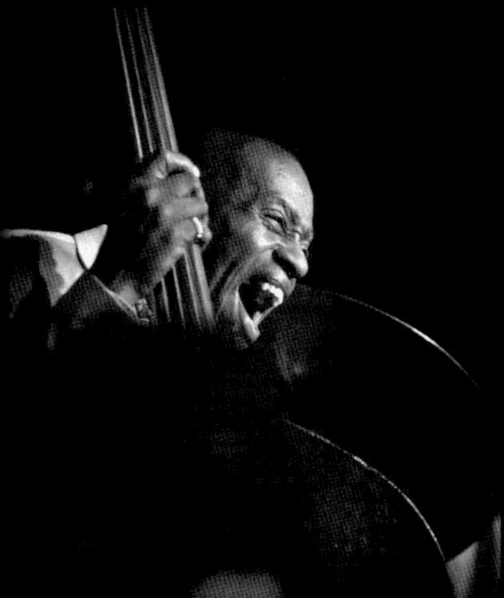
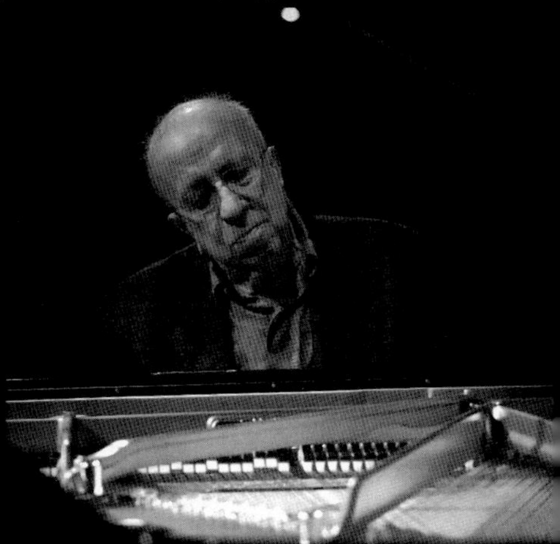

Mitte: Curtis Lundy (2017), Martial Solal (2018), unten China Moses (2015), Kalle Kalima (2018)

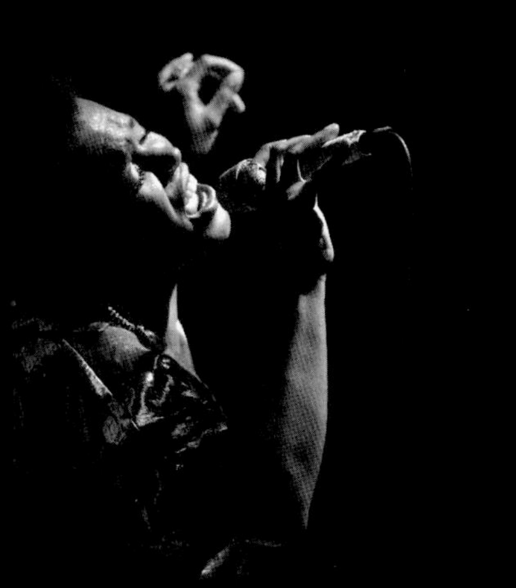
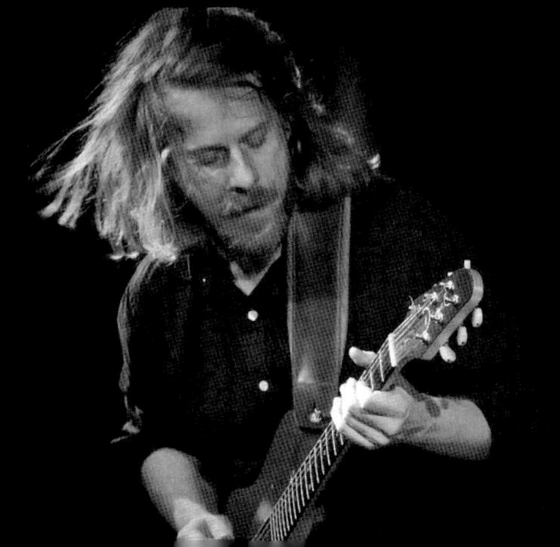

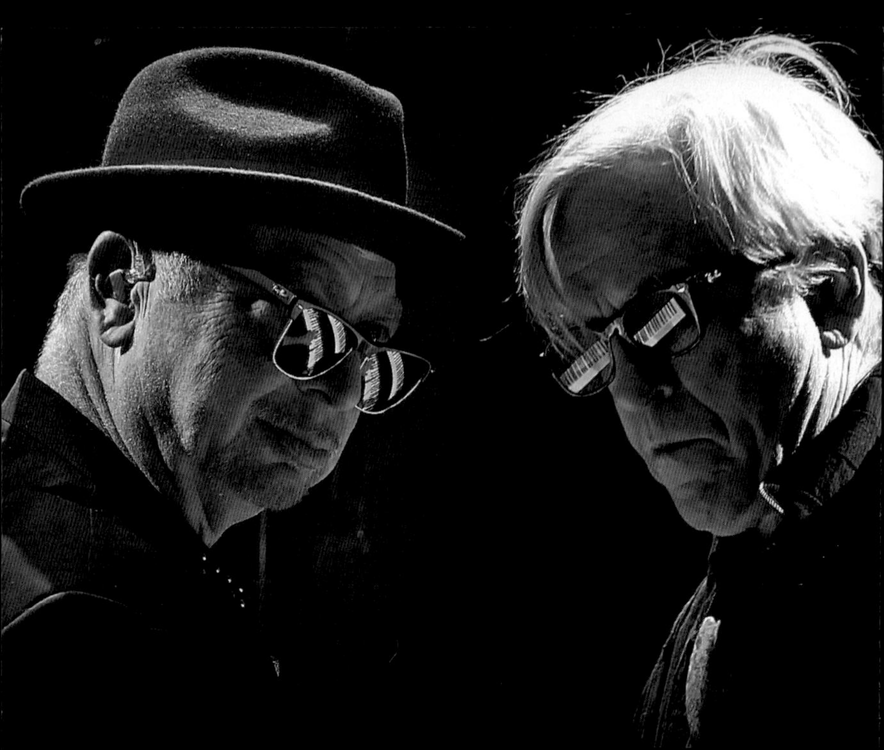

Oben: David Paich (Toto, 2018), Steve Porcaro (Toto, 2018), unten: Fred Hersch (2017)

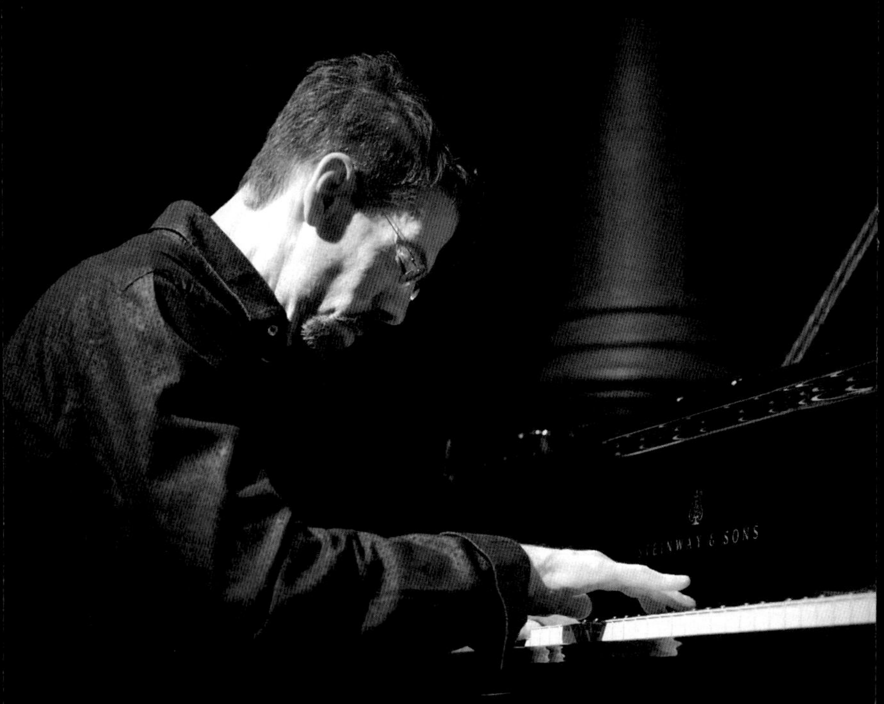

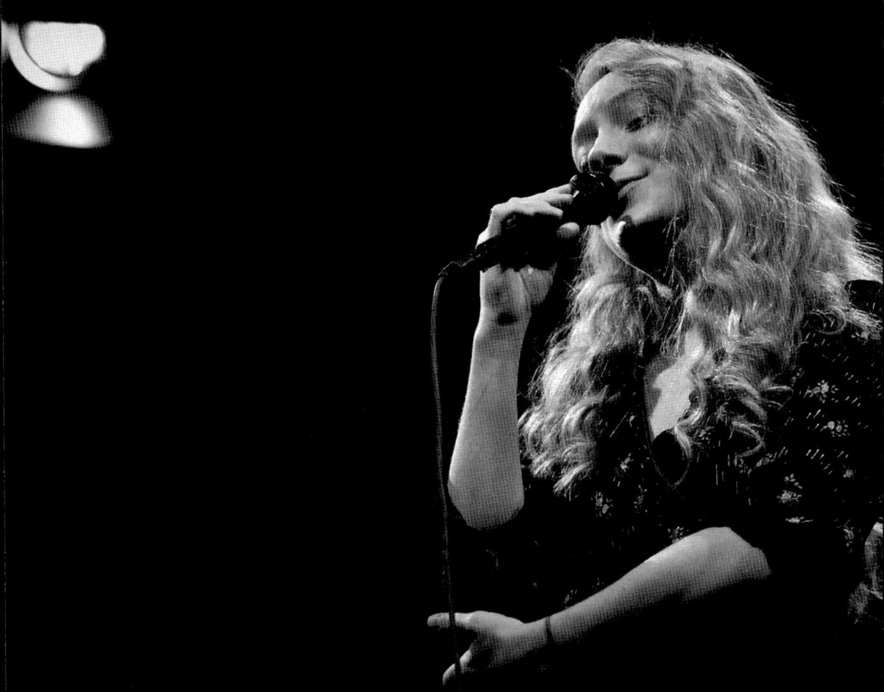

Oben: Leleka (2018), unten: Al Foster (2017)

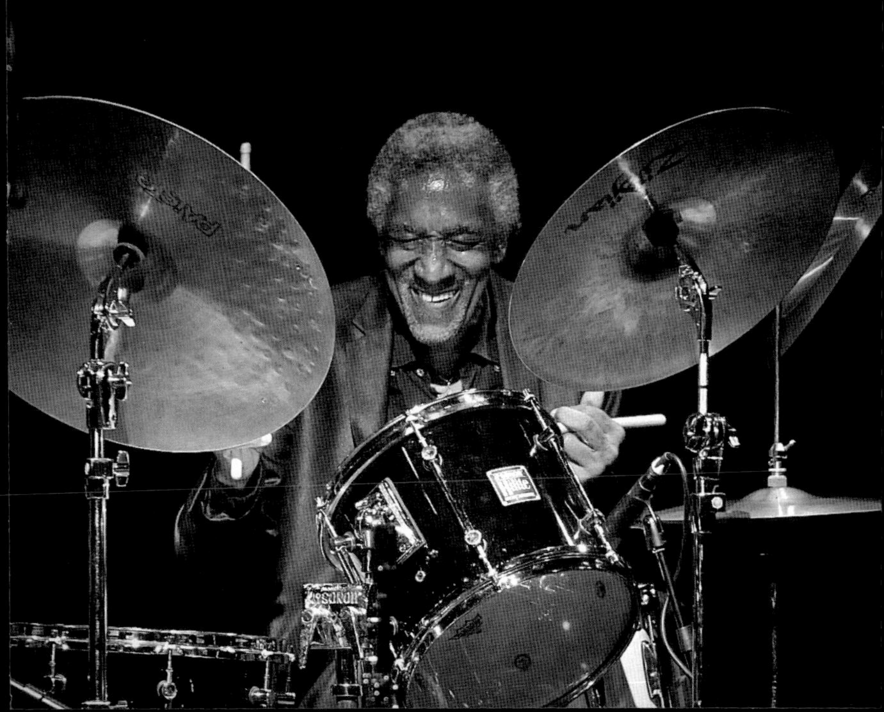

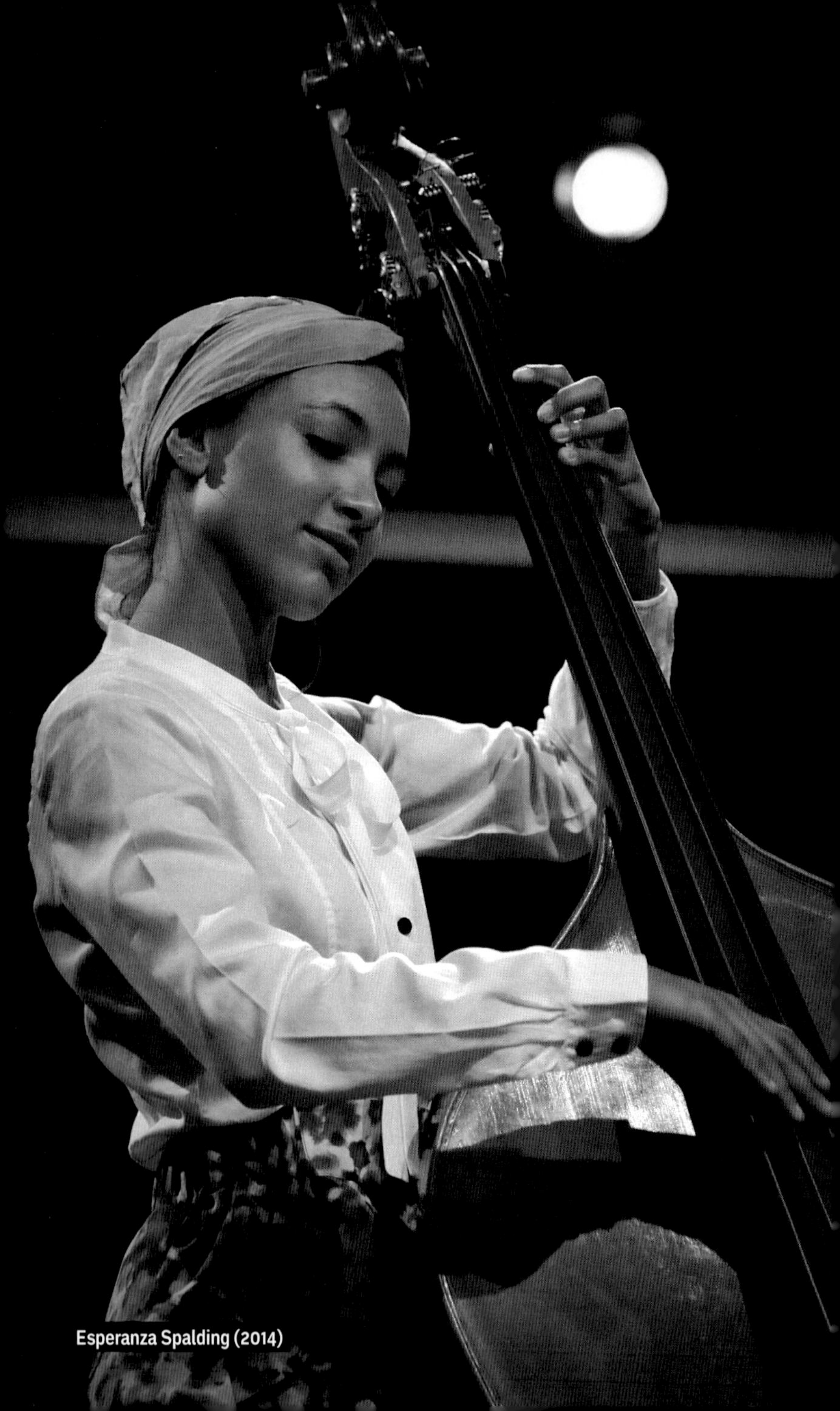

Esperanza Spalding (2014)

1951 veränderte der Gitarrenbauer Fender mit seinem Precision Bass die Vorstellung vom elektrischen Bassspiel, drei Jahre später brachte er die erste Stratocaster als Solidbody-E-Gitarre auf den Markt und emanzipierte damit samt dazu passenden Verstärkern zunächst die keimende Rockmusik und bald darauf auch Jazzmusiker, die sich verstärkten Tönen widmeten. Wenig später folgte 1965 mit dem E-Piano von Harold Rhodes ein ähnlicher Impuls für Keyboarder, der sich 1970 mit der Markteinführung des Minimoog als tragbarem Synthesizer beschleunigte und vor allem im Jazzrock zum Einsatz kam. Fusion-Musiker wiederum schwärmten, nachdem die analogen Synthesizer die 1970er beherrscht hatten, von 1983 an vom Yamaha DX7, einem Instrument auf Basis der Frequenzmodulation, das ein paar Jahre lang den Sound von Pop und Jazz prägte, bevor Sampling Ende des Jahrzehnts und nach ihm die verschiedenen computergestützten Tonerzeugungen zum Standard wurden, zumeist begleitet von akustischen Gegenbewegungen, die sich wie der einsetzende Piano-Trio-Boom und der Neotraditionalismus der 1990er auf Originalklänge besannen.

Dazu kamen die Ebenen der Vermittlung, Musik aufgenommen über das Kondensatormikrofon (ab 1923), verbreitet per Rundfunk (ab ca. 1920), Fernsehen (ab ca. 1929), über Schellackplatten (ab ca. 1900), Langspielplatten aus Vinyl (ab 1948), Tonband (ab ca. 1935), Compact-Cassette (ab 1963), Compact Disc (ab 1982), mp3 (ab 1998) und diversen digitalen Formaten seit den 2000er-Jahren. Neben den technischen Entwicklungen, die alle Formen von populärer und zeitgenössischer Musik nach vorne brachten, sorgte der permanente Austausch kultureller Gewohnheiten, Stilformen und Ideen für anhaltenden Input. Nach der Phase der musikimmanenten Entwicklung bis zum Free Jazz wurde alles interessant, was Impulse geben konnte, von der Kammermusik bis zu den Soundideen der Karibik und Südamerikas, vom Soul, Funk, Rock bis zur experimentellen klassischen Moderne. Das hing vor allem damit zusammen, dass Swing als zentrale Eigenschaft der verschiedenen Transformationen der Jazz-Jahrzehnte bis etwa 1960 zugunsten der Improvisation im Gesamteindruck untergeordnet wurde.

Normatives in den Köpfen der Musiker und Hörer verschwand schrittweise zugunsten einer Vorstellung, dass Jazz vor allem im kreativen, spontanen Umgang mit beliebigem musikalischen Material besteht. Das bedeutete nicht das Ende der Komposition, vielmehr die Möglichkeit vielfältiger Mischformen, die Elemente der gestalterischen Freiheit und Festlegung situativ einsetzen. So kann man Jazz heute überall finden, in den Beats der britischen Grime-Rapper und den Rhythmen brasilianischer Popularmusik, in Techno-Big-Bands und bei Laptop-Gitarristen, im Free Funk und in der skandinavischen Verinnerlichung, im postkolonialen Jazz West- und Südafrikas und im arabischen Crossover, in bulgarischen Gruppenimprovisationen und Urban Hip-Hop von London bis Detroit. Es ist die Offenheit, die zählt. Die Neugier, Fusionen zu wagen, die Selbstverständlichkeit, verinnerlichte Tradition zu verändern, das Bedürfnis, überall anzuknüpfen, wo es spannend, womöglich auch wesentlich klingen könnte. Vor allem das ist Jazz im Zeitalter der Globalisierung.

43. Grund

Weil Jamey Aebersold ein Held des Jazz ist

Wer in der Stadt Jazz spielt, findet Anschluss. Wen die Passion allerdings weitab der urbanen Netzwerke ereilt, der steht schon mal allein mit seinem Bedürfnis da, in einer Band mitzuwirken. Nun sind aber Jam Sessions beispielsweise eine Sache der Erfahrung, die darauf aufbauen, dass die Beteiligten nicht fortwährend im Real Book blättern müssen, um durch einen Standard zu navigieren. Wer das nicht vorher geübt hat, fliegt raus, und so hatte der Jazz-Saxofonist Jamey Aebersold eines Tages eine Idee. Selbst ein Landkind aus einer abgelegeneren Gegend in Indiana, hatte er zunächst an der Indiana University studiert, bei einigen Aufnahmen als Altsaxofonist, Pianist und Bassist mitgewirkt, dann aber festgestellt, dass das eigene Talent wohl nicht zur Weltkarriere reichen wird. So verlegte er sich auf Pädagogik, fing an Bücher über Musiktheorie, Musiker und Komponisten zu schreiben. Vor allem aber ging er ins Studio und begann, seine *Play-A-Long*-Platten aufzunehmen. Der Trick war einfach und wirkungsvoll. Aebersold spielte Standards im Klaviertrio, Piano, Kontrabass, Schlagzeug, nur Begleitharmonien. Das Schlagzeug wurde mittig gemischt, Klavier und Bass jeweils auf einen Stereo-Kanal gelegt, sodass man mit dem Balance-Regler bei Bedarf eines der Instrumente ausblenden konnte. Und das waren die perfekten Übungsvorlagen, entweder ohne Bass oder ohne Harmonieinstrument oder als Basis-Combo. Generationen von Hobbymusikern und angehenden Professionals konnten auf diese Weise die Grundlagen des Standard- und Blues-Spiels üben, solange nur ein Plattenspieler in der Nähe war.

Die erste *Play-A-Long*-Platte erschien 1967, inzwischen sind mehr als 133 Folgen der Reihe für alle Instrumente erhältlich. Aus der Geschäftsidee wurde ein Noten- und Pädagogik-Imperium, einschließlich erfolgreicher Sommer-Workshops in vielen Ländern auch außerhalb der USA. Aebersold wurde Ehrendoktor der Universität von Indiana, wurde vielfach ausgezeichnet und inspirierte auch Gleichgesinnte wie beispielsweise den Akkordeonisten Kurt Maas. Der wiederum versorgte von 1969 an mit seinem Notenversand die deutsche Szene mit dem neuesten Material etwa von der Berklee School in Boston, aber eben auch von Jamey Aebersold und trug später maßgeblich dazu bei, dass die Münchner Hochschule eine Jazzabteilung bekam. Auch wenn mit dem leistungsfähigen Internet die Engpässe an Übungsnachschub nicht mehr so gravierend sind – Aktivisten wie Aebersold und Maas bleiben Helden des Jazz-Alltags.

44. Grund

Weil viele Jazz studieren, ohne zu wissen, ob sie davon leben können

Mancher hat vielleicht auch Flausen im Kopf. Aber die meisten jungen Musikerinnen und Musiker wissen doch genau, dass sie etwas studieren, was eigentlich kaum jemand braucht, außer ihnen selbst. So konstatierte die vom Jazzinstitut Darmstadt, der IG Jazz Berlin und der Union Deutscher Jazzmusiker 2016 veröffentlichte *Jazzstudie*, dass 54% der befragten Künstlerinnen und Künstler hierzulande weniger als 25 Auftritte pro Jahr spielen, wobei fast zwei Drittel dafür weniger als 150 Euro pro Konzert verdienen. Feste Anstellungen gibt es für etwa 15% der Absolventen, Aufnahmen werden vor allem als Visitenkarte und als Möglichkeit gemacht, während der Konzerte, der Haupteinnahmequelle des Künstlerlebens, noch ein zusätzliches Plus zu generieren. Mehr als 70% der Befragten haben eine akademische Ausbildung, die sie in der Regel an einer der 18 Hochschulen im Land absolviert haben, die im Hauptfach Jazz anbieten. »Wer in Deutschland professionell Jazzmusik macht, ist hoch motiviert und engagiert sich für die eigene Kunst. Unabhängig von ökonomischen Herausforderungen und einem sich verändernden Musikmarkt gestalten ambitionierte Jazzmusiker/-innen mit künstlerischer Innovation die Kulturlandschaft mit und leisten durch ihre Musikunterrichtstätigkeit einen enormen Beitrag zur kulturellen Bildung Menschen aller Altersgruppen.«[72]

Aus anderer Perspektive gelesen bedeuten diese Zahlen, dass sich Deutschland den Luxus leistet, bei vergleichsweise geringen Studiengebühren etwas auszubilden, was am Arbeitsmarkt kein direktes Äquivalent hat. Während man sich von Berklee bis Hilversum oft über beide Ohren verschulden muss, um am Ende sein Diplom in den Händen zu halten, genügt es hierzulande, vor allem gut in seiner Musik zu sein. Resultat ist eine weit gefächerte Szene, die neben den bereits vorhandenen stilistischen Traditionen von der Post Techno Big Band über elektronische Avantgarde bis hin zu kompositorisch ausgefuchsten Projekten mit der Nähe zum Kammerjazz oder der zeitgenössischen modernen Klassik viel Neues, Überraschendes, Unerhörtes bietet. Schwierig wird es erst, wenn die ausgezeichnet ausgebildeten und in einem umfassenden Fördersystem abgefederten Diplomanden in die Welt geschickt werden, um sich zu bewähren. Da heißt es dann, die eigenen Qualitäten in den Vordergrund zu stellen, was manch einem im Angesicht der am Haifischbecken der merkantil geschulten internationalen Konkurrenz Versammelten durchaus schwerfällt.

Wer diesen Sprung allerdings schafft, weiß genau, was er (oder sie) macht und warum er diesen Weg gewählt hat. Er kann auf ein Netzwerk bauen, das er sich in Studienzeiten geschaffen hat, ist qua profunder und umfassender Ausbildung in der Lage, letztlich das gesamte Spektrum musikalischer Tätigkeiten abzudecken, und auf der anderen Seite darin geschult, Kreativität und Spontaneität als Basis des künstlerischen Handelns vorauszusetzen. Vor allem aber kann er die Musik machen, für die er sich bewusst entschieden hat und die in ihrer strukturellen Anlage eine größtmögliche gestalterische Freiheit bietet. Wer das zu nutzen weiß und darüber hinaus genug Talent hat, sich immer wieder neu zu finden, für den ist Jazz eine Option auf ein glückliches Leben. Auch wenn er sein Geld womöglich mit etwas anderem verdienen muss.

5. Kapitel

JAZZ UND WORT

Literaten, Journalisten, Schlaumeier

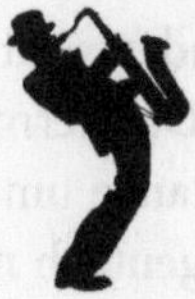

45. Grund

Weil er ein Schlüsselreiz für blumige Sprache ist

Musik spielen ist eine Sache, darüber schreiben eine Herausforderung. Denn wie kaum eine andere Kunst entzieht sie sich einer unmittelbaren und präzisen Beschreibung. Zwar haben Musikwissenschaftler über die Jahrzehnte hinweg Verfahren entwickelt, um die technischen Abläufe eines Songs oder einer Komposition erfassen zu können. Alles andere ist jedoch ein komplexer Wahrnehmungs- und Interpretationsprozess, den individuelle und kollektive, situative und diskursive Faktoren bestimmen. »Es gibt im Gehirn kein Musikzentrum. Der Grund dafür ist einfach zu nennen: Ohne jegliche bewusste Anstrengung kann fast jeder beim Hören von Musik die räumlich-zeitlichen Muster von an das Ohr dringender mechanischer Energie in Melodien, Harmonien, Rhythmen übersetzen. Er benützt hierfür ein hohes Maß an gespeicherten Informationen über harmonisch schwingende Körper, Tonverhältnisse, Tonalität und wird zudem an frühere Erlebnisse erinnert sowie in eine bestimme Stimmung versetzt.«[73] Musiker, Zuhörer und Autoren sind denselben musikalischen Ereignisse ausgesetzt. Jeder bringt jedoch ein unterschiedliches Paket an Zusatzinformationen mit, die das Gehörte interpretieren. Wer dann darüber schreibt, kann schnell in die Bredouille geraten. Denn sein eigenes Interpretationsinventar muss nicht mit dem der übrigen Hörer oder Ausführenden übereinstimmen. Resultat sind Kritiken, wo man meint, bei einem anderen Konzert gewesen oder ein anderes Album gehört zu haben.

Aber es gibt auch Tricks. Das hermeneutische Kreisen zum Beispiel, eine Technik, sich so lange um einen Gegenstand verbal zu drehen, bis sehr viel, aber eigentlich nichts gesagt wurde. Oder die Phänomenologie, das Beschreiben eines Ereignisses aus dem unmittelbaren Moment seiner Äußerung heraus, womit man nicht viel verkehrt machen kann. Oder den Biografismus, der aus dem Studium des Lebenslaufs Zwangsläufigkeiten der künstlerischen Äußerung ableitet. Das alles kann amüsant sein, und jeder Autor, der über Musik schreibt, greift mal mehr, mal weniger auf derartige Notanker des Deskriptiven zurück. Manchmal kommt aber die Kompetenz kreativer und pointierter Sprachgestaltung hinzu, und dann wird aus Jazzbetrachtungen ein Vergnügen. Nehmen wir ein paar Artikelanfänge, zum Beispiel von Michael Naura: »Als das Genie Keith Jarrett in seinen besten Zeiten sich ächzend und improvisierend über den Flügel hermachte, da hörte es sich so an, als würde er Flüssigkeit verlieren« (*Music and all that sex*); »Der Kummer in diesen Tagen ist, dass jede Gurke, die ein Saxophon halten, jeder Party-Pavian, jeder Untote, der eine CD auflegen kann, sich für einen Musiker hält« (*Medizinmann des Jazz*); »Eine Gesellschaft, in der Revolver wie Apfelsinen zum Verkauf ausliegen, bringt Sinatras hervor. Aggressive, parvenuhafte Gestalten, die alle Register ziehen, um an den Erfolg zu kommen« (*Das singende Bühnentier*)[74]. Oder Werner Burkhardt: »Es gibt Buchanfänge, die sind wie Kraken. Sie saugen, und es gibt kein Entrinnen« (*Lady Day of the Night*); »Das Düsseldorfer Publikum zeigte sich von seiner besten Seite. Es wartete geduldig« (*Jazz-Reise mit Sonny*); »Er gibt einem keine Gelegenheit, erwachsen zu werden, objektiv zu sein. Er nimmt einem jede Chance, abwägend und vernünftig die künstlerische Leistung vom betäubenden Nebel der Aura zu trennen« (*Der Stil ist die Person*, über Miles Davis)[75]. Naura und Burkhardt gehörten zur alten Garde der bundesdeutschen Musikkritik, feuilletonistische Überzeugungstäter mit der wunderbaren Sprachgewalt der Sorgfalt. Denn das ist der eigentliche Spaß am Schreiben über Musik, die Balance zwischen dem Flow des Augenblicks und der Präzision der Urteilskraft halten zu können, am besten mit dem Witz der Erfahrung und der Leichtigkeit der Frechheit. Wenn das gelingt, dann haben alle was davon.

46. Grund

Weil er Besserwisser braucht

Der Erklärungsbedarf war von Anfang an groß. Denn Jazz war etwas Neues, Fremdes, musste analysiert, vermittelt, legitimiert werden. Während der ersten zwei Jahrzehnte arbeitete sich bevorzugt die Tagespresse daran ab, seit Mitte der 1930er-Jahre hingegen wurden die Veröffentlichungen konkreter. Denn mit dem Swing war der Jazz aus der Nische herausgetreten und im Mainstream der gesellschaftlichen Wahrnehmung gelandet. Und so konkurrierten alsbald vor allem zwei Zeitschriften um das Interesse der amerikanischen Leser. Auf der einen Seite stand das *Metronome*, ein Musikmagazin, das bereits seit 1885 existierte, von 1935 an aber unter der Ägide von George T. Simon zu einer Jazzzeitschrift umgewandelt wurde. Er hatte während seines Studium in Harvard selbst Musik gemacht, mit dem Schreiben begonnen und entwickelte sich schnell zu einem der einflussreichsten Jazzkritiker der Swing-Ära. Von 1939 bis 1955 Herausgeber des *Metronome*, förderte Simon auch jüngere Strömungen, engagierte Autoren wie den Bebop-Kenner Barry Ulanov und bot Kollegen wie Leonard Feather, Amy Lee oder Timme Rosenkrantz publizistischen Raum für ihre Analysen und Ergüsse. Er setzte dabei nicht nur auf ausführliche Erläuterungen, sondern auch auf kurze Bewertungen und Bestenlisten, die schnell zum Standard wurden. Von 1939 an veranstaltete Simon Leserumfragen, sogenannte Reader Polls, mit denen er die beliebtesten Künstler ermittelte. Einige der Sieger versammelte er dann als Metronome All-Stars vor dem Mikrofon und veröffentlichte die Aufnahmen auf Platten.

Simon blieb bis 1955 bei *Metronome*, die Zeitschrift wurde 1961 eingestellt und übergab die Verantwortung der Beurteilung an den langjährigen Konkurrenten *Down Beat*. Der wiederum war ursprünglich 1934 in Chicago als Werbemagazin für Versicherungspolicen für Musiker gedacht, wurde aber noch im selben Jahr von Carl Cons und Glenn Burrs übernommen, die ihn als Musikmagazin weiter betrieben. Auch hier befragte man von 1936 an die Leser nach ihren Favoriten, bald dann auch Musiker in Blindfold Tests auf ihre Repertoiresicherheit. Das *Down Beat*, das über vier Jahrzehnte hinweg bis 1979 zweiwöchentlich erschien, wurde zum Zentralorgan der Jazzpublizistik, wo Autoren wie Ira Gittler und Leonard Feather, Nat Hentoff und Dan Morgenstern schrieben. Weltweit orientierten sich Magazine an seinen Wertungen und Rubriken und versuchten Ähnliches, in Deutschland beispielsweise das 1952 zunächst in Wien, dann in Stuttgart bis 1989 von Dieter Zimmerle, dann bis 2018 von Gudrun Endress herausgegebene *Jazz Podium* oder dessen jüngeres Pendant *Jazz thing*.

Je mehr sich Jazz von seiner Funktion als Unterhaltungsmusik entfernte und in die Sphären der Kunst navigierte, desto umfassender wurde auch der Erklärungsbedarf unter den Rezipienten. Da er als situative Kunst lange davon lebte, dass sich starke und stilistisch eigenständige Persönlichkeiten in verschiedenen Kombinationen aneinander maßen, entwickelten auch die Jazzhörer bald ein enzyklopädisches Bewusstsein, das mit vielen Erläuterungen genährt werden wollte. Dem kam die Markteinführung der Langspielplatte 1948 entgegen, die mit großen Covers viel Platz für eine eigenständige Form des Essayistik ließ: die sogenannten Liner Notes. Oft mehrspaltig auf der Rückseite des Albums, bei aufklappbaren Gatefold-Covers und umfangreichen Booklets auch noch ausgedehnter, erzählten Journalisten und mit den Künstlern befreundete Autoren, selten auch Musiker selbst, von den Umständen der Aufnahmen, erklärten die Kompositionen, stellten sie in Zusammenhang zu anderen Produktionen oder schufen Querverbindungen zu ähnlichen Künstlern oder Phänomenen. Einer der ersten Autoren solcher Liner Notes war bereits 1939 der Produzent George Avakian mit Erläuterungen zu einer Platte mit Chicago Jazz. Im Laufe der Jahrzehnte gehörten Ira Gitler, Orrin Keepnews, Leonard Feather und in Deutschland Joachim-Ernst Berendt zu den Autoren, die Tausende von Plattenhüllen mit ihren Anmerkungen und Erläuterungen füllten. Dadurch entstand eine eigene Form der Essayistik, zumeist affirmativ, oft analytisch, manchmal auch anekdotisch, die wiederum zu einem Füllhorn für Connaisseure und vor allem für die Wissenschaft wurde, die von den 1970er-Jahren an sich zunehmend an Universitäten mit Jazz als Musik, Kunstform und gesellschaftliches Phänomen beschäftigte. Wären Liner Notes nicht geschrieben worden, hätte man vieles schlicht vergessen.

47. Grund

Weil er Serge Gainsbourg umnebelt hat

Mehr Bohème ging kaum. Der Vater war Pianist in Bars und Cabarets, die Mutter Sängerin, beide aus der Ukraine vor den Bolschewiki nach Paris geflohen. Der Sohn wiederum war ein schüchternes

Bürschchen mit femininen Zügen, in seiner Kindheit oft für ein Mädchen gehalten, zeichnerisch, auch musikalisch begabt, ein Sonderling, der sich gerne anderen Randfiguren des Pariser Kulturlebens wie surrealistischen Künstlern oder einem katalanischen Autor anschloss. Serge Gainsbourg war schon in seinen späten Zwanzigern, zum ersten Mal verheiratet, Gelegenheitszeichenlehrer, als ihm die Idee kam, es vielleicht mit Chansons oder als Jazzpianist zu versuchen. Irgendwann 1957 erlebte er Boris Vian, selbst ein gedanklicher Anarchist, wie er furios auf der Bühne scheiterte. Ein Lichtblick: »Wenn Vian auf die Bühne des Trios Baudets tritt, schwitzt er vor Schiss; sein Arme hängen runter, er gleicht einem großen weißen Spargel, der Strophe um Strophe aneinanderreiht ohne einen Blick, ohne ein danke. Für Gainsbourg, den Antichrist der traditionellen Music-Hall, ist das ziemlich begeisternd. Es nimmt ihm einige Komplexe.«[76] Damals jobbte Lucien Ginsburg, der sich inzwischen der Lässigkeit halber Serge Gainsbourg nannte, als Klavierbegleiter der Sängerin Michèle Arnaud, und hatte ihr auch hier und da schon eigene Lieder vorgespielt, von denen sie einige ins Programm nahm. Als Jacques Canetti, Unterhaltungsdirektor von Philips France, dann eines Abends bei einem der eigenen Auftritte des seltsamen Chansonniers am Klavier des »Milord l'Arsouille« erlebt, wie jener seine Stücke mehr greint als singt, beschließt der Scout, der schon Brassens und Brel angeschoben hatte, es auch mit Gainsbourg zu versuchen. Eine Langspielplatte soll der Neue machen, außerdem zwei Singles mit jeweils vier Titeln als Werbung. Konzept: Antiheld. Das Cover ist ein Missgriff der Langeweile mit einem Künstlerfoto, das wie aus dem Fahndungsregister aussieht, und rot eingefärbtem Zeitungspapier als Hintergrund.

Überhaupt hat das ganze Projekt rund um *Du Chant à la Une! …* (1958) etwas Ironisches, denn es wirkt wie die bewusste Inszenierung des Scheiterns. Die Presse findet die Platte schrecklich. Nur der *Canard Enchainé* lobt sie. Und Boris Vian. Und die Kollegen aus der Chansonfraktion sind begeistert. Juliette Gréco will Lieder von

Gainsbourg singen, ebenso Catherine Sauvage, Les Frères Jacques. Michèle Arnaud ist eh schon Fan. Das Album mit seiner jazzenden Lakonik wird zum Bohème-Klassiker. Gainsbourg singt von den Träumen des Ticketknipsers an der Métro-Station, von scheiternder Liebe, der Frau des einen unter dem Körper eines anderen, vom Freund Alkohol oder vom Jazz im Graben, der im Radio noch spielt, nachdem der Jaguar die Böschung hinuntergestürzt ist. Dazu das Orchester von Alain Goraguer, karg arrangiert, aber pointiert swingend mit dem markanten Vibrafon von Michel Hausser. Obendrauf der trockene, beiläufige Gesang von Gainsbourg, vom Jazz umnebelt, Nouvelle Vague ohne Film. Das wurde der seltsame Karrierestart eines Bürgerschrecks, der aus der Sicht der Nachgeborenen sich zu einer prägenden, sehr streitbaren Persönlichkeit der französischen Kulturwelt entwickelte.

48. Grund

Weil er Literaten inspiriert

Für Jack Kerouac war klar, dass Jazz zur großen Freiheit dazugehörte. Wann immer es in *On The Road* (1957) verrucht oder pikant oder auch sexuell interessant wurde, kam Bebop zum Einsatz, eine als ungezügelt empfundene Musik, die den Status des Außenseiters, des Freaks oder Beatniks akustisch untermauerte. Bevorzugt hörten Sal Paradise und sein Gegenüber Dean Moriaty Platten wie *The Hunt* (1947), wo sich Dexter Gordon mit Sonny Criss und Wardell Gray duellierte. Nichts für Spießer also, die mit der wilden Jagd der Saxofone nichts würden anfangen können. Oder der Verführung, die zum gesteigerten Leben der Hipster gehörte: »Dean war groß in Form; er warf eine Jazz-Platte auf, schnappte sich Marylou, hielt sie fest und ging im Takt der Musik an sie ran. Sie ging mit. Es war der reinste Liebestanz.«[77] Mit solchen Passagen nährte der

Vordenker der Beat Generation einen Topos, der in der Literatur der folgenden Jahrzehnte immer wieder auftauchen sollte. Jazz als Sound des ästhetischen Widerstands, der Verführung, der Jugend, eine Idee, die Charles Mingus aus der Perspektive eines produzierenden und provozierenden Musikers gleich mit in den Titel seiner Autobiografie *Beneath The Underdog* nahm, die 1971 erschien und sein Lebensmotto in einen Slogan packte. Nur wenige Jahre nach Kerouac verwendete auch Günter Grass den Jazz dramaturgisch in einem Stück Weltliteratur. Denn der Protagonist seines Romans *Die Blechtrommel* (1959) Oskar Matzerath konnte nicht nur Glas zersingen, sondern brachte mit seinem Instrument und einem synkopiert jazzigen Rhythmus schon mal einen Nazi-Aufmarsch aus dem Takt oder verdingte sich in späteren Tagen als Drummer einer Jazzband in einem Düsseldorfer Club. Wunderbar absurd ist auch ein Hörspiel, das Horst Giese in den Jahren 1972 bis 1979 in einem provisorischen Wohnzimmerstudio in der DDR zusammenbastelte. Denn in *Die sehr merkwürdigen Jazzabenteuer des Herrn Lehmann* offenbart der gleichnamige Kellner und Protagonist, dass Jazz nicht in Amerika, sondern in einer Nervenheilanstalt in Neuruppin entstanden ist, von wo aus er in Zeiten des Nationalsozialismus seinen Siegeszug um die Welt antrat.

Solchen mehr oder weniger ernsthaften Neudeutungen stehen Werke gegenüber, die sich ausdrücklich auch in den Gestaltungsmerkmalen mit der improvisierenden Musik und ihren Implikaturen beschäftigen. Toni Morrisons 1992 erschienener Roman *Jazz* beispielsweise ist eine im Harlem der 1920er-Jahre spielende Collage von Erinnerungen an die Sklaverei, allgegenwärtigen Rassismus und der Kraft der eigenen Kultur, die versucht, Stileigenschaften wie die Traurigkeit des Blues, die Überdrehtheit des Ragtime oder auch die Call-and-Response-Techniken des Spirituals sprachlich zu übernehmen. Michael Ondaatjes *Coming Trough Slaughter* (1976, dt. *Buddy Boldens Blues*) spielt mit dem Mythos um den Trompeter Buddy Bolden, der zwar einerseits als Ahnherr des Jazz in New Orleans gilt, auf der anderen Seite aber kein Tondokument hinterlassen hat, das diese Behauptung auch belegen würde. Auch der Kanadier versucht, die Idee von Riffs, Improvisation und Synkopierungen sprachlich und strukturell zu übernehmen, zugleich aber die einsetzende Schizophrenie des Protagonisten abzubilden, was zu einem experimentell raffinierten Wechsel unterschiedlicher Sprachstile, Perspektiven und Textformen führt. Die große Poesie wiederum hatte Geoff Dyer im Sinn. Der britische Journalist skizziert in *But Beautiful* (1991) die Lebensläufe berühmter Jazzmusiker wie Thelonious Monk, Charles Mingus oder Chet Baker und machte sich musikalische Techniken des Zitierens und Komponierens auf sprachliche Weise zu eigen, indem er echte Ereignisse und Fiktion, tatsächliche Äußerungen der Künstler und eigene Ideen vermischte. Und da er sich mit großer Hingabe quasi als Verbal-Interpret dem Wesen des Jazz mit Worten nähert, gerät seine Hommage zu einem Stück Literatur, das unabhängig von wahr oder falsch Musik im Kopf entstehen lässt.

49. Grund

Weil der Profi ihn auch blind erkennt

Es gibt Berufe, die gibt es gar nicht. Jazzkritiker zum Beispiel kann man nicht lernen. Zwar bieten inzwischen Universitäten im Rahmen von allgemeineren Studiengängen wie Kulturmanagement auch Ausflüge in den Musikjournalismus an. In der Praxis aber hat sich seit den Anfängen außer den Formaten und den Vertriebswegen kaum etwas geändert. Denn die Nische, um die es geht, ist so klein, dass sie niemanden ernährt, der sich ausschließlich mit ihr beschäftigt. Wer auch immer eines Tages einen Namen hatte, der war mehreres gleichzeitig, Journalist und Produzent, Musiker vielleicht, Verleger, Fotograf, irgendwas mit Medien. Leonard Feather ist dafür ein gutes Beispiel. Geboren 1914 in London, wuchs er in einer wohlhabenden jüdischen Familie auf, die ihm als Teenager einige Auslandsaufenthalte finanzierte. Als Kind einer Zeit, in der der Jazz gerade seinen Siegeszug als cleverer Sound des Urbanen antrat, spielte er zunächst selbst ein wenig Klavier und Klarinette, komponierte und ward dann immer öfter im Umkreis von Musikern gesehen. Er arbeitete als Arrangeur und Produzent unter anderem mit Louis Armstrong und Duke Ellington, siedelte 1939 nach New York über und gehörte zur Szene rund um die jungen Bebopper. Feather produzierte Platten von Charlie Parker, Lester Young, Dinah Washington und war für kurze Zeit Pressepromoter für Duke Ellington, bevor er auf Anraten des befreundeten Saxofonisten Benny Carter anfing, auch über Jazz zu schreiben. Schließlich wusste er viel, kannte eine Menge Leute, war informiert über die Netzwerke und Zusammenhänge hinter den Kulissen. So wurde Leonard Feather einer der einflussreichsten Jazzkritiker des 20. Jahrhunderts, der für Zeitschriften wie *Esquire*, *Metronome*, *Down Beat*, *Playboy*, *Jazz Times* und auch für Zeitungen wie die *Los Angeles Times* schrieb.

Und wer gut und kenntnisreich formulierte, war auch bei den Musikern beliebt, die sonst mitunter so manchen Blödsinn über ihre Kunst zu lesen bekamen. Also konnte man Feathers Texte bald auch auf zahlreichen Plattencovern finden, in Form von Liner Notes, die die jeweiligen Aufnahmen kommentierten. Da er außerdem ein wissbegieriger Mensch war, der für Radio- und Fernsehsendungen, darüber hinaus für seine *Encyclopedia Of Jazz*, die er zusammen mit Ira Gitler in mehreren Einzelausgaben und 1990 dann schließlich gesammelt herausgab[78], unablässig Material sammelte, verschickte er nicht nur zahllose Fragebögen an Musiker, sondern lud sie auch zu dem von ihm ausgetüftelten »Blindfold Test« ein. Die Pianistin Mary Lou Williams war 1946 die erste Künstlerin, die sich darauf einließ, und es war ein Riesenspaß. Denn es ging darum, Aufnahmen zu erkennen und zu kommentieren, ohne vorher den Interpreten oder das Stück genannt bekommen zu haben. *Metronome* druckte die ersten dieser Befragungen, *Down Beat* folgte 1951, und bald wurde aus dem Expertengespräch zwischen Journalist und Musiker auch ein beliebtes Gesellschaftsspiel in Kreisen der Connaisseure. Denn der Jazzfan alten Stils ist in seinem Innersten ein enzyklopädischer Mensch. Er kennt Besetzungen und Aufnahmedaten, Stildetails und Spezialitäten einzelner Studios. Das hat Sinn angesichts einer Musik, die von Personalstilen einzelner Koryphäen und den Besonderheiten spezieller Kombinationen lebt. Und es lockert die eigenen Gewissheiten erfrischend auf, wenn man bei so einer Gelegenheit feststellt, in einem Blindfold Test mal so richtig daneben gelegen zu haben.

50. Grund

Weil er Spoken Word beflügelt

Es ist eine Frage der Balance. Jazz beansprucht als nonverbale Kunstform eine Universalität des Ausdrucks, die im Idealfall ohne festgelegte Semantik Mitspieler und Hörer erreicht. Lyrik wiederum arbeitet mit einer ganzen Reihe von Verschlüsselungen des Gesagten im Poetischen, was am Ende zu einem ähnlichen Resultat führen kann. Denn was sich nicht im Sprachlichen, sondern im Sinnlichen, Imaginativen erschließt, folgt einer Logik des Empfindens, die dem Verstehen von Kunst vorauseilt. In jedem Fall lassen sich diese Welten kombinieren, wenn sie es nicht eh schon in komplexeren Songtexten tun. Charles Mingus zum Beispiel holte sich 1957 den Autor und Erzähler Jean Shepherd ins Studio, um die tragikomische Geschichte von *The Clown* im Dialog vor allem mit Jimmy Kneepers Posaune zu entwickeln. Das passte in die Zeit der Beatautoren, die sich einerseits am Bebop als Klangkultur mit anarchischem Unterton berauschten, sich auf der anderen Seite wie Jack Kerouac mit dem Hornisten Dave Amram auch selbst auf die Bühne stellten.

Überhaupt war es eine Ära der Experimente und Verknüpfungen, zunächst noch aus der Idee heraus, einen zusätzlichen Kreativitätsschub für beide Künste zu erhalten. Mal versuchten Produzenten wie Joachim-Ernst Berendt Gottfried Benn und Heinrich Heine zu einer Portion Jazz zu verhelfen (*Lyrik und Jazz*, 1960), mal suchten sich junge zeitgenössische Dichter wie Peter Rühmkorf musikalische Partner wie Wolfgang Schlüter und Michael Naura, um ebenfalls seit den späten 1950er-Jahren mit Grenzgängen zu experimentieren. Der Poet und Performance-Künstler Ernst Jandl wiederum hatte seinen Spaß, zusammen mit dem Pianisten Hans Glawischnig und der Sängerin Lauren Newton in den 1980ern seine Worte zu kneten, wohingegen das Projekt Brückner Beat um den Synchronsprecher Christian Brückner im folgenden Jahrzehnt sich wieder lakonisch rezitierend in die Zeit von Kerouac & Co. versetzte.

Wirklich spannend wurde es allerdings, als Jazzmusiker begannen, nicht nur die poetische, sondern auch die politische Kraft des Wortes einzusetzen. Max Roachs *We Insist! Freedom Now Suite* mit dem Text von Oscar Brown Jr. wurde durch Abbey Lincolns beschwörenden Vortrag zum Fanal der Bürgerrechtsbewegung, überhaupt bekam die Auseinandersetzung mit der eigenen Identität mehr und mehr Bedeutung: »Wenn Lyriker und Schriftsteller wie Langston Hughes, Claude McKay, Ralph Elison, LeRoi Jones/ Amiri Baraka und andere in ihrer literarischen Arbeit immer wieder Annäherungen an das Bluesidiom oder an die Jazzimprovisation versuchten, so ist die auch als bewusster Griff nach der einzigen bereits recht früh anerkannten eigenständigen afro-amerikanischen Tradition zu sehen: der Musik.«[79] Es wirkte aufgrund seiner Verankerung in der Lebenswelt der Künstler weit weniger artifiziell als viele der Projekte im deutschen Jazz-Umfeld und entwickelte bald auch eigene Dynamiken. So schienen die Deklamationen des Dichter-Kollektivs The Last Poets oder Gil Scott-Herons Poem *The Revolution Will Not Be Televised* (1970) als Verbindung von jazzig-souliger Musik und energisch rezitierter Botschaft wie ein Vorbote dessen, was ein knappes Jahrzehnt später bei Partys in der Bronx als Rap aus dem Ei zu schlüpfen begann und sich in Kombination mit Graffiti, Breakdance und DJing über drei Jahrzehnte hinweg zur erfolgreichsten Musikkultur der Gegenwart – Hip-Hop – entwickelte. Wobei die stilistische Entwicklung der beiden Disziplinen zunächst auseinanderlief. Worte und Rhythmen im Hip-Hop bevorzugten einen festen Ausdruckskanon, Jazz hingegen differenzierte sich immer weiter aus. Während manche Projekte wie Buckshot Lefonque (1994–97) Wert auf instrumentale Eloquenz legten, schafften es andere wie Us3 mit dem Herbie-Hancock-Remake *Cantaloop* (1993) weltweit in die Hitparaden. Je mehr es wiederum Spoken-Word-Künstler über die seit 1986 veranstalteten Poetry-Slams schafften, Improvisation und Spontaneität auch auf den Umgang mit Sprache zu übertragen, umso eher fanden Jazz und gesprochenes Wort wie etwa bei The Comet is Coming und Kate Tempest (*Blood Of The Past*, 2019) wieder zueinander. Mit Blick auf eine produktive Zukunft.

51. Grund

Weil Autos und Äpfel Jazz sein können

Branding ist ein schwieriges Geschäft. Wer nicht gut aufpasst mit dem Namen, den er einem neuen Produkt gibt, kann schnell die Anwälte an der Bürotür klopfen hören. Oder die Satirezeitschriften und Social-Media-Kanäle auflachen hören. Der japanische Autobauer Honda zum Beispiel brachte 1983 einen Kleinwagen auf den Markt, den er auch in Europa verkaufen wollte. Die Branding-Abteilung hatte sich – nicht einfallsreich, aber passend – den Namen »City« ausgedacht, unterlag jedoch alsbald einer Klage des Konkurrenten Opel, der seinem Kadett in einer Baureihe bereits diese Bezeichnung zugewiesen hatte. Nächster Versuch war »Fitta«, bei dem allerdings Kollegen mit Kenntnissen skandinavischer Sprachen einschritten, weil es sich im europäischen Norden um eine unflätige Bezeichnung für »Vagina« handelte. So landete man schließlich bei »Jazz«, einem schönen Wort, das man inspirierend verwenden konnte und das in den Köpfen der Konsumenten offenbar allerlei Positives nahelegte. Zumindest in Europa, denn in Japan, China und Amerika trägt das Modell seit 2001 den Namen »Fit«[80].

Anderes Beispiel. Neuseeland exportiert Äpfel. Der Markt ist groß und will gelegentlich überrascht werden. Also wird gezüchtet und gekreuzt, beispielsweise die Sorten »Royal Gala« und »Breaburn«, die beiden wichtigsten Apfelexportschlager des Landes. Das Ziel war, den intensiv-süßen, in der Konsistenz festen und im Idealfall leuchtend roten Gala mit dem im Fruchtfleisch relativ harten, säuerlich-herben, in der ansprechend gelb-rötlichen Farbe gut lagerbaren Braeburn zu verbinden. Das ist nicht einfach, weil sich Äpfel zum einen in der Züchtung gerne den Vorstellungen der Food-Designer widersetzen, auf der anderen Seite erst über einen längeren Zeitraum hinweg sich konstante Eigenschaften überhaupt generieren und garantieren lassen. Aber die Obstbauern und Laboranten waren hartnäckig, und so gelang ihnen Ende der 1990er-Jahre der neue Apfel, der unter dem internen Namen Scifresh gehandelt wurde, von 2003 an jedoch international unter der Bezeichnung »Jazz« verbreitet wird. Dem Narrativ nach soll ein Züchter für die Namensgebung verantwortlich sein, der als Jazzfan mit dem Apfel die spritzigen Soli von Charlie Parker frugal verwirklicht sah. Jedenfalls lässt sich die Marke gut präsentieren, mit Bio-Zertifikaten, Rezeptbüchern und Kinderclub [81].

Und noch ein Beispiel. Eigentlich kümmerte sich der Franco-Algerier Yves Saint Laurent ja um Mode. Er gab Frauen neue textile Freiheit durch seine androgynen Kollektionen und führte Folkloristisches, Safari-Assoziationen und überhaupt die Idee preiswerter Prêt-à-Porter-Kollektionen in die Haute Couture ein. Seit 1963 bereits gehörten auch Düfte zum Repertoire seines Unternehmens, die dann zwar zwischenzeitlich in amerikanische Hände verkauft wurden, trotzdem aber die Ausstrahlung des Savoir-vivre behielten. Tatsächlich gelangen der Kosmetik-Sparte YSL Beauté diverse beliebte

Eau-de-Toilettes und Parfums wie etwa »Opium« (1977), »Paris« (1983), »Baby Doll« (1999), »Rive Gauche« (2002). Und außerdem »Jazz« (1988), für Männer, das von der Produktwerbung flugs mit Eigenschaften des Beschwingten, Volltönenden und dem eigenen Rhythmus verbunden wurde[82].

Bleibt also die Frage, was das Branding am Jazz genau interessiert. Eine gute Markenvorlage sollte mit Spitzenleistungen verbunden werden können, auch über einen längeren Zeitraum hinweg. Sie sollte Authentizität vermitteln, auf klare Art wiedererkennbar und damit auch in den Details ihrer Eigenschaften differenzierbar sein. Vor allem aber sollten sie glaubwürdig sein, und da kann der Jazz in jedem Fall punkten. Denn eine Kunst, die selbst in Zeiten großer Popularität in den vergangenen Jahrzehnten kaum mehr als zwei bis drei Prozent des Umsatzes der Musikbranche zur verantworten hatte, sich weitgehend über die Individualstile einzelner Koryphäen definiert und außerdem mit hippen, manchmal etwas schrulligen Randgruppen des kulturellen Diskurses verknüpft wird, ist alles andere als Mittelmaß. Das färbt ab auf Autos, Äpfel, Düfte, auf einen Lebensstil mit Haltung.

52. Grund

Weil er von Erdnüssen und Hüten handelt

Songwriter haben es leichter. Denn wer ein Stück zusammen mit einem Text komponiert, muss sich in der Regel wenig Kopfzerbrechen um den Titel machen. Wer sich allerdings nur um die Musik kümmert, kann schon mal das Problem bekommen, dass etwas fantastisch klingt, nur der passende Titel sich nicht einstellen will. Oder dass jemand ein paar Verse dazu schreibt, sie urheberrechtlich eintragen lässt und einen Teil der Tantiemen kassiert. Jedenfalls wurden Titel im Jazz spätestens mit dem Bebop zur Herausforderung. Im Unterschied zum songorientierten Swing handelte es sich bei den Stücken oft nur noch um ein Thema, das über entweder bekannte oder leicht nachvollziehbare Harmoniestrukturen gelegt wurde, um dann ausgiebig Improvisationsspielraum über die Form zu bieten. Charlie Parker beispielsweise war zwar flink mit neuen Stücken, aber nachlässig in der Titelei, weshalb viele seiner Songs wenig einfallsreich in Anspielung auf seinen Spitznamen »Bird« oder wenig aussagekräftig *Anthropology, Ballade, Bird Of Paradise, Blue Bird, Casing The Bird, Confirmation, Ornithology, Parker's Mood, The Bird* oder *Yardbird Suite* hießen. Es gab auch ein paar Widmungen, *Billie's Bounce* für Billie Holiday oder *Moose The Mooche* für einen gleichnamigen Drogendealer. Sein Bebop-Gegenüber Dizzy Gillespie hingegen hatte mehr Spaß am Benennen, vor allem wenn es um lautmalerische Motive ging. Da konnte ein Stück schon mal *Oop Pop Sh'Bam, Ool-Ya-Koo* oder *Ooh-Shoo-Be-Doo-Be* heißen. Oder *Salt Peanuts*, was zwei Oktave-Sprünge in den Takten drei und vier des Stücks verbildlichte, ansonsten aber der einzige Text des um 1943 entstandenen Stücks blieb.

Noch ein wenig schrulliger wurden die Titel, als Thelonious Monk seine Kompositionen beschriften sollte. Während *'Round Midnight* oder *Blue Monk* noch selbsterklärend waren, wurde es mit *Bemsha Swing* schon schwieriger (es leitete sich von »Little Bimshire«, einem umgangssprachlichen Synonym von Barbados, ab, der Heimat des Co-Komponisten Denzil Best). Einige Titel sind wie *Hackensack* (Rudy van Gelders Studio), *Pannonica* (Pannonica de Koenigswarter, Monks zwischenzeitliche Mäzenin) oder *Ruby My Dear* (Monks erste Freundin Rubie Richardson) bestimmten Orten oder Personen gewidmet. Was er jedoch genau »Zwielichtiges« mit seiner Frau vorhatte, als er *Crepuscule With Nellie* schrieb, ist bis heute nicht endgültig geklärt.

Je mehr sich die Musik von der Songform entfernte, um sich Prozesshaftigkeiten, Strukturen, Abstraktion oder auch metaphysischen Inhalten zuzuwenden, desto weiter entfernten sich Titel, Stück und Bedeutung voneinander, bis hin zu einem Komponisten wie Anthony Braxton, der seine Werke nach Ordnungszahlen sortierte und beispielsweise *8KN-(B-12)-R10)* (1986) oder *140 (+112+30)* (1989) nannte. Dann aber gab es immer auch die Stücke, die eine eindeutige Geschichte hatten, auch wenn sie als Instrumentalkompositionen eigentlich nicht festgelegt werden mussten. Musikalische Widmungen und Liebeserklärungen etwa wie Bill Evans' *Waltz For Debby*, der seinen Walzer 1956 für seinen Nichte schrieb, oder John Coltranes *Naïma* (1959) für dessen erste Frau Juanita ›Naïma‹. Oder Nachrufe wie John Lewis' *Django*, das er als Verbeugung von dem Genius von Django Reinhardt kurz nach dessen Tod 1953 schrieb. Oder auch *Goodbye Pork Pie Hat*, benannt nach dem flachen Filzhut, den der Saxofonist Lester »Pres« Young als Markenzeichen trug. »Young starb am 15.3.1959 in New York, und als die Musiker im legendären Jazzclub Half Note davon erfuhren, improvisierten sie einen Blues für Pres. Einer von ihnen, Charles Mingus, soll noch in derselben Nacht im Geiste dieser Jam Session seinen musikalischen Nachruf notiert haben: eine ganz, ganz langsame Abschiedsballade in f-moll.«[83] In diesem Fall musste Charles Mingus nicht lange über den Titel des Songs nachdenken.

53. Grund

Weil Jazz Lust auf mehr macht

Inzwischen gibt es Management-Trainer und Universitätsprofessoren, die ihren gestressten Führungskräften oder blockierten Studenten eine Portion Jazz verordnen wollen. Schließlich habe die Musik ja mit Improvisation zu tun, also mit einer Vorgehensweise, die auch abseits des Künstlerischen beim Vollzug von Prozessabläufen nur helfen kann. Klassische Jazz-Definitionen kreisen tatsächlich in unterschiedlichen Gewichtungen um die Begriffe »Swing« und »Improvisation«, das eine als Merkmal einer zumeist auf Synkopierungen beruhenden Empfindung rhythmischer Lockerheit, das andere als gestalterischer Prozess, der im Unterschied zur Komposition Offenheit verspricht. Wirklich umrissen ist das Phänomen damit nicht, weil es noch weitere Komponenten beinhaltet. Technisch gesprochen gibt es verschiedene Möglichkeiten des Improvisierens, die vom Ornamentieren im Sinne eines Umspielens vorhandener Motive bis zur kompletten Neugestaltung einer Passage auf der Basis verbliebener Restelemente reicht, skaliert durch verschiedene Zwischenvarianten. Improvisation gilt dabei als eine freie Ausdrucksform, die alle Möglichkeiten offen lässt, eine musikalische Gegebenheit in eine andere zu überführen, und derartig vielfältig funktioniert, dass man deren Gelingen nicht wirklich vorherbestimmen kann.

Denn einerseits ist Improvisation Methode, auf der anderen Seite die Möglichkeit, in Kommunikation mit dem gesamten Diskurs Grenzen hinter sich zu lassen. Wahrscheinlich ist es das, was Management-Trainer gerne erreichen wollen. Zum Glück aber ist gelungene Improvisation nicht nur eine Frage der Technik, sondern in manchen magischen Momenten ein Geschenk, das sich individuell oder kollektiv einstellen kann. Und das Konzert ist mehr noch als ein Tonträger für alle die Möglichkeit, diese Erfahrung nicht nur isoliert machen zu können. Improvisation ist ein Element, die Nähe zum Diskurs ein weiteres, hinzu kommen Kommunikation, Intuition, der schwer zu fassende, aber grundlegende gemeinsame Flow, interpretatorische Details wie Humor und persönliche wie Aura, außerdem natürlich eine Vielzahl stilistischer Referenzen, Zitate, Beziehungen. Das alles zusammengenommen weist im Idealfall weit über den einzelnen Moment der Äußerung hinaus, bis hin zu intensivem Erleben von Gefühlen: »Experimente zu den emotionalen Reaktionen auf Musik zeigen deren Stabilität über die Zeit und deren Spezifität im Hinblick auf bestimmte Bereiche des Gehirns, die für Bewertungen – welcher Art von Stimuli auch immer – zuständig sind. Wie sagt doch der Werbespruch einer süddeutschen Radiostation [...] so treffend:

Wer fühlen will, muss hören.«[84] Das gilt nicht nur für Jazz. Aber gerade für ihn, weil er es schaffen kann, Neugier auf all das zu wecken, was sich abseits der akustischen Gewohnheit abspielt.

54. Grund

Weil er Gegensätze braucht und vereint

Dann mal los, Gegensatzpaare! Improvisation und Komposition, Freiheit und Festlegung, Solo und Kollektiv. Tradition und Moderne, Klischee und Regelbruch, Revival und Avantgarde. Wild und geordnet, hektisch und gelassen, neu und bekannt. Jazz zog sehr schnell Energie aus solchen Antagonismen, die nicht immer präzise Gegensätze waren, sondern manchmal auch nur Kontraste. Das Besondere aber war und ist die Möglichkeit, sie zuzulassen. Schon das erste Oppositionspaar ist dabei eher komplementär als ausschließend. Jazzmusiker improvisieren. Ihre Stile basieren auf einem Wechselspiel von vorhandenem Tonmaterial und überraschender, spontaner Benutzung des Regelwerks bis hin zu dessen Relativierung und verfestigen sich ihrerseits in Mustern, ohne die sie nicht als Stil erkannt werden könnten. Bereits Improvisation hat daher das Element der Festlegung in sich, wie auch auf der anderen Seite die Komposition ohne den Moment der Freiheit nicht funktioniert, die das Spontane in präziser Fixierung für einen größeren Kreis an Rezipienten zugänglich macht.

Über Jahrzehnte hinweg wurde immenses Getöse rund um diesen Gegensatz von Improvisation und Komposition im Sinne von Freiheit und Festlegung gemacht, wobei es vor allem um graduelle Unterschiede des Umgangs mit den Strukturmustern ging. So wurde im Jazz schon immer festgelegt, in Form des Themas, der Harmoniefolge, später auch nur der Textur, seit der Ära der Big Band durch das Arrangement, das Abläufe, Kräfteverhältnisse oder Details des

Musikstücks regelte. Progressivere Orchester etwa von Fletcher Henderson oder Woody Herman regelten nur den »Head«, also den »Kopf«, eines Stücks genau, also beispielsweise die ersten 32 Takte, und entließen dann das Ensemble bis zum Schlussthema in eine vom Gruppensound getragene Spontaneität, die durch die gemeinsame Erfahrung einen Rahmen hatte. Andere legten wie Duke Ellington vor allem Stimmungen fest, die vom Orchester getroffen werden sollten, und fixierten einzelne Passagen auf spezielle Solisten zugeschnitten. Peniblere Leiter wie Glenn Miller wiederum bestimmten am liebsten möglichst viel, um die Kontrolle über den Augenblick zu behalten.

Dabei sind Arrangement und Improvisation kein Widerspruch. Sie sind Formen der Rahmensetzung, die den besondern Charme einer Interpretation ausmachen können. Miles Davis' *Sketches Of Spain* wurde nur deshalb so betörend vielschichtig, weil sich das flirrende Arrangement von Gil Evans mit der flüchtig wirkenden Feinheit von Miles Davis' Trompete verbinden konnte. Count Basies Powersound hing eng mit Arrangeuren wie Neal Hefti zusammen, der die Dynamikkontraste vor allem der Bläsersätze entsprechend zuspitzte. Und in jüngerer Zeit machen Musikwelten wie etwa bei der Komponistin und Arrangeurin Maria Schneider erst Sinn, weil sie ihre Stücke im Wechselspiel mit den kreativen Partnern ihrer Ensembles gemeinsam zu erarbeiten versteht. Vor allem im gestalterischen Grenzgebiet des Kammerjazz mit seinen Überschneidungen zu zeitgenössischer Klassik und Avantgarde sind außerdem Grenzen zwischen den einzelnen Disziplinen kaum noch auszumachen. Musiker wie der Trompeter Markus Stockhausen sprechen in solchen Fällen von »Komprovisation«, um die Möglichkeit spontan gestalteter, wie ausnotiert klingender Passagen und den Prozess zu kennzeichnen, wenn Kreativität und Resultat miteinander verschmelzen. Jazz als Methode vereint die Oppositionen, ein schöner Gedanke mit Anker in der Wirklichkeit!

55. Grund

Weil niemand weiß, was Jazz eigentlich ist

Die Wortforscher tun sich schwer mit der Herkunft des Begriffs »Jazz«. Neuere Studien weisen ihn beispielsweise in Kalifornien im Umfeld der Berichterstattung über Baseball nach, wo er schon 1912 als Synonym für »begeistert« eingesetzt wurde[85]. »Bereits 1913 findet sich das Wort in musikalischem Bezug in einer San Franciscoer Zeitung. Vorher wurde jass und noch früher jasm und gism das Dialekt- und Jargonausdruck für Geschwindigkeit und Energie in Spiel und Sport verwendet – sowie in sexueller Hinsicht als Slangwort für Samen.«[86] So wenig Etymologen klären können, in welchem Wortstamm der Jazz verbrieft seine Wurzeln hat, so häufig erscheint er ab ca. 1915 im Umkreis von Musik in New Orleans bis hin zur Institutionalisierung als Stilbezeichnung durch die Original Dixieland Jass Band des Klarinettisten Nick LaRocca 1917, der nach eigenen Abgaben aus naheliegenden Gründen zunächst auf Plakaten eines Engagements in New York, dann auch insgesamt die Schreibweise des Wortes korrigieren ließ: »Das ursprüngliche Jass war hastig in Jazz abgeändert worden, wie sich LaRocca erinnerte, weil in den Straßen der Umgebung kleine Jungen damit begonnen hatten, den Buchstaben ›J‹ von den Plakaten abzukratzen.«[87]

Zwar lässt sich das Anekdotische schwer von der tatsächlichen Entwicklung trennen, trotzdem hatte Jazz als Bezeichnung im Vergleich zu anderen Begriffen klar einen Vorteil. Blues und Ragtime, Stride Piano und Spiritual, Vaudeville und Work Song verwiesen alle entweder auf eine Stileigenheit, eine Stimmung, einen Inhalt oder auf einen Funktionszusammenhang. Diese Bezeichnungen waren von vornherein festgelegt. Jazz hingegen hatte etwas frei Fließendes mit unscharfen, sogar ein wenig pikanten Konnotationen, die in die Zukunft, nicht in die Gegenwart oder Vergangenheit zeigten. Das Wort hatte keine weiße, keine hochkulturelle, keine eindeutig fassbare Tradition, noch nicht einmal eine griffige lautmalerische Kontur und konnte daher von vielen Seiten mit neuen Inhalten gefüllt werden.

Natürlich meldeten sich bald Zeitgenossen mit Besitzansprüchen, Nick LaRocca beispielsweise, der sich schon 1917 als »Erfinder des Jazz« titulierte. Der Pianist Jelly Roll Morton hielt dagegen, er habe den Jazz schon 1902 als Pianist in Storyville aus der Taufe gehoben, sein Kollege Clarence Williams meinte, er habe das erste Mal überhaupt »Jazz« auf ein Notenblatt geschrieben und schon 1916 Jazz-Aufnahmen gemacht, die nur leider verschollen sind. Der Orchesterleiter Paul Whiteman wiederum machte es sich Anfang der 1920er-Jahre zur Gewohnheit, sich als »King Of Jazz« feiern zu lassen. Viele Musiker setzten Hoffnungen in ihn, entwickelten künstlerische, kulturelle, gesellschaftliche Konzepte unter seinem begrifflichen Dach, ohne ihn letztendlich festlegen zu können. »Man kann es so sehen: Der Jazz ist ein gutes Barometer für die Freiheit«, meinte der späte Duke Ellington. »In ihren Anfängen brachten die Vereinigten Staaten von Amerika bestimmte Ideale der Freiheit und Unabhängigkeit hervor, an denen sich schließlich auch der Jazz entwickelte – die Musik, die so frei ist, dass manche Menschen sie für den einzigen ungehinderten, unverfälschten Ausdruck völliger Freiheit halten, die dieses Land je hervorgebracht hat.«[88] Auch das ist keine Beschreibung, was Jazz als Musik eigentlich ist, sondern was er in der Interpretation eines seiner Protagonisten als Bezugsraster und Wertesystem ausmacht. Damit ist eine Facette abgedeckt, und viele andere bleiben offen. Genau das aber macht den Reiz des Begriffs aus. Wenn Jazz ein offenes System im Sinne von Strukturgedanken und Handlungsweisen wie Improvisation, Spontaneität, Intuition ist, dann ist er musikalisch gesehen die größtmögliche Option für individuelles Gestalten. Und das ist die Herausforderung, gerade weil niemand weiß, was er eigentlich ist.[89]

6. Kapitel

JAZZ UND BILD

Fotografie, Film, Wahrnehmung

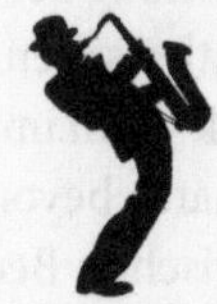

56. Grund

Weil Fotografie ohne den Jazz anders aussähe

Man bemerkte ihn kaum. Francis Wolff gehörte zu den Menschen, die sich unsichtbar machen konnten, was in der Arbeit mit Künstlern ein unschätzbarer Vorteil ist. Denn die Inspiration ist ein empfindliches Gewächs, und wenn dann im Studio ein Fotograf zwischen den Mikrofonen herumwuselt, der die Aufmerksamkeit auf sich zieht, dann ist das spezielle Flair des kreativen Moments schnell verschwunden. Francis Wolff hingegen, von den Musikern kumpelhaft Frank genannt, hatte es geschafft, sich deren Vertrauen in einer Weise zu erarbeiten, dass sie ihn eigentlich nicht mehr wahrnahmen, obwohl er sich mit seiner Rolleiflex ziemlich nah an die Beteiligten heranarbeitete. »Wenn Frank eines seiner unglaublichen Motive im Auge hatte, war er wie ferngesteuert«, erinnerte sich der Vibrafonist

Bobby Hutcherson im Jahr 2007 an die vielen frühen Sessions mit dem zweiten Mann des Blue-Note-Duos, der zusammen mit dem Labelgründer Alfred Lion bereits seit 1939 an der Ästhetik der Musik und ihrer Fotografie arbeitete. »Er verließ den Kontrollraum, näherte sich bis auf sechs, sieben Meter, peilte sein Ziel an. Noch ein Stück, noch ein kleines Stück ...«[90] Da konnte schon mal ein Mikrofon im Weg stehen, das aus der Blicklinie zu entfernen er nicht widerstehen konnte. Der Kontrollraum stöhnte, protestierte, gab aber letztlich auf, schließlich war den anderen klar, dass Wolffs Momentaufnahmen wesentlich zur Wahrnehmung der Musik beitrugen. Und damit selbst zu einem Teil des künstlerischen Geschehen wurden.

Francis Wolff, der als Frank Wolff im Berlin der 1930er-Jahre eine Lehre als Fotograf gemacht hatte, bevorzugte mit der Rolleiflex eine Kamera, die seinen gestalterischen Bedürfnissen entgegenkam. Es war ein zweiäugiges Modell, das neben dem eigentlichen Objektiv ein weiteres Sucherobjektiv eingebaut hatte, das es ermöglichte, während des Fotografierens von oben über eine gesonderte Mattscheibe den Moment des Auslösens mitzuverfolgen. Da Wolff vor allem Menschen ins Visier nahm und sie in besonderen Augenblicken beim Spiel, Nachdenken oder in der Kommunikation mit anderen festhalten wollte, war diese Funktion, heutigen Monitoren vergleichbar, ein wichtiger Bestandteil seiner Arbeit. Außerdem konnte man an die Rolleiflex einen externen Blitz anschließen, mit dem man die Lichtführung auch in kompliziertem fotografischen Umfeld wie einem Aufnahmestudio steuern konnte. Wolff hielt seinen Blitz zumeist rechts oder links neben der Kamera etwa einen Meter höher als das Objektiv. Das Resultat ist extrem helles Licht mit harten Schatten, das die Musiker quasi freistellte und ihnen auf diese Weise schon über den Bildaufbau einen Rahmen verschaffte. Diese Wirkung war beabsichtigt und wurde von Wolff auch in langen Gesprächen mit dem ebenfalls fotografiebegeisterten Tonmeister Rudy van Gelder entwickelt. Besonders die Raumsituation war für die Stimmung der Ton- und Bildaufnahmen wichtig. »Wir waren uns einig, dass eine zu starke Beleuchtung im Studio nicht zum speziellen Charakter einer Aufnahme-Session passt«, erläutert van Gelder die Idee hinter der Wirkung. »Mitunter bat Alfred mich sogar, ein paar Lampen im Aufnahmeraum auszuschalten. Ein hell erleuchteter Raum wirkt auf Jazzmusiker nicht unbedingt inspirierend.«[91]

Heraus kam ein erstaunlich wirkungsvolles gesamtästhetisches Paket, das die Idee des Jazz idealtypisch konzentrierte. Die Farbe ist schwarz-weiß, seriös und zeitlos, weil nicht an bunte Moden bestimmter zeitgenössischer Phasen gebunden. Die Perspektive aber bleibt intim und analytisch zugleich, von Wolff mit seinem bevorzugten 75-mm-Objektiv fokussierte Musiker, die im dunklen Nirwana eines kreativen Prozesses stehen und denen man als Betrachter beim Formen von Monumenten zuschauen kann. Der Blick ist zumeist nicht in die Kamera gerichtet, als Perspektive des Objektivs bietet sich eine Position leicht unterhalb des Künstlers an, was die Motive größer, bedeutungsvoller erscheinen lässt. Wenn nicht das, dann sind oft schräge Linien und extreme, aber nicht übertriebene Fluchtpunkte wichtig für den Bildaufbau, die die Waage zwischen Neugier und Gewohnheit halten. Es ist letztlich die Inszenierung eines Genietypus, die aus Wolffs profunder Bewunderung und Respekt für die Kunst entstand, die er zu dokumentieren versuchte. Und er selbst machte kein Getöse um seine Fotografien. Sie waren Teil seiner Label-Arbeit, Inhalt seiner Leidenschaft. »Wolff hegte schlicht und einfach keine Ambitionen in der Welt der schönen Künste oder der kommerziellen Photographie und war äußerst bescheiden in der Beurteilung seiner eigenen Fähigkeiten.«[92] Seine Sicht des Jazz wurde trotzdem prägend für die Vorstellung, wie Musik bildrhetorisch in Szene gesetzt werden kann. Wolff machte den im Hardbop-Solisten verkörperten romantischen Mythos des aus sich selbst heraus schaffenden Originalgenies für die Fotografie zu Bildern. Seine Jazzer sind Giganten in ihrer ganzen Zerbrechlichkeit.

57. Grund

Weil Irving Penns Miles-Porträt zu den Musikfotos des Jahrhunderts gehört

Irving Penn hatte so ziemlich alle vor der Linse. Eigentlich Maler, kaufte sich der Fotograf aus Plainfield, New Jersey, als 21-Jähriger seine erste Rolleiflex von dem Honorar für einige gedruckte Bilder. Viel in Südamerika unterwegs, sammelte Penn Erfahrungen mit der Kamera, wurde 1943 dann vom Magazin *Vogue* gebucht, von wo aus er sich in den folgenden Jahrzehnten zu einem renommierten Spezialisten für Mode, Porträts, Menschen entwickelte, der aber bei Bedarf auch Natur oder Design fotografierte. Eigentlich konnte er in seinem Fach so ziemlich alles, und vor allem kam er gut mit Künstlern und Prominenten aus. Seine Bilder von Pablo Picasso und Salvador Dalí, Sophia Loren oder auch der alten Colette wurden ikonisch. Denn Penn schaffte es, trotz der künstlichen Studio-Atmosphäre und inszenierten Situationen Menschen grundlegend wirken zu lassen. Nach einer Phase in den 1970er-Jahren, in der er sich vor allem künstlerischen Arbeiten widmete, öffnete er 1983 sein Atelier in Manhattan wieder, wurde im Folgejahr mit einer großen Retrospektive im Museum of Modern Art geehrt und galt fortan quasi als die Eminenz der amerikanischen Fotografie. Und damit war Penn der richtige Mann, um Miles Davis an einem wichtigen Punkt seiner Karriere zu porträtieren.

Denn der Trompeter war 1986 in einer Phase des Wandels. Er hatte nach drei Jahrzehnten bei seiner alten Plattenfirma Columbia gekündigt und zusammen mit dem Bassisten Marcus Miller ein Album aufgenommen, das völlig anders klang als die vorhergehenden. Es waren viele Synthesizer im Spiel, hingegen keine Band, nur Studioarbeit. Miles' Sprung in eine neue Welt des Producings. Das Album hieß *Tutu* als Reminiszenz an den südafrikanischen Erzbischof und Bürgerrechtler Desmond Tutu, ein zweites Stück nannte sich *Full Nelson*, auch hier ein deutlicher politischer Bezug zu Nelson Mandela. Darüber hinaus hatte Miles Davis gerade seinen 60. Geburtstag gefeiert, viele Details also – Neuanfang, Biografie, Afroamerikanisches, Ernsthaftigkeit, Alter und Bedeutung –, die in Bilder gefasst werden wollten. Penn schaffte es in drei Kapiteln. Zum ersten das Titelbild: Miles mit Blick in die Kamera. Vom Gesicht wird frontal geblitzt nur das Zentrum abgebildet, der Rest (Ohren, Haare, Hintergrund) verschwindet im Schwarz. Ein maskenhaftes Antlitz von enormer Ernsthaftigkeit, durch die leichte Fehlstellung der Augen aber nicht erstarrt, sondern direkt, herausfordernd. Um die Bildwirkung nicht zu zerstören, klebte Warner unter der Ägide der Designerin Aiko Ishioka den Künstler- und Plattentitel mit einer eigenen Banderole auf. Wer wollte, konnte sie entfernen.

Teil zwei war das Backcover, wieder ein Porträt, diesmal halb von der Seite, mit geschlossenen Augen, den markanten Händen mit weiß leuchtenden Fingernägeln als Einfassung und gespitztem Mund. Eine Innensicht des Künstlers, viele Falten, die Tendenz zum Nachdenklichen in der Mimik. Miles, der Ältere, der in sich hineinhorcht. Schließlich Teil drei, die Einsteckhülle, eine Seite mit Titeln und Technischem, die andere ausgefüllt mit einem Foto nur von der gespreizten Hand des Trompeters, der Mittelfinger abgeknickt, als würde er ein Ventil herunterdrücken, ebenfalls kräftig angeblitzt, mit markantem Finger-Schattenwurf vor Penns typischem grau meliertem Studiovorhang. So entstand ein *Tutu*-Triptychon, dessen Bildsprache sowohl einzeln als auch in Kombination direkt in den Olymp der Musik- und Künstlerfotografie führte. Miles Davis gelang es übrigens, von dem Album in kurzer Zeit mehr als 350.000 Platten zu verkaufen, eine galaktische Zahl für eine Jazzproduktion. Ein Grammy als »Best Instrumental Performance« folgte 1987, Kontroversen über den synthetischen Sound wurden außerdem in Fachkreisen geführt. Davon unberührt bleiben Irving Penns Fotografien drei Meisterstücke.

58. Grund

Weil Werbung und Jazz sich gegenseitig bunter machten

Nehmen wir zum Beispiel William Claxton. Eigentlich hatte er als junger Mann sein Glück als Psychologiestudent machen wollen, zog aber Ende der 1940er-Jahre lieber mit einer Kamera durch die Clubs von Los Angeles, als sich die Zeit in Hörsälen zu vertreiben. Im Jahr 1952 heuerte ihn Richard Bock als Fotografen für sein neu gegründetes Label Pacific Jazz an und gab dem Newcomer die Gelegenheit, seine ästhetischen Vorstellungen auf Albumcovern zu verwirklichen. Claxton wurde zu einem der stilprägenden Gestalter der Generation nach Francis Wolff, und das auch, weil er sein Geld nicht ausschließlich mit Musikfotos verdiente. »Über kurz oder lang war es jedoch nicht nur der Jazz, der in den Genuss von Claxtons fotografischem Scharfblick kam. So widmete er in den Sechzigerjahren einen Teil seiner kreativen Energie der Modefotografie. Seine Arbeiten erschienen schon bald in fast allen namhaften Zeitschriften, von Time und Newsweek bis hin zu Vogue, Harpers's Bazaar, Paris Match und Dutzenden anderen.«[93]

Tatsächlich hatte er den Zusammenhang von Künstlerdarstellung und Werbung schon früh verstanden und gestaltete seine Bilder durchaus mit Blick auf die bestmögliche Geschichte, die eine Szene erzählen kann. Von Charlie Parker genügte es, 1951 dessen charakteristischen Schatten festzuhalten, um Genius und Tragik in einen Augenblick zu packen. Chet Baker, an dessen James-Dean-hafte, gebeugte Gestalt sich 1955 seine Frau Halima lehnte, wurde berühmt in dieser Bildmischung aus Dandy und Melancholie. Claxtons Kunst, die Geschichte eines Musikers optisch in einem Augenblick greifbar zu machen, war genau das, was auch Werbung benötigte, die chronisch unter dem Konflikt aus Raum- und Zeitmangel einerseits und größtmöglicher, positiv motivierender Aussage auf der anderen Seite litt. Die meisten Fachfotografen seiner Zeit wie auch der Folgejahre, ob Herb Ritts oder Anton Corbijn, Charles Paul Wilp oder Bertram Stern, kannten ihren Claxton und ließen sich von ihm und seinem Jazz beeinflussen, so wie er selbst auch Impulse seiner Kollegen übernahm.

Und dann ist da die Musik. In der Steinzeit der Werbespots, die man im frühen Rundfunk ab 1926 hören und in Deutschland ab 1956 im ebenfalls noch jungen Fernsehen erleben konnte, ging es vor allem um die Produktbotschaft, die oft in epischer Breite erklärt und zuweilen von einem ohrwurmhaften Jingle flankiert wurde. Allerdings entwickelte sich das Medium schnell, und das Bedürfnis nach illustrativen Elementen wurde größer. Mit den Baby-Boomer-Jahren kamen dann auch Jazz und Pop zum Zug. Während *BMW* seine »Freude am Fahren« gerne mit lässigem Jazz unterlegte, versuchten es Firmen wie *Pepsi* mit Bob Dylan oder das Deo *8x4* mit Flower-Power, bei dem man nicht ins Schwitzen kommen sollte. Musik wirkte dabei unterstützend, allerdings kam damals rund die Hälfte aller Werbeclips in Deutschland noch ohne sie aus. Das änderte sich 1981, als MTV auf Sendung ging und es klar wurde, dass sich das Verhältnis auch umkehren konnte, indem Bilder die Musik unterstützten. Es dauerte nicht lange, und Louis Armstrong sang *What A Wonderful World* für Levi's, wobei die Grenzen zur Crosspromotion, wo sich Musik und Produkt jeweils gegenseitig bewarben, immer mehr verschwammen[94].

Je mehr sich Werbung als Transportmedium für Lifestyle verstand, desto klarer wurden auch die verwendeten Klänge auf die Bedürfnisse des Zielpublikums ausgewählt. Und so kam es eben dazu, dass der Honda Jazz (2004) zu Fusion-Klängen durch die Neon-City fuhr, Jack Daniels für seinen Sinatra Select Whisky (2013) ein Swing-Orchester engagierte, Deka Investments (2015) durch Electro Swing und einen passenden Tänzer etwas mehr Pep bekamen, *My Way* (2017) Adidas-Cybersportgangs in ihrer Identität bestärkte oder der Seat Ateca (2018) eigentlich erst durch *Take Five* wirklich cool wurde.

59. Grund

Weil seine Cover-Art das Grafik Design geprägt hat

Die Schellackplatte war empfindlich und in ihren Möglichkeiten begrenzt. Pro Seite ließen sich etwa drei Minuten Musik festhalten, fiel sie runter, zerbrach sie. Die Industrie experimentierte daher seit den 1920er-Jahren mit Polyvinylchlorid (PVC) als Tonträger, das sich als Kunststoff besser verarbeiten ließ und vor allem haltbarer war. Im Jahr 1930 stellte die RCA Victor die erste Langspielplatte aus dem neuen Material vor, die Markteinführung scheiterte allerdings zunächst am Fehlen der Abspielgeräte. Als im Zweiten Weltkrieg Schellack knapp wurde, forcierten Industrie und US Army den Einsatz von Vinyl-Platten, um die Soldaten mit »V-Discs« bei Laune zu halten. Passende Spieler folgten, zunächst in der Feld-Version, bald aber auch für den zivilen Konsumenten. Im Jahr 1948 stellte die Columbia die 12-Zoll(30 cm)-Langspielplatte in großem Rahmen vor, ein Jahr später versuchte RCA Victor einen eigenen Weg mit 7-Zoll (17,5 cm) Vinyls, Plattenwechslern und Sammelalben im Buchformat für die Tonträger. Sie verloren zwar den Kampf der Formate, das »Album« als Synonym für eine LP blieb dem Sprachgebrauch aber erhalten.

Für Musiker bedeutete die Langspielplatte einen Akt der Befreiung. Endlich mussten Kompositionen nicht mehr an Schellack-Gegebenheiten angepasst werden, sondern konnten bis zu 20 Minuten dauern, ohne unterbrochen werden zu müssen. Von 1949 an nehmen daher die Stücke vor allem mit fünf bis acht Minuten Länge deutlich zu. Ornette Coleman ließ 1960 sein Doppelquartett bei *Free Jazz* gleich 37 Minuten spielen, für die Pressung dann auf zwei Albumseiten verteilt. Tatsächlich hatte die eigentliche Befreiung aber ein Jahrzehnt zuvor eingesetzt, nicht nur musikalisch, sondern auch optisch. Denn mit der großen Fläche der in eine Papphülle verpackten Langspielplatte war ein Gestaltungsraum für Grafiker freigegeben worden, der sich von da an zu einer eigenen Kunstform entwickelte.

Die Idee zur bunten Hülle stammte noch aus Schellackzeiten. Im Jahr 1940 überredete der Grafiker Alex Steinweiss die Besitzer des New Yorker Imperial Theatre an der 45. Straße, die Reklame für eine Rodgers & Hart Show so lange leuchten zu lassen, bis sein Fotograf den Schriftzug ordentlich belichtet hatte. Daraus gestaltete er dann das Cover mit *Smash Song Hits* der beiden Komponisten. Nicht wie üblich in pappbraune Hüllen, sondern bunt verpackt, verkaufte sich diese Schellack signifikant besser als ihre Konkurrenzprodukte. Das Cover war geboren und gehörte von nun an zur Schallplatte und deren Nachfolgemedien. Es konnte auffällig gestaltet und durch Texte in Form von Liner Notes ergänzt werden. Mit ein bisschen mehr Etat wurden Gatefold-Cover daraus, die man wie ein Buch ausklappen und abermals einfallsreich gestalten konnte. Eine Spielwiese für Kreativität, die gut zum Jazz als Musik der Experimente passte.

Unter den Jazzlabels hatte Blue Note schnell das Potenzial erkannt. Im Jahr 1939 gegründet und seitdem notorisch unterfinanziert, musste es sich von den Konkurrenten unterscheiden. Mit dem Fotografen Francis Wolff im Gründerteam und dessen Arbeiten war schon gutes Ausgangsmaterial vorhanden, das zunächst Paul Bacon und John Hermansader in ansprechende, aber noch nicht stringent durchgehaltene Form brachten. Von 1952 an konzentrierte sich die Firma auf 10"- und 12"-Formate, und damit bekam das Cover noch einmal mehr Bedeutung. Kurz darauf stieß der junge und ästhetisch wagemutige Chicagoer Reid Miles zum Team, und von da an wurden die Blue-Note-Cover ästhetisch wegweisend. Dexter Gordons *Go* (1962): große, farblich abgesetzte Schrifttypen, kleines Bild, geometrische Anordnung mit einem Hauch von Piet Mondrian. Freddie Hubbards *Hub-Tones* (1962): neun vertikale Balken auf weißem Grund, einer nach unten verrutscht mit stark beschnittenem Künstlerfoto, kleine, relativ nüchtern gehaltene Schrift. Donald

Byrds *A New Perspective* (1963): ganzseitiges Foto mit Fokus auf dem Scheinwerfer des Jaguar E-Type und einem eher kleinen Künstler, der sich im Zentrum auf dem Autodach aufstützt, kleine, enge, bunte Schrift. Jackie McLeans *It's Time!* (1965): kleiner Schriftzug, Briefmarkenbild als Headline, ansonsten eine ganze Fläche voll mit Ausrufezeichen. Hunderte von Covers gestaltete Miles für die Firma, die Konkurrenz zog nach. Bacon arbeitete viel für Riverside, inzwischen selbst wagemutig wie etwa bei *Monk's Music* (1957), mit dem berühmt gewordenen Foto des Pianisten im Bollerwagen. Sadamitsu Neil Fujita brachte die Columbia dazu, für Cover wie Dave Brubecks *Time Out* (1959) abstrakte Kunst einzusetzen. Das 1960 von Creed Taylor als Tochter von ABC-Paramount gegründete Label Impulse! schließlich arbeitete auf Anraten seines Gründers bereits gezielt mit Wiedererkennungswert: »Ich bin immer der Meinung gewesen, dass man ein Album aus zwei Perspektiven betrachten kann, die eine, wenn es auf dem Couchtisch liegt, und die andere, wenn es im Regal steht. Das heißt in beiden Fällen sollte es keine Schwierigkeiten bereiten, das Album zu finden.«[95] Taylor ließ das Logo mit dem Ausrufezeichen, ebenso die einheitliche Farbgestaltung mit Orange und Schwarz entwerfen und stellte damit die Corporate Identity eines Labels in den Mittelpunkt, eine Idee, die von den 1970er-Jahren an dann Firmen wie ECM weiter perfektionierten.

60. Grund

Weil Kino ohne Jazz ärmer wäre

Jazz und Film sind in etwa zeitgleich entstanden, mussten sich beide gegen ästhetische Widerstände durchsetzen, wurden aber von Künstlern wie vom Publikum auch als Innovation und Speerspitze der Avantgarde gefeiert. Beide Genres haben eine gemeinsame Geschichte, die für alle sichtbar damit begann, dass der erste abendfüllende Tonfilm überhaupt *The Jazz Singer* (1927) hieß. Er hatte zwar weniger mit Jazz als vielmehr mit dem Broadway und einer jüdischen Familiengeschichte zu tun. Querverbindungen waren darüber hinaus trotzdem vorhanden, vor allem, weil die Menschen Jazz nicht nur mit Musik, sondern auch mit einer Vielzahl von Ideen und Klischees verbanden. »In den 1920er Jahren ist der Jazz Exotik, Neuheit, jugendlicher Aufbruch und eine amerikanische Energie. In der Blütephase von Filmmusical und Swing erzählt er vom Konflikt steifer europäischer Hochkultur und einer vitalen Popkultur. Als er im Bebop seine Massenpopularität verliert und sich von einer weißen Tanzmusik in eine schwarze Kunstmusik verwandelt, repräsentiert diese Musik Nonkonformität, soziales Außenseitertum und problematische Grenzerfahrungen. In den 1960er Jahren wenden sich die amerikanischen und europäischen Gegenkulturen dem Jazz zu; unter dem Schlagwort ›cool‹ wird er zum Ausdruck eines internationalen, experimentierfreudigen und hedonistischen Lebensgefühls.«[96]

In der Rückschau zeigt sich dabei, wie unterschiedlich die einzelnen Jahrzehnte und Genres mit der Musik umgegangen sind. In frühen Cartoons von Betty Boop bis Mickey Mouse wird Jazz häufig zum komischen Element, das durch die Synkopierung den linearen Fluss durcheinanderbringt. Da purzeln die Figuren über die Leinwand, verknoten sich zu Charleston und Cakewalk und haben oft auch Elemente des Exotischen, Animalischen, Sexuellen. Die historische Verbindung zum Rotlichtmilieu von Storyville bis Chicago wiederum verleiht ihm in Thrillern, Krimis und Komödien etwas Gefährliches, gleichzeitig Urbanes, Beschleunigendes und wird in diversen Gangsterfilmen als Soundtrack des Verruchten eingesetzt, bis hin zur wunderbaren Überhöhung des Klischees in Billy Wilders *Some Like It Hot* (1959). Bevor die Rockmusik den Jazz als Ausdruck des Subkulturellen überholte, hatte er noch eine Blütezeit als Stimmungsanker der Nouvelle Vague, wo weder Louis Malles *Fahrstuhl zum Schafott* (1958), noch François Truffauts *Les Quatre*

Cent Coups (1959) und Jean-Luc Godards *À Bout du Souffle* (1960) ohne Jazz auskamen. In Michelangelo Antonionis *Blow Up* (1966) sorgten Herbie Hancock und auch Joe Henderson für jazzig hippe Elemente, während Lalo Schifrin die Musik in *Bullitt* (1968) auch zur ästhetischen Beschleunigung von Verfolgungsjagden einsetzte. Überall tauchte Jazz als Katalysator oder Kontrapunkt auf, vom Souljazz in Blaxploitation-Filmen über die Wiederaufnahme des Film-Noir-Jazz-Motivs in Martin Scorseses *Taxi Driver* (1976) bis hin zu diversem Easy-Listening-Gedudel im Lederhosenfilm der 1970er.

In den 1980er-Jahren, als auch die Musik selbst in eine Ära des nostalgischen Erinnerns mündete, fanden sich Jazzer als historische Figuren im Film wieder. Dexter Gordon stellte in Bertrand Taverniers *Round Midnight* einen bemitleidenswerten Saxofonisten mit deutlichen Nähe zu Lester Young dar, Forest Whitaker verkörperte in Clint Eastwoods *Bird* (1988) einen genietypusvernebelten Charlie Parker. Schon beinahe inflationär wurden die Verweise in Robert Altmans *Kansas City* (1996), der nicht nur ein Sittenbild der 1930er mit viel Gangstern und Politik präsentiert, sondern in Musikepisoden auch zahlreiche Koryphäen von Joshua Redman bis Ron Carter antreten lässt und dem aufgrund seiner Calypso-Erfahrungen lebenslang verhinderten Jazzsänger Harry Belafonte sogar eine längere Schauspielrolle zuwies. Seitdem schlägt das Pendel mal in Richtung kultureller Selbstvergewisserung aus, wenn etwa Spike Lee seine Soundtracks wie den des Musikerdramas *Mo Better Blues* (1990) von Branford Marsalis und Terence Blanchard spielen lässt. Dann ist wieder die andere Richtung dran, mit nur dezent ironischen Verklärungen der Musik in *La La Land* (2016), wo sich Regisseur Damien Chazelle in Gestalt des von Ryan Gosling gespielten Pianisten Seb Wilder vor dem Jazz an sich, aber auch dem Revuefilm à la *Ein Amerikaner in Paris* (1951) verneigt. Fest steht also, dass Film und Jazz, seit es sie gibt, eine Affäre haben. Und dass diese Liaison Dangereuse zu zahlreichen großartigen Kindern geführt hat.

61. Grund

Weil Schlagzeug als Soundtrack vollkommen genügt

Das Schlagzeug gehört zu den Gewinnern der Jazzgeschichte. Von den ersten Auftritten im Bandkontext der 1920er-Jahre und frühen Virtuosen wie Gene Krupa bis hin zur polyrhythmischen Selbstverständlichkeit und der schon fast extraterrestrischen Präzision der Drummer-Generation der Gegenwart hat es eine Entwicklung hinter sich gebracht, bei der in dieser umfassenden Steigerung der Bedeutung wie auch der Wertschätzung für die Musik selbst das Saxofon als zweiter großer Profiteur des Jazz Mühe hat mitzuhalten. In enormer Geschwindigkeit vollzog es die Verwandlung vom Rhythmusknecht zum Solisten, vom geraden Spiel zur strukturellen Gleichzeitigkeit der Polyrhythmik, von Bandhintergrund zum komponierenden Individualisten über die verschiedenen Klangkulturen hinweg. »Das Schlagzeugset ist eine Erfindung der Afroamerikaner. Zugleich aber ist das Schlagzeug auch ein Amalgam, das unsere eigene amerikanische Situation widerspiegelt. Die Basstrommel und die Snaredrum kommen aus Europa, die Tom-Toms aus Afrika, die Becken aus der Türkei und Asien«[97], meint der Schlagzeuger Guillermo E. Brown, der selbst in seinem Spiel von Hip-Hop und Electronics bis World und Free Jazz Einflüsse unterschiedlicher Provenienz verknüpft. Ähnlich wie Eric Harland oder Jonathan Blake, Justin Brown oder Rudy Royston, Kendrick Scott oder Dave King ist er längst über die Phase hinaus, einzelne rhythmische Entwicklungen noch voreinander abgrenzen zu müssen. Standard ist ein ganzes Universum der Möglichkeiten, und die Schlagzeuger sind in der Lage, diese Ansprüche auch einlösen zu können.

Wie beispielsweise Antonio Sánchez. Geboren in Mexico City, bekannt geworden über seine Arbeit mit Pat Metheny, ist er inzwischen hauptsächlich als Komponist und Leiter eigener Projekte aktiv. Und für Alejandro González Iñárritu verwirklichte er 2014 ein ungewöhnliches Unterfangen. Denn für den Film *Birdman oder die unverhoffte Macht der Ahnungslosigkeit* über einen abgehalfterten Schauspieler, der seiner früheren Rolle als Superheld nachtrauert, wollte der mexikanische Regisseur einen sehr speziellen Soundtrack. Er sollte ausschließlich aus Schlagzeug bestehen, das als eine Form von Puls das Geschehen begleitet, dabei nicht handlungstragend, aber doch mit klarem Einfluss auf Stimmung, Tempo, Dramaturgie fungiert. Sánchez trommelte kommentierend, treibend, manchmal nur andeutungshaft eingebunden, Iñárritu und sein Kameramann Emmanuel Lubezki schufen eine kammerspielartige und zugleich dynamische Handlung, die ohne Schnitte wie an einem Stück gedreht erschien. Der Film bekam 2015 vier Oscars verliehen, die Musik wurde unter anderem mit einem Golden Globe ausgezeichnet. Sie war im Kern ein über knapp zwei Stunden immer wieder aufloderndes Schlagzeugsolo, das als Soundtrack keine weiteren Instrumente benötigte.

62. Grund

Weil ihn Künstler gerne malen

Für Otto Dix war die Sache klar. Als er 1927/28 sein *Großstadt*-Triptychon malte, gehörte der Jazz dazu. Auf der linken Seite des zentralen Bildes, ikonografisch markiert durch gleich zwei Saxofone, ein der Tuba ähnliches Instrument, einen Geiger und einen schwarzen Musiker am Klavier, hatte die Jazzband ihren Platz. Sie spielte auf zum Tanz, und ein blasiertes Society-Publikum bewegte sich dazu oder gab sich gelangweilt-gelassen der Beobachtung der anderen hin. Gerahmt wurde die Szene von den Bildern am Rand, die mit Stereotypen des verderbt Urbanen von Prostituierten bis hin zu Bettlern und Kriegsversehrten den Gegenpol zum Glamour bildeten. Kees van Dongen wiederum ließ sich bereits zwei Jahre zuvor von der

Tänzerin Josephine Baker faszinieren, die ihre Exotik mit opulenten Shows auch nach Europa exportierte. Mit *Josephine Baker au Bal Nègre* schuf er ein fauvistisches Porträt mit expressivem Strich, auch das durchaus fasziniert von der Intensität, die über die Künstlerin hinaus von der Musik ausging, zu der sie sich bewegte. Max Beckmann hingegen blieb mit seinen Anspielungen deutlich dezenter, als er 1930 sein *Selbstbildnis mit Saxophon* malte. Das verschattete Augenpaar auf den Betrachter gerichtet, bekleidet mit einer Art Morgenmantel in einem Ambiente, das Atelier ebenso sein könnte wie Hotellobby, wirkt er wie ein Musiker, der unwillig von der Probe geholt wurde und nun nachlässig posiert. Sein *Begin The Beguine* entstand erst 1946, inspiriert von einem Cole-Porter-Song, und zeigt eine pittoresk verfremdete Bühnenszene zwischen Karneval und Fiktion, mehr Interpretation eines Gedanken des Rhythmischen, Bunten, Fantasievollen als Bezug auf eine konkrete Situation.[98]

Beckmann war Jazzfan und packte seine Begeisterung in Bilder, ähnlich wie beispielsweise George Grosz, der im New Yorker Exil 1933 eine Reihe Großstadt-Aquarelle verwirklichte, unter anderem sein *Negerpaar in Harlem*. Sie teilten ihre Begeisterung mit anderen malenden Zeitgenossen und Nachfahren von Ernst Ludwig Kirchner bis Piet Mondrian und Andy Warhol bis Henri Matisse, wobei die Zugänge zur Umsetzung von Musik im Optischen durchaus differierten. Matisses Reihe von Scherenschnitten mit dem Titel »Jazz« (1947) orientierte sich nur strukturell an Ideen von Rhythmisierung und Improvisation. Die Figuren selbst entstammen dem weiten Feld des Varietés, sind Tänzer und Akrobaten, deren Bewegungen aber unter der Maßgabe des möglichst spontan wirkenden Ablaufs des zu einem Künstlerbuch kombinierten Zyklus den Titel rechtfertigen. Keith Haring ließ dreieinhalb Jahrzehnte später seine Männchen richtig tanzen und sich wild verdrehen. Der Spiralenmann, den er in verschiedenen Variationen für das Jazzfestival in Montreux 1983 schuf, gehört zu den gelungensten, die die Reihe der Festival-Kunstplakate zu bieten hat. Drei Jahre später griff er noch einmal für die

Schweizer zum Stift, diesmal gemeinsam mit Andy Warhol, um Figuren zwischen Notenzeilen tanzen zu lassen.

Die Beziehungen zwischen den Künsten und der Musik sind dabei vielfältig. Als Ornette Coleman für sein Album *Free Jazz* (1961) nach einem Cover suchte, kam ihm Jackson Pollock in den Sinn, dessen Action-Bild *White Light* er in die Gestaltung integrierte. Überhaupt eigneten sich die Plattenhüllen neben Konzertplakaten ideal für die Präsentation moderner Kunst und Grafik. Für die Firma *Blue Note* entwickelte der Grafiker Reid Miles seine legendär gewordenen Cover, die sich in ihrer Klarheit und Eleganz schon mal bei Mondrians Rechtecken bedienten. Sadamitsu Neil Fujita entwarf für die *Columbia* Alben wie Charles Mingus' *Mingus At Um* (1959) oder Dave Brubecks *Time Out* (1959) mit abstrakten Bildern und Nähe zu Joan Miró und Paul Klee, bevor er als Werbegrafiker Karriere machte. Und bis heute besteht die Beziehung zwischen Cover und Musik etwa bei dem Münchner Label *ACT*, das für die meisten seiner Veröffentlichungen zeitgenössische Kunstwerke als Titelbilder wählt, nicht als Lückenfüller, sondern in bewusster Kommunikation zu der auf den Alben veröffentlichten Musik, wenn auch nicht ursprünglich dafür entstanden.

63. Grund

Weil er nicht tot ist, nur manchmal seltsam riecht

Es war ein schriller Abend, der zweite im Roxy Theatre, West Hollywood, in Los Angeles. Auf der Bühne stand eine Band, die während der vergangenen Jahre schon einiges Aufsehen erregt hatte. Mal hatten die Mothers Of Invention auf der Bühne Babypuppen massakriert, mal eine Stoffgiraffe ejakulieren lassen, ihre Musik selbst war eine wilde Mischung aus Fluxus, Rock-Avantgarde, Jazz und Groteske, mit dem Gestus von fröhlichen Anarchisten gespielt, aber bei allem Entertainment hochgradig komplex und in der Regel perfekt gespielt. Chef und Meister des Projekts mit schnell wechselnden, weil an seiner Radikalität zerschellenden Musikern war Frank Zappa, Gitarrist, Komponist, Egomane und charismatischer Selbstdarsteller. Am 10. Dezember 1973 also luden der Meister und seine neun Mitstreiter zweimal nacheinander zur Freak-Show ins Theater. Auf dem Programm standen unter anderem *Penguin In Bondage*, eine musikalische Satire zum Thema alternative Sexualpraktiken, *Pygmy Twylyte*, sein Stück über einen Junkie auf Entzug bei einer Busfahrt, *Cheepnis*, eine Hymne auf billige Monster-Filme, und als Rauswerfer der zweiten Show eine lange Animationsnummer mit dem Titel *Be-Bop Tango (Of The Old Jazzmen's Church)*. Zappa sprach ein paar einleitende Worte über den so missachteten Gesellschaftstanz, die Band sekundierte daraufhin mit hektischen Fusion-Klängen dem Posaunisten Bruce Fowler bei einem schrillen improvisierten Klangausflug, »some sort of a trombone solo based on the idea of an evolved tango event«. Zappa moderiert dann mit gewohnt sonorer Stimme eine parodistische kurze Tanzeinlage Fowlers, »this is a sort of like jazz in a particular way«. Und dann kommt der Satz, der sich zu seinem meistzitierten entwickeln sollte: »Jazz is not dead, it just smells funny«, während George Duke im Hintergrund am elektrischen Klavier dezent Monks *Straight, No Chaser* anstimmt und die Rhythmusgruppe einfach weiterläuft. Zappa holt dann Karl und Rick und Jane und Lana und Brenda aus dem Publikum auf die Bühne, lässt sie gemäß seiner Vorliebe für »audience participation« zu Dukes aberwitzig verschlungenen Keyboard-Gesangslinien zappeln, bevor das Stück in einen rockenden Party-Blues übergeht.

Veröffentlicht wurde der *Be-Bop Tango* im Jahr darauf auf dem 12. Album der Mothers *Roxy & Elsewhere*, zusammen mit einigen Stücke aus Chicago und Pennsylvania. Die kompletten vier Roxy-Konzerte vom 9. und 10. Dezember 1973 gibt es seit 2019 auch als *The Roxy Performances (live)*-Edition. Das Stück selbst blieb aufgrund seiner Redundanzen etwas für die Fans, sein Statement über

Jazz hatte aber derart griffigen Slogan-Charakter, dass er sich bald verselbstständigte und auf Hauswänden, Klotüren und in Feuilleton-Artikeln wiederfand. Die Mothers ließ Zappa während der folgenden zwei Jahre einschlafen, agierte nur noch unter eigenem Namen, ungemein produktiv als Komponist, Tonkünstler, Musiker und Promoter des eigenen Genies. Jazz wiederum blieb für ihn eine Blaupause des überdreht Intellektuellen, gern zitiert und persifliert. Als er ihn für *Jazz From Hell* im November 1986 auf den Titel nahm, bekam er prompt einen Grammy für die »Best Rock Instrumental Performance« (1988) verliehen, obwohl die Musik vor allem eine elektronische Synclavier-Tüftelei war. Eigentlich hätte er eher einen Preis für das Statement über den seltsamen Geruch bekommen sollen. Denn das ist tatsächlich ein zeitloser Joke.

64. Grund

Weil er Künstler toleriert, die ihr Publikum beschimpfen

Der Pianist Keith Jarrett war in seinem Leben häufig schon ungehalten. Entspricht etwas nicht seiner Vorstellung, nimmt er sich seit frühen Karrierejahren das Recht heraus, seine Meinung darüber öffentlich zu äußern und abseits aller Gepflogenheiten des höflichen Miteinanders Menschen zu beleidigen. In München beispielsweise, im Sommer 2001, ließ er sich zu einer einzigen Ansage hinreißen, Kameras betreffend, die er zu zerschmettern die Erlaubnis erteile. Im 2004 brach er in der großen Stadthalle von Montreal kurz nach dem Start seines Konzerts die Musik ab, zitierte einen Techniker auf die Bühne und ließ sich, während jener unter dem Flügel schwitzend nach etwaigen Fehlern des Monitors sucht, am Mikrofon darüber aus, was für Nieten das doch seien, die sich dort um den Sound kümmerten. Besonders schön, weil im Internet unter anderem bei

YouTube verewigt, ist die Publikumsbeschimpfung aus Perugia 2007, wo er alle »assholes« prophylaktisch der Stadt verweist, sollten sie irgendeine Linse zücken. Das gab Ärger, zwischenzeitlich, aber auch nicht dauerhaft, denn das Feuilleton fühlte sich zwar zu Kommentaren verpflichtet, hielt aber seinerseits eine Verbannung des Pianisten aus dem Rezensions-Areal für zu streng. Schließlich steht er ja auch in einer wenn auch kleinen Tradition der Publikumsbeschimpfung. So grummelte beispielsweise John Zorn schon so manches Unhöfliche in das Mikrofon, wenn er überhaupt etwas sagte. Miles Davis spielte in älteren Jahren bevorzugt mit dem Rücken zum Publikum, und spät berufene Jazzer wie der frühere Cream-Drummer Ginger Baker hat sogar manchen Journalisten eigenhändig aus der Garderobe geprügelt.

Tatsächlich kann es schwer sein, Jazzer zu sein. Folgt man der Genie-Idee, steht auf der einen Seite der Schaffende und Kreative, in dem sich der Weltgeist so verdichtet, dass etwas Singuläres aus persönlicher Gestaltungskraft entsteht. Das ist auf der anderen Seite aber auch nur dann letztlich wesentlich, wenn es jemand erfährt. Und so nimmt das Publikum eine gleich mehrfach wichtige Rolle ein. Es ist Spiegel des Genius, kann ihn verstehen und unterstützen, antreiben oder auch ablehnen und damit womöglich noch weiter herausfordern. Gerade in Konzerten ist es aber auch laut, man hustet und raschelt mit Bonbonpapier, muss dem Nachbarn seine Meinung ins Ohr flüstern oder, im schlimmsten Fall der Missachtung der Einmaligkeit des kreativen Augenblicks, den Eindruck des Abends auch noch optisch festhalten. Im Normalfall halten sich beide Seiten an einen stillschweigend vereinbarten Vertrag, der Wohlwollen und möglichst wenig Störgeräusche voraussetzt, auf der anderen Seite die Bestrebung, den künstlerischen Moment optimal zu nutzen. Selbst für einen Star wie Miles Davis stand diese Abmachung eigentlich nicht zur Diskussion. Wer Musik macht, spielt für Leute, am besten sogar für viele und ohne Barrieren im Kopf: »Ich war nie der Meinung, dass der sogenannte ›Jazz‹ nur für eine kleine Gemeinde bestimmt ist, als Museumsstück unter Glas, wie der ganze andere tote Kram, der einmal als Kunst gegolten hat. Ich war immer der Ansicht, dass Jazz so viele Leute wie möglich erreichen müsste, genau wie die sogenannte populäre Musik, warum denn nicht?«[99]

Beschimpfen ist da wenig zielführend. Keith Jarrett und sein leidensfähiges Publikum kümmert das wenig. Mit der stoischen Gelassenheit kunstdürstender Flagellanten ertragen die Menschen die Ausfälle des Meisters, der ja auch in der Lage ist, durchaus bewundernswerte Momente zu gestalten. Das erwähnte Münchner Konzert beispielsweise verleitete den Kritiker Michael Naura in der Wochenzeitung *Die Zeit* durchaus zur versöhnlichen Eloge: »Jarrett ist kein ausschließlicher Sitzpianist. Jetzt reißt's ihn hoch vom Stuhl und er spielt stehend, fast tanzend. Pedalkunst eines Brendel? Null! Jarretts Repertoire? The American Songbook. Wie die Babbits und Kannitverstans so hören. Gewürzt mit Jazz. Keine große Musik. Erst Jarrett macht sie größer. Jetzt ist das Konzert gerettet.«[100] Und Jarrett, der Griesgram mit dem Draht zum Numinosen, hat wieder einmal bewiesen, wie belastbar der Jazz und sein Publikum sein können.

65. Grund

Weil er Freaks und schräge Vögel braucht

Die Stimmen sind leiser geworden, die Sun Ra einen Scharlatan nennen. Denn aus der historischen Distanz erwiesen sich seine eigenartigen, über die Musik hinausgehenden Gedankenkonstruktionen als Inspiration für zahlreiche andere Künstler, die aus seinem Dunstkreis in die Jazzwelt ausschwärmten. Lester Bowies Brass Fantasy beispielsweise hatte viel vom anarchischen Witz des Sun Ra Arkestra, Don Cherrys kosmologische Vorstellungen von musikalischer Freiheit wurzeln in seiner Zeit, als er bei dem schrillen Bandleader im Satz spielte. Die Idee des von einem metaphysischen

Sinn getragenen Kollektivs nahm der junge Saxofonist Pharoah Sanders mit in die Bands von John Coltrane, und überhaupt fanden sich Vorstellungen von rhythmischer Mehrschichtigkeit und klanglicher Ausweitung über ungewohnte Instrumente, von kollektiver Energie und einer Prise Voodoo in zahlreichen Projekten etwa des AACM in den 1970ern wieder. Im Rückblick wird das klar, zu Lebzeiten aber musste sich der Orchesterchef mit dem Hang zum Galaktischen häufig für seinen Hokuspokus schelten lassen.

Noch ein Beispiel: Rashaan Roland Kirk, Saxofonist und Flötist, als Kind erblindet, mühsam in die Jazzwelt hineingewachsen, von den frühen 1960er-Jahren an zunächst in Europa, dann in Amerika als prägender Musiker zwischen allen Stühlen anerkannt. Er hatte 1952 einen Traum, in dem er drei Saxofone zugleich spielte, sammelte sich daraufhin in Trödelläden geeignete Instrumente zusammen und blies schließlich das Tenor, ein dem Altsax verwandtes Manzello und das noch höhere Stritch gleichzeitig. Er war der erste Saxofonist, der konsequent die Zirkulationsatmung einsetzen konnte, veränderte das Spiel der Querflöte durch massives Anblasen und perkussiven Einsatz, galt live als knorriger Entertainer, der schon mal Stühle auf der Bühne zerschlug und vehement für die Bürgerrechtsbewegung kämpfte. Musikalisch schwer festzulegen, weil er sich von freier Musik ebenso beeinflussen ließ wie von Hardbop, Soul oder Blues, wurde er vor allem für Künstler benachbarter Stilsparten zum Vorbild. Frank Zappa bezog sich in den Liner Notes der erster Mothers-Platte *Freak Out!* (1966) unter anderem auf Roland Kirk. Jimi Hendrix nannte ihn eines seiner Vorbilder, Ian Anderson schaute ihm den rauen und luftreichen Umgang mit der Querflöte ab.

Sun Ra und Roland Kirk, zwei ästhetische Eigenbrötler, die sich auch durch ihr Auftreten und ihr Erscheinungsbild vom Mainstream unterschieden. Letztlich sind sie aber nur auffällige Beispiele für eine besondere Art des Umgangs mit Vorhandenem, der Schranken öffnet, Gedanken anregt, Konstellationen ändert. Denn Eigenheiten können über die Musik hinaus weiter wirken. Lester Bowies Arztkittel, ein Verweis auf das Laborhafte seiner Projekte; Miles Davis' Rücken zum Publikum, das Spiel mit Heldentum und Voyeurismus; Keith Jarretts Publikumsbeschimpfung als Schrei nach uneingeschränkter Wertschätzung; Steve Colemans Meta-Intellektualismus als Betonung der reflektiven Dimensionen des Afroamerikanischen; Han Benninks clownhafte Trommeleinlagen als Relativierung avantgardesken Ernstes – es finden sich viele schräge Momenten im jazzmusikalischen Alltag, die darauf verweisen, dass jede Form von Normsetzung am Ende zur kreativen Sackgasse werden kann. Mindestens dafür, manchmal aber auch einfach zur pfiffigen Unterhaltung braucht der Jazz auch ein wenig Irrsinn unter seinen Künstlern.

66. Grund

Weil »It must schwing« eine Haltung ist

Eine These, für die man Schläge bekommen kann: Aber womöglich ist Adolf Hitler daran schuld, dass der moderne Jazz so klingt, wie er klingt. Denn erst der perfide Rassenwahn der Nationalsozialisten führte dazu, dass Alfred Lion und Francis Wolff sich im Exil zusammenfanden, um unter der Maßgabe der erzwungenen Freiheit Projekte zu verwirklichen, die unter anderen Umständen womöglich nicht oder nur anders zustande gekommen wären. Mehr noch: Die ungewöhnliche Kombination von jüdisch-europäischer, im Kern humanistisch demokratischer Weltsicht war in dieser radikalen Liberalität nur aus dem Geiste eines tief gehenden inneren und äußeren Konflikts möglich, der die Beteiligten auf die Basis menschlichen Einfallsreichtums zurückwarf. Sie machte das Ethos von Blue Note aus und führte letztlich dazu, dass das Plattenlabel nicht nur eine eigenständige Ästhetik entwickelte, sondern darüber hinaus die Gleichstellung von Musikern unterschiedlicher Hautfarbe vorantrieb und mit den vormals der Subkultur zugerechneten, nun aber im

Rahmen eines kreativen Prozesses gleichgestellten Kombinationen Impulse für das ganze Kulturleben Amerikas gab.

Alfred Lion und Francis Wolff stehen dabei in einem umfassenden kulturellen Traditionszusammenhang. Sie sind Teil eines europäisch-bürgerlichen Diskurses, der auf den romantische Mythos zurückgreift. Der Künstler ist Motor wie auch Nutznießer eines inspirierenden Nirwanas und in der Lage, diese um ihn herum diffus pulsierenden Schwingungen wahrzunehmen und in Gestalt seiner Äußerungen zu verdichten. Das Improvisationsverständnis, das in diesem Fall hinter der Musik steht, ist ein philosophisches, das seine Ergänzung in einer Gestaltungspraxis findet, die sich wiederum auf afrikanische soziale und kommunikative Muster bezieht. Dazu kommt der jüdisch-protestantische Wertekanon, der den Menschen in seiner Qualität auf Erden legitimiert sieht, wenn er Leistung erbringt. Das wiederum ermöglicht ein eigenartig widersprüchliches Gottvertrauen, das den Einzelnen als Geworfenen betrachtet, der im Willen um gesellschaftliche und esoterische Anerkennung Handlung evoziert.

Die unmittelbare Motivation von Lion und Wolff, aktiv zu werden, bestand daher zum einen in der Neugier der Beteiligten in Union mit einer diffusen musikalischen Leidenschaft zweier Nichtmusiker, die die nötige Portion Distanz zur eigentlichen Ausführung mitbrachten, wodurch sie die Künstler zwar antrieben, aber nicht einengten. Hinein spielte ein spezieller Fatalismus der Migranten, Projekte in Angriff zu nehmen, die zwar irgendwie wahnsinnig erschienen, trotzdem aber gewagt wurden, weil es eh schon egal war oder sich damit eine Perspektive für Erfolg, Anerkennung, Identität eröffnete. Schlechte Erfahrungen mit der Engstirnigkeit der sich im Nationalsozialismus zugespitzten Wertedebatte der Aufklärung sorgten im humanitären Reflex wiederum für eine Grundstimmung der Toleranz, die vor allem Alfred Lion in der Musik umsetzen wollte.

Dazu gesellten sich reichlich weitere diskursive Stränge: Werte und Glaubensvorstellungen, die die afroamerikanischen Musiker mitbrachten; eine spezielle Form von urbanem Voodooismus, der sich vor allem in Wolffs häufig über den unmittelbaren Bildraum hinausreichenden Zeichensystemen manifestierte; architektonische und den künstlerischen Raum gliedernde Wahrnehmungsideale, die an verschiedene Gedankenwelten von Bauhaus über Futurismus bis zur abstrakten Kunst anknüpften; jeweils handwerksimmanente Einflüsse von der Soundvorstellung Lions bis zur Lichtgestaltung Wolffs und der avantgardistischen Plakatkunst von Reid Miles; das erstaunlich präzise Ineinanderspielen von Form und Inhalt zwischen der Musik und der optischen Umsetzung; überhaupt das famose, komplementäre und durchaus intuitive Zusammenwirken zweier Persönlichkeiten, das nicht zuletzt durch die Reibung mit einer fremden, selbst im Umbruch befindlichen Stadtkultur neue und stimmige Kombinationen ermöglicht.

Gerade deshalb ist es grundlegend zum Verständnis des modernen Jazz wie auch der Ästhetik und Geschichte von Blue Note, sich die biografischen Kontexte und gesellschaftlichen Zusammenhänge zu vergegenwärtigen, die dieses Geflecht der Impulse beeinflusst und ermöglicht haben. Das Berlin der 1920er-Jahre, 1930er-Jahre etwa, selbst ein vitales, aber auch normativ instabiles System, das Avantgarde ebenso inspirierte wie mentale Verhärtung aus der Erfahrung eines verlorenen Weltkriegs, eines gescheiterten monarchischen Systems und sich in unterschiedlichen geistigen Eitelkeiten bekämpfenden Kulturlebens generierte. Oder die moderne Kulturgeschichte des Judentums, die die beiden aus weitgehend liberalen, aber bürgerlichen Verhältnissen stammenden Protagonisten im Verhalten und in der Weltsicht prägte. Oder die unmittelbaren Erfahrungen des Kleingeistes, der Lion und Wolff ins Exil zwang. Im Anschluss daran auch die Rezeption ihrer Arbeit durch Zeitgenossen und die Mythisierungstendenzen durch die Nachwelt. Außerdem direkte künstlerische Einflüsse durch Architektur, Philosophie, Fotografie, bereits vorhandene Musik. Wenn Alfred Lion in seiner charmant und musikalisch ein wenig unbeholfenen Art »It must schwing« von seinen Künstlern forderte, und im Idealfall am Punkt zu wippen anfing, war das nicht nur Ausdruck einer einfachen Begeisterung, sondern einer Haltung, die im Jazz eine Vergegenwärtigung der Menschlichkeit sah. Und deshalb hatten und haben Lion, Wolff und Blue Note den ganzen Respekt der Musiker, der Szene.

7. Kapitel

FREMDE WELTEN

Von Europa bis Kuba

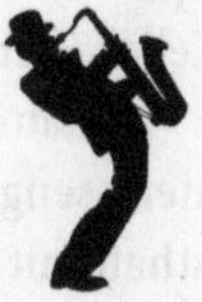

67. Grund

Weil Wuppertal eine Chance bekam

Wuppertal ist Else Lasker-Schüler, Friedrich Engels und Johannes Rau. Außerdem Alice Schwarzer, Pina Bausch und Peter Brötzmann. Lenkt man den Fokus auf das Musikalische, kommen außerdem Peter Kowald, Detlef Schönenberg und Hans Reichel hinzu. Schon das ist eine erstaunlichen Mischung, die in der Regionalmetropole des Bergischen Landes im südlichen Ruhrgebiet zusammentrifft. Nimmt man nun den Jazz im Speziellen, kann man an Wuppertal eine kleine, ebenso typische wie eigenwillige Nachkriegsgeschichte des Jazz in Deutschland entwickeln. Seit 16. Juni 1945 Teil der britischen Besatzungszone, zu 38 Prozent ausgebombt, organisierte sich die heimische aus Ruinen erwachsene Musikwelt zunächst in Offiziersclubs der Alliierten. Eine der treibenden Kräfte wurde der Pianist, Sänger und spätere Schlagerstar Wolfgang Sauer, dessen No Name Band 1949 das erste öffentliche Jazzkonzert im Neuen Rathaus spielte. Ein Startschuss, der viele Musiker und begeisterte Laien ermutigte, ebenfalls Energie in Konzerte und Veranstaltungen zu stecken. Im folgenden Jahr wurde das Thalia-Theater wieder aufgebaut, mit 1.850 Plätzen ein stattlicher Kulturpalast, in dem daraufhin internationale Größen wie Louis Armstrong und Stan Kenton Station machten. Wie an anderen Orten Westdeutschlands organisierten sich die Amateure und gründeten Vereine, um weitere Musikbühnen auf den Weg bringen zu können. In Wuppertal war das 1955 der »Jazz-Club«, der bald darauf den »JATP-Keller« betrieb, mit den ebenfalls für die Szene typischen Problemen: »Es hatte sich im Jazz-Club sehr bald herausgestellt, dass es zwei Interessengruppen gab. Die einen wollten tanzen, die anderen sich ernsthaft mit Musik beschäftigen, die einen waren für Oldtime, die anderen waren die Modernisten, die sich für den sogenannten West-Coast-Jazz interessierten.«[101]

So musste sich die Veranstaltungslandschaft auffächern, um den verschiedenen Vorstellungen gerecht zu werden. Noch im selben Jahr startete das »bohème – exkufu« mit dezent modernem Programm, während 1957 das »Studio-Jazz« von einer Dixieland-Kapelle eröffnet wurde. Düsseldorf war nicht weit, wo sich die Oldtime-Begeisterten zum Amateurjazz Festival versammelten, während in der eigenen Wuppertaler Stadthalle Traditionsgrößen wie Sidney Bechet und Kid Ory Station machten. Dauerhaft modern wurde es dann vom Juni 1962 an, als das »Jazz-Labor« seine Pforten öffnete, programmatisch mit einem Doppelkonzert der traditionellen Florastreet Jazzband und des bereits mit freien Elementen experimentierenden Afro Jazztett, zu dessen Besetzung der Saxofonist Peter Brötzmann und der Bassist Peter Kowald gehörten.

Sie waren es dann auch, die auf Dauer den Ruf der Stadt als Free Jazz Zentrum festigten. Wobei die Jazzwelt der 1960er-Jahre nicht statisch blieb. Brötzmann und Kowald waren oft in Bremen, weil dort der beherzte Radioredakteur Siegfried Schmidt-Joos Aufnahmen ermöglichte. Man fuhr abends nach Düsseldorf, traf Musiker wie Don Cherry, die wiederum Kontakte nach Paris herstellten. 1966 spielten Brötzmann und Kowald beim Deutschen Jazzfestival in Frankfurt, im selben Jahr waren sie mit Carla Bley auf Tournee, alles Mögliche wurde ausprobiert, und nur einiges klappte. Aber die Musik war im Fluss. »Ich will das jetzt wirklich nicht überhöhen, was Kowald und ich und einige andere in den 60ern auf die Beine gestellt haben. Dass wir es geschafft haben, hatte auch viele außermusikalische Gründe [...] Lernen tust du wirklich nur auf der Straße. Du musst raus, du musst vor Publikum, du musst Leute in deiner Gruppe zusammenhalten, du musst arbeiten.«[102]

Und dann wieder zurückkommen. Wuppertal rüstete jedenfalls jazztechnisch auf. 1965 eröffnete der »Club Impuls«, der dann zum »Impuls Aktionszentrum« wurde, wo sich die Modernisten von Wolfgang Dauner bis Paul & Limpe Fuchs, aber auch Lucky Thompson, Dexter Gordon, Ben Webster trafen. Oder Hans Reichel, Gitarrist, Konzeptkünstler und Erfinder, dessen Daxofon als gestrichenes Holzblatt eigenartig stimmähnliche Klänge erzeugen konnte. Oder der Schlagzeuger Detlef Schönenberg, der 1970 aus Berlin nach Wuppertal zog. Sozialisiert mit dem freien Spiel, experimentierte er mit verschiedenen Medien, mit Dialogpartnern wie dem Posaunisten Günter Christmann, aber auch mit der Tänzerin und Choreografin Pina Bausch, die wiederum von 1973 an das Tanztheater Wuppertal leitete und eine weitere, über die Stadt hinaus leuchtende Institution der Kunst wurde. Eines kam zum anderen, die freien Wilden, die engagierten Veranstalter, die schrägen Vögel von Musik und Kunst und Theater. Die Kulturwelt biegt seitdem in Wuppertal ein. Auch ein Verdienst des Jazz.

68. Grund

Weil Jazz im Schwarzwald eine Heimat hat

Die Schwarzwälder Apparate-Bau-Anstalt August Schwer Söhne GmbH, kurz SABA, ging eigentlich auf eine Uhrenfabrik zurück, die sich im Laufe der Jahrzehnte zunächst zu einem Hersteller von Elektrozubehör wie Spulen und Drehkondensatoren entwickelte, von 1927 an aber selbst Radiogeräte zusammenschraubte. Nach dem Zweiten Weltkrieg folgten Kühlschränke im Sortiment, bald auch Fernseher und mobile Aufnahmegeräte. Einer der Söhne der Familie, Hans Georg Brunner-Schwer, hatte neben dem technischen Talent auch eine jazzmusikalische Ader. Er begann 1963, unter dem Label SABA-Schallplatten eigene Aufnahmen zu produzieren, mit dem damals noch unbekannten Pianisten Wolfgang Dauner oder auch dem Gitarristen Attila Zoller. Als fünf Jahre später die Familie ihre Firma verkaufte, witterte er seine Chance, einen lang gehegten Traum zu verwirklichen, und gründete sein eigenes Label inklusive Tonstudio unter dem Signum Musik Produktion Schwarzwald (MPS). Und um nicht zu kleckern, sondern zu klotzen, startete er gleich mit Aufnahmen seines Klavieridols Oscar Peterson, die er während der Jahre 1963 bis 1968 zunächst für private Zwecke gemacht hatte, dann aber im Einvernehmen mit dem Künstler veröffentlichte.

Dabei war es durchaus von Vorteil, ein wenig Geld im Hintergrund zu haben. Den ersten Lockvogel bot Brunner-Schwer dem Pianisten während einer Europatournee an, als er bei dessen Manager Norman Granz anfragen ließ, ob Meister Peterson für eine normale Gage auch ein Wohnzimmerkonzert spielen würde. Peterson hatte nichts dagegen, und so bog er nach einem Gig in Zürich zu einer Party nach Villingen ab. Man hofierte ihn, ließ ihn in einer Limousine abholen und entspannt auf dem Firmengelände von SABA ankommen, erst einmal zu einem Empfang, um sich zu akklimatisieren. »Während ich mich im Zimmer umsah, unterzog ich den Flügel unwillkürlich einer genauen Untersuchung, wobei ich die vier oder sechs Mikrophone der Marke Telefunken nicht übersehen konnte, die alle in fast gleichen Abständen knapp über den Hämmern des Instruments angebracht waren«, erinnerte sich Peterson in seiner Autobiografie. »Weitere Mikrophone waren planvoll um den Flügel herum aufgestellt worden – in einer Anordnung, wie ich sie noch nie zuvor in Gebrauch gesehen hatte. Die Band bestand aus Ray Brown und Ed Thigpen, und nach einigen Drinks und Gesprächen setzten wir uns an unsere Instrumente. Alles war sehr leicht und entspannt.«[103] Tatsächlich waren diese Aufnahme im Wohnzimmer des Technik-Freaks der Anfang einer Serie, die unter dem Titel *Exclusively For My Friends* den Grundstein für das Renommee des Labels MPS legte, nicht nur, weil Peterson und Freunde tiefentspannt in die Nächte jazzten, sondern auch wegen der ausgefeilten Aufnahmetechnik, mit der Brunner-Schwer dem Zuhörer das Gefühl vermittelte, nicht nur wie mono im Raum zu sitzen, sondern wie stereo selbst am Instrument Platz genommen zu haben.

Das Label MPS entwickelte sich von da an zu einem produktiven Zentrum für ausgefuchste Musikprojekte. Im Laufe der Jahre ließen sich Künstler wie Friedrich Gulda, Volker Kriegel, Jean-Luc Ponty, Monty Alexander und Martial Solal im Schwarzwald blicken, auch große Formationen wie die Clarke / Boland Big Band oder Formationen wie Singers Unlimited, die überhaupt nur als Studio-Formation existierten. Neben Jazz wurden auch weltmusikalische und klassische Produktionen verwirklicht, in Eigenregie oder in Zusammenarbeit mit dem Jazz-Mentor Joachim Ernst-Berendt. Zusammen mit den Anfängen bei SABA katalogisierte der Firmen-Archivar Klaus-Gotthard Fischer in den Jahren 1958 bis 1983, als die Firma an die Polygram verkauft wurde, 496 Produktionen[104], die in Kennerkreisen bis heute aufgrund des audiophilen und künstlerisch hohen Anspruchs zu den Perlen der Plattensammlung zählen. Nach einer Phase der Archivauswertung wurde das Label MPS 2015 schließlich wiederbelebt und mit neuen Produktionen von Rolf Kühn bis China Moses wieder ins Rennen geschickt. Hans Georg Brunner-Schwer erlebte diesen Neuaufschwung seines Herzensprojekts zwar nicht mehr, er starb 2004 an der Folgen eines Autounfalls. Seine Musik Produktion Schwarzwald aber wurde Teil der Jazzgeschichte.

69. Grund

Weil er Kultur und Tourismus versöhnt

Burghausen, bekannt für die längste Burg der Welt und seit 1970 für sein Jazzfestival. Moers, bekannt für das Stadtschloss und seit 1972 für sein Jazzfestival. Saalfelden, bekannt für Bergpanorama und seit 1978 für sein Jazzfestival. Marciac, seit 1978 für eigentlich nichts anderes bekannt als sein Jazzfestival. Ein paar Beispiele dafür, wie Musik der kulturellen Ausstrahlungskraft einer Region weiterhelfen kann. Weltweit haben sich seit den Anfängen in den 1950er-Jahren derartige Veranstaltungen, abgelegene Clubs oder ungewöhnliche Spielorte zu Pilgerorten der Kulturfreunde entwickelt. Die Motivationen der Entstehung waren unterschiedlich. In Burghausen stellten ein paar Fans um eine lokale Bühne ein paar Jazz-Tage auf die Beine, mit dem Wunsch, ein bisschen mehr Action in die Region zu holen. In Moers wollte eine regionale Musikkneipe mit städtischer Unterstützung eine Nummer größer werden. In Saalfelden sammelte sich in der »Ranch« eine Clique von Free Jazz Fans, um den braven Bürgern der Region mal zu zeigen, was jenseits von Skiliften und Blasmusik so geht. Marciac schließlich war das Liebhaberprojekt des ortsansässigen Schulleiters, der erst ein wenig Oldtime in das Dorf holte, damit aber die Saat für eines der größten Jazzfestivals Frankreichs legte.

Die Geschichten ähneln sich. Man kann sie auch von den Inntönen im österreichischen Diersbach oder von Jazz au Chellah im marokkanischen Rabat, vom Punkt Festival im norwegischen

Kristiansand oder der Tourneekarawane des Bohemia Jazz Festivals erzählen, die alljährlich durch das tschechische Böhmen reist. Sie alle ziehen einerseits eine besondere Klientel von Enthusiasten, Künstlern und Publikum an, dem es um die Ausdruckskraft, um musikalische Erlebnisse, oft auch in der Kombination mit ungewohnten Orten, aber selten um den Promifaktor oder den Rausch in seiner elenden Form geht. Natürlich leisten sich auch Metropolen wie Montreal, New York oder London ihre Festivals. Wirklich wichtig aber sind sie für die kleinen und weniger bekannten Orte, für die sie ein Alleinstellungsmerkmal werden. Denn Jazz zieht nicht nur ein Publikum an, das eine Mischung aus Grundbegeisterung und kultureller Offenheit mitbringt. Man kann mit ihm auch nur sehr selten als Veranstalter Millionen verdienen, und es kann durchaus passieren, dass ein Künstler völlig anders klingt, als man ihn sich vorgestellt hat. Aber gerade das verleiht Jazzfestivals wie auch anderen lokalen Initiativen von Clubs und Kneipen bis zu Workshops eine besondere Ausstrahlung. Man trifft sich wegen der Musik, nicht wegen der Berühmtheit, muss sich engagieren, manchmal auch beim Zuhören, hat aber die Chance, inspirierte Momente zu erleben, die kaum eine andere Sparte in dieser Vielfalt zu bieten hat. Das ist noch kein Garant für Außergewöhnliches, aber eine Option. Und wenn man dann schon einmal weitab von den Zentren der Ablenkung ist, kann man ja gleich noch wandern, schwimmen, schmausen – was ein Tourist eben so macht.

70. Grund

Weil er Europa zum Füllhorn für Musiker werden ließ

Bis heute kann es einem passieren, dass man einen Musiker in New York in einem kleinen Club erlebt, wenn man ihn wenig später aber in Europa hören will, Tickets für eine Philharmonie oder ein großes

Festival lösen muss. Dieser Vorschuss der Wertschätzung ging stellenweise so weit, dass Kritiker maulten, die Amerikaner würden nur noch zum Geldverdienen über den großen Teich fliegen. Das verkannte aber die historische Situation, die über lange Zeit hinweg den Jazz in der alten Welt sich hat entfalten lassen. Manche Amerikaner ließen sich für ein paar Jahre in Europa nieder, flüchteten vor Rassismus und Senator Joseph McCarthy, vor harten Drogengesetzen und übermäßiger Konkurrenz. Clubs wie das »Le Chat Qui Pêche« in Paris, das »Jazzhus Montmartre« in Kopenhagen, das »Ronnie Scott's« in London oder das »Domicile« in München entwickelten sich zu Außenstellen der amerikanischen Jazzmoderne, bevölkert von Tourneereisenden und Statthaltern, heimischen Sidemen und häufig einem begeisterten Publikum. Als nach zwei Jahrzehnten sowohl die spieltechnischen Kompetenzen der Gastgeber wie auch die Infrastruktur der zumeist westeuropäischen Konzertorte aufgeholt hatten, hörte man immer häufiger Amerikaner wie Lee Konitz, Dexter Gordon, Phil Woods und Eric Dolphy mit europäischen Rhythmusgruppen, was einerseits die Reisekosten senkte, aber auch die Musik veränderte. Osteuropa war nur mit wenigen Dependancen vertreten, immerhin gehörten Warschau und Prag häufig zu den Tourneeplänen.

Hinzu kam die vergleichsweise komfortable Situation europäischer Rundfunk- und Fernsehstationen. Allein das westdeutsche föderale System hatte rund ein halbes Dutzend jazzbegeisterte Radiostationen zu bieten, deren Redakteure um Konzerte und Mitschnitte konkurrierten. Bis heute lagern in Archiven des WDR, NDR, hr, SWR, BR, von Radio Bremen und dem ehemaligen RIAS Berlin Aberhunderte Stunden überwiegend hochqualitativ produzierter Aufnahmen, die schrittweise in historischen Editionen veröffentlich werden. Dazu kam der Luxus stehender und in Deutschland durch Rundfunkgebühren finanzierter Jazzorchester, die sich gerne internationale Stars für einzelne Auftritte oder Residenzen ins Team luden, Kompositionsaufträge vergaben und Festivalauftritte im großen Klangambiente etwa in Köln und Berlin bestritten. Während Jazz in seiner Heimat ein weitgehend urbanes Phänomen blieb, entwickelte sich in Europa ein umfassendes Netz von Jazzclubs und Veranstaltungsreihen, die selbst in abgelegenen Orten wie Coutances in Frankreich, Perugia in Italien, Ystad in Schweden, Willisau in der Schweiz oder Viersen in Deutschland große Festivals von überregionaler Anziehungskraft auf die Beine stellten. Dort ließ es sich gut spielen, vor allem wenn man einen Namen mitbrachte, der historischen Glanz versprach.

Wirklich wichtig wurden darüber hinaus die unabhängigen Plattenfirmen, die spätestens seit den 1970er-Jahren Jazz nicht nur verbreiteten, sondern ihm auch eine eigene ästhetische Note gaben. ECM und Enja aus München waren früh dabei, ebenso wie Steeple-Chase aus Dänemark und Label Bleu aus Frankreich, MPS aus dem Schwarzwald und FMP aus Berlin, Black Saint und Soul Note aus Italien. Viele dieser Labels wurden Heimstätten eigenständiger amerikanischer Musik, von Künstlern, die keine Verträge mit den Major Companies machen konnten oder wollten. Bis zum Zusammenbruch der Vertriebswege im Jahrzehnt nach der Jahrtausendwende herrschte ein reger Austausch von Künstlern und Ideen, zusätzlich befeuert durch ein weitreichendes Fördersystem für Jazz vor allem in Mittel- und Nordeuropa, das Kooperationen unterstützte, Musiker auf Reisen schickte und die Pädagogik auf ein Niveau brachte, das zahlreichen amerikanischen Koryphäen Professuren in Hilversum oder Graz, Berlin oder Wien, Kopenhagen oder Paris attraktiv erscheinen ließ. Unterm Strich revanchierte sich Europa daher bei der amerikanischen Kunst auf eine sehr umfassende, inspirierende Weise und wies Wege, die in die Pluralität der globalisierten Jazzgegenwart führten.

71. Grund

Weil irgendwas im Wasser ist

Auf die Frage, warum er nach Kopenhagen übergesiedelt sei, soll der Saxofonist Dexter Gordon einmal geantwortet haben: »There's something in the water!« Jedenfalls zog es ihn in den späten 1960ern nach langem Hin und Her, Drogenproblemen, Höhenflügen und Karrieretiefs nach Skandinavien, was für die dortige junge Szene viele anspornende Impulse bedeutete. Als Legende des Hardbop arbeitete Gordon mit jungen Dänen wie dem Bassisten Niels-Henning Ørsted Pedersen zusammen und schob dessen Karriere ebenso wie die Verkäufe des einheimischen Labels Steeplechase an.

Überhaupt war im musikalischen Norden Europas seit dem Ende des Zweiten Weltkriegs einiges los. »Norwegischer Jazz war in den Fünfzigerjahren eine Bewegung, die von viel Optimismus und Fortschritt getragen wurde. Zusammen mit dem Anwachsen des materiellen Wohlstands in der norwegischen Gesellschaft und der Begeisterung für America, erlebte Jazz eine enorme Popularitätssteigerung. Nicht einmal das Aufkommen der Rockmusik seit Mitte der Fünfziger bewirkte im Jazzmilieu nachhaltige Störungen. Im Jahr 1960 gab es in Norwegen 30 Jazzclubs, mehr als jemals zuvor.«[105] Es war eine Ära des regen kulturellen Austausches, wobei die ersten zwei Jahrzehnte davon geprägt waren, das nachzuholen, was in Zeiten von Okkupation und Krieg verpasst worden war. Viele Einflüsse waren zunächst einseitig, aber manchmal schaute die neue Welt ebenso der alten auf die Finger: »Eine Handvoll amerikanischer Künstler, die eine Zeitlang in Europa tätig waren, ließen sich auch von der musikalischen Tradition ihrer Gastländer inspirieren. 1951 spielte Stan Getz seine Version eines schwedischen Volksliedes ein, der er den Titel ›Dear Old Stockholm‹ gab, und regte damit den Saxophonisten Lars Gullin dazu an, seiner eigenen Musik etwas vom Charakter der Volkslieder seiner Heimat zu verleihen.«[106]

Das klang auf Gullins Baritonsaxofon noch ein wenig verhalten und eingebettet in den Kontext des Hardbops, wuchs sich aber ein Jahrzehnt später zu einem immensen Publikumserfolg aus, der eine neue Vorstellung von folkgetönter Jazzsprache etablierte. Diesmal spielte der Pianist Jan Johansson die Hauptrolle, der aus der Kleinstadt Söderhamn zunächst nach Kopenhagen gezogen war, dort ebenfalls viel mit Stan Getz, außerdem lange in der Hausband des renommierten »Jazzhus Montmartre« gespielt und »something in the water« als Lebensgefühl erlebt hatte. Anfang der 1960er-Jahre kehrte er nach Stockholm zurück und begann sich ausführlich mit der heimischen Volksmusik, mit Edvard Grieg und Johann Sebastian Bach auseinanderzusetzen.

Johansson fand darüber hinaus in dem tschechisch-schwedischen Bassisten Georg Riedel einen gleichgesinnten Partner, mit dem er am 28.Februar 1962 erstmals in ein Stockholmer Studio ging, um kammermusikalisch leise Duo-Bearbeitungen traditioneller Melodien aufzunehmen. Zwei weitere Sitzungen folgten, im Jahr 1964 erschien dann *Jazz På Svenska* und traf derart präzise den Zeitgeist, dass sich das Album hunderttausendfach verkaufte. Johansson wurde zum Star der heimischen Szene, schrieb bald darauf auch Fernsehmusiken wie die Melodie zu *Pippi Langstrumpf*, schob drei Jahre später mit *Jazz På Ryska* eine Fortsetzung mit Bearbeitungen russischer Lieder hinterher und hätte sich zu einem Superstar des skandinavischen Jazz entwickeln können, wenn er nicht 1968 bei einem Autounfall ums Leben gekommen wäre. Seine Vorstellung von im Jazz fortgesetzter Folklore aber hinterließ einen nachhaltigen Eindruck bis hin zu Musikern wie dem Pianisten Bobo Stenson, der sich trotz freier Phasen immer wieder auf Jan Johansson bezog.

72. Grund

Weil Jazz auch an Lagerfeuern gespielt wurde

Da war die Sache mit den Zelluloidblumen. Florine »Bella« Mayer und Django Reinhardt waren seit einigen Monaten verheiratet. Sie lebten zusammen, waren arm und sorgten beide auf ihre Weise für den Unterhalt der jungen Familie. Während der Ehemann Gitarre in Pariser Bars spielte, faltete Bella Kunstblumen aus Papier und Zelluloid, die sie auf Märkten oder an Friedhöfen verkaufte. Am frühen Morgen des 2. November 1928 nun kehrte Reinhardt von einem seiner Engagements im Club »La Java« zurück. Es war noch dunkel, er zündete eine Kerze an, um den Wohnwagen zu beleuchten. Überall standen die leicht entflammbaren Kunstblumen, vorbereitet für den kommenden Tag. Durch einen Zufall löste sich der brennende Docht von dem Kerzenstummel, von einem Moment auf den anderen stand der Wohnwagen in Flammen. Reinhardt zog sich eine Decke über den Kopf und eilte zu seiner schwangeren Frau, um sie ins Freie zu bringen. Bella konnte sich mit verbrannten Haaren retten. Ihren Mann hatte es schwerer getroffen. Die linke Hand, mit der er die Decke festgehalten hatte, erlitt schwere Verbrennungen und sah grotesk deformiert aus. Sein Schwiegervater schaffte ihn in ein Krankenhaus, wo sich herausstellte, dass auch die rechte Körperhälfte vom Knie bis zur Hüfte schwere Verbrennungen erlitten hatte. Der Arzt empfahl die Amputation, Reinhardt weigerte sich. Das Bein konnte gerettet werden, die Hand blieb verstümmelt.

Damit beginnt die eigentliche Saga des Django Reinhardt. Denn die Tatsache allein, dass ein begabter junger Musiker erstaunlich Gitarre spielte, macht noch keinen Mythos. Faszinierend war jedoch der Getriebene, der mit schier unglaublicher Disziplin seine Greifhand überhaupt wieder zu bewegen lernte, darüber hinaus aber aus der Not eine Tugend machte und einen Stil entwickelte, der auf der Basis von zwei noch funktionierenden Fingern und zwei bestenfalls zum Dämpfen zu verwendenden Stummeln Klangwelten erschuf, an denen sich bis heute die zahlreichen Nachfolger der Gypsy-Jazz-Szene abarbeiten.

Und manches erscheint in der Retrospektive rosiger, als es war. Das Leben von Django Reinhardt jedenfalls fing in ärmlichen Verhältnissen an. Im Winter 1909/10 hatte seine Mutter Laurence im belgischen Liberchies ihr Winterquartier aufgeschlagen, wo sie am 23. Januar im nahe gelegenen Gasthof »Chez Boursin« einen Jungen zur Welt brachte. Im Familienkreis wurde er bald »Django« genannt, was so viel hieß wie »Ich erwache«. Das Leben der Reinhardts ging weiter, sie reisten durch Europa. Der Vater verließ die Familie, als der Junge fünf Jahre alt war. Laurence versorgte daraufhin alleinerziehend Django und die jüngeren Geschwister Joseph »Nin-Nin« und Sara »Tsanga«. Zunächst waren sie ständig unterwegs und ließen sich nach dem Krieg in einer Wohnwagensiedlung an der Porte de Choisy bei Paris nieder. Es war ein ärmliches Dasein, aber eines mit Musik. Denn in »La Zone« wurde überall Musik gemacht, an Wohnwagen, Lagerfeuern, wo es eben passte. Der Junge sog die Klänge in sich auf und hatte das außergewöhnliche Talent, sich Melodien präzise und ohne große Hilfsmittel wie etwa Noten merken zu können. Trotz Bedenken seiner Mutter übte er sich an einer Banjo-Gitarre die Finger wund und spielte zur Verblüffung der Siedlung bald souveräner, schneller, inspirierter als gestandene Musiker. Django Reinhardt avancierte mit seinem geschmeidigen Spiel zu einer lokalen Größe, als 18-Jähriger machte er erste Aufnahmen, noch im Stil der Musette. Er heiratete Bella, eine kleine Karriere bahnte sich an, bis der Brand des Wohnwagens ihn vorerst aus der Bahn warf.

Aber er fand wieder Arbeit als Tanzmusiker. Der wäre er vielleicht auch geblieben, hätte er nicht Stéphane Grappelli getroffen. Der Geiger und der Gitarrist lernten sich 1934 bei einer Session hinter der Bühne kennen und entdeckten ihre gemeinsame Begeisterung für amerikanischen Swing. Beide standen sich in puncto Begabung und Können um nichts nach, mit einem wesentlichen Unterschied:

Grappelli stammte aus gebildeter, gut situierter Pariser Familie. Sein Vater war Philosophieprofessor, er selbst hatte es kurzzeitig als Tänzer versucht, dann autodidaktisch Geige gelernt und frühzeitig sein Ohr an Schallplatten von Louis Armstrong, Bix Beiderbecke und Art Tatum geschult. Er war in vielem ein Antipode zu Django Reinhardt, der mit einem Mal Werte wie Pünktlichkeit und Verlässlichkeit ins Spiel brachte. Er war das, was der Gitarrist brauchte, und bereits kurz darauf gründeten sie zusammen mit den Rhythmusgitarristen Joseph Reinhardt und Roger Caput und Louis Volla am Kontrabass das Quintette du Hot Club de France. Die Formation entwickelte sich zur ersten Supergroup des europäischen Jazz. Reinhardts Version des Gassenhauers *Dinah* wurde ein Hit, der auch die Kollegen der noch jungen Jazzszene in Amerika aufhorchen ließ. Denn Reinhardt spielte anders als Freddie Green bei Count Basie oder Charlie Christian. Er verstand seine Linienführungen nicht hornartig als Ersatz der Bläser, sondern melodisch eigenständig in der Tradition der Ornamentierkunst der Musette, des Walzers und der Volksmusik. Man wurde neugierig auf den Newcomer, und das Quintett tourte bis 1939 ausgiebig durch Europa. Kurz nach dem Ausbruch des Zweiten Weltkriegs jedoch trennte sich Stéphane Grappelli vom Hot Club. Der Geiger blieb nach einer Konzertreise in London, Reinhardt kehrte nach Paris zurück und gründete neue Ensembles, unter anderem eine Big Band, mit der er im besetzten Paris Erfolge feierte.

Mitte der 1940er-Jahre wurde es ruhiger um den Gitarristen, mit Ausnahme einer Amerika-Tournee im Winter 1946 als Gast des Orchesters von Duke Ellington, mit der er aber nicht glücklich wurde, weil er sich weder genug gewürdigt fühlte, noch mit amerikanischen Konzertgewohnheiten zurechtkam. Schon nach wenigen Wochen kehrte Reinhardt im Februar 1947 nach Paris zurück. Er hatte sich verändert, experimentierte mit Bebop-Elementen in seinen Kompositionen, probierte verstärkte Gitarren aus und holte Anfang der 1950er sogar den Saxofonisten Hubert Fol als neue Klangfarbe in seine Band. Doch die Karriere kam ins Stocken. Immer häufiger traf man Reinhardt beim Angeln oder Malen. Am 16. Mai 1953 brach er beim Teetrinken in seinem Lieblingscafé in Samois-sur-Seine zusammen und starb noch am selben Tag an den Folgen eines Schlaganfalls im Alter von 43 Jahren. Aber er hatte etwas geschafft. Mit ihm war eine originäre Improvisationskunst von den Lagerfeuern in die Konzertsäle, Clubs und auf Platten gelangt, wo sie seitdem als Gypsy Jazz ihr Eigenleben führt.

73. Grund

Weil er die Welt in die Musik geholt hat

Chano Pozo war ein aufbrausender Charakter. Zweimal in seinem nur 33 Jahre kurzen Leben wurde er angeschossen. Vom ersten Mal, als er noch in Kuba einem Verleger an die Gurgel ging, der ihm Geld schuldete, blieb ihm ein Projektil nahe des Rückgrats im Körper stecken. Beim zweiten Mal ging im Dezember 1948 ein Streit mit einem Drogendealer in Harlem zu seinen Ungunsten aus, dem Ex-US-Army-Korporal Eusebio Munoz, der seinen unzufriedenen Kunden wohl kurzerhand beim Tanzen niederstreckte. Pozo, der mit vollem Namen Luciano Pozo y Gonzalez hieß, stammte aus Havanna und war ein rhythmisches Naturtalent, das die afrikanischen Wurzeln der karibischen Musik verinnerlicht hatte. Er soll Mitglied eines auf nigerianische Tradition spezialisierten Geheimbundes gewesen sein, fiel aber vor allem durch seine Fähigkeiten als Tänzer, Perkussionist und Komponist auf. Seine Band Conjuto Azul war eine lokale Berühmtheit in Kuba, er selbst gab sich gerne als Dandy mit teuren Anzügen in schillernder Gesellschaft. Im Jahr 1946 holte ihn der Orchesterleiter Mario Bauza nach New York und brachte damit den Sound der Stadt auf neue Wege.

Denn zwei Jahre Zusammenarbeit mit dem Trompeter und neugierigen Intellektuellen des Bebops Dizzy Gillespie genügten, um dem amerikanischen Jazz an der Grenze von Unterhaltungsmusik und Neuorientierung wichtige Impulse über die bisherige kulturelle Verortung hinaus zu geben. »Als ich Chano Pozo kennenlernte, in seinem Haus in der 111. Straße, arbeitete er bereits in New York in einem Lokal unten in El Barrio«, erinnert sich Gillespie in seinen Memoiren. »Er sang, tanzte und spielte. Boy, er konnte auf jeden reagieren! Auf jede Bewegung, die sie machten, reagierte er mit seinem Instrument.«[107] Das wiederum faszinierte Gillespie, auch weil er in Pozos Musik die Polyrhythmik entdeckte, die den afroamerikanischen Künstlern über die Zeit der Sklaverei hinweg verloren gegangen war. Jedenfalls sah er das so und engagierte den schillernden Kollegen für sein Orchester. Die Kommunikation stellte sich als kompliziert heraus, Pozo sprach nur ein paar Brocken Amerikanisch, was Gillespie und die Band aber nicht weiter störte. Es ging um die Musik, und da konnte der Kubaner punkten. Im Tourbus etwa drückte er jedem Beteiligten ein Perkussionsinstrument in die Hand und sorgte für ausgedehnten praktischen Rhythmusunterricht. Er vermittelte am realen Beispiel die Unterschiede der Zählzeiten, des Feelings, der Haltung, die man brauchte, um kubanische und im weiteren Sinne auch afrikanische Musik zu verstehen. Stücke wie *Manteca, Tin Tin Deo* oder *Cubana Be Cubana Bob* entstanden unter seiner Mitwirkung, die neue Spielart des Ende der 1940er-Jahre in den Clubs der Stadt hell lodernden Bebops bekam das eigene Signum »Cubop« zugewiesen.

Pozos früher Tod war zwar ein Schock, seine Musik aber wirkte vor allem durch Gillespies Vermittlung weiter. »Von da an begannen viele amerikanische Orchesterleiter und Arrangeure, kubanische Rhythmen zu verwenden«, meinte der Flötist Alberto Socarras, der mit Gillespie ebenso gearbeitet hatte wie mit Mongo Santamaria und Tito Puente. »Sie hatten Bongos, Congo-Drums und alle Rhythmusinstrumente, die die Kubaner haben. Aber das ist Dizzys Idee gewesen, er hat die amerikanische Musik rhythmisch angereichert, das ist sein Verdienst.«[108] Der Cubop öffnete damit die Tür, und herein kamen im Laufe der kommenden Jahre noch andere Klangkulturen von der Karibik und Brasilien bis nach Afrika und Europa. Damit war Pozos kurzes Gastspiel innerhalb der Jazzentwicklung, die bis hin zum Free Jazz noch damit beschäftigt war, sich formal mit den eigenen Grenzen auseinanderzusetzen, dem allgemeinen Trend auf spielerische Weise voraus. Von den frühen 1960er-Jahren an änderten sich dann die Vorzeichen. Der Blick über den Tellerrand wurde zu einer probaten Möglichkeit, die eigene Beschränktheit des Ausdrucks hinter sich zu lassen. »Pluralität war nicht mehr Strafe, sondern Chance. Der Umgang mit dem Fremden, Systemexternen wurde zur Voraussetzung dafür, überhaupt noch kreativ arbeiten zu können. Das heißt, seit dem Free Jazz ist das Exotische eine Conditio sine qua non überhaupt für künstlerischen Fortschritt.«[109]

74. Grund

Weil er alten Männern Kraft gegeben hat

Es war der Sound, den die Welt gebraucht hatte. Denn er stand für das verlorene Paradies der unmittelbaren Empfindung, die der grell schillernden Leistungsgesellschaft abhandengekommen war. Genaugenommen war er ein Phänomen, das jeden Kulturpessimisten insgeheim schmunzeln ließ. Schließlich war es gerade Fidel Castros totalitär kommunistische, populären westlichen Feindbildern entsprechende Herrschaft, die ein Soziotop hatte erblühen lassen, das nun den Sinnsuchern in den Metropolen von New York bis Tokio die verloren geglaubte musikalische Authentizität zurückbrachte. Der Boom war gut inszeniert. Es gab viele bunte und rührende Geschichten zu erzählen, von Ruben González und seinem von Termiten zerfressenen Klavier, von Compay Segundo und seiner Karriere als Zigarrendreher, von Ry Cooder und seinem Gespür für die Besonderheit einer vergessenen Musiktradition. Man konnte vitale Greise auf Tournee schicken, denen die Originalität an jeder Gesichtsfalte abzulesen war und die mit einer Mischung aus fröhlichem Fatalismus und sanfter Melancholie eine gute alte Zeit beschworen, die es in dieser romantisierten Form nie gegeben hatte.

Vor allem aber gab es für alle Jazzhörer außerhalb Kubas eine vergessene Klangtradition zu entdecken. Son und Cha Cha Cha, Danzón und Boleros, ein Hauch von Orchesterjazz im Stil der 1950er, das waren Erbstücke der afrikanischen, karibischen, euroamerikanischen Kulturgeschichte des 19. und frühen 20. Jahrhunderts, die sich unter der Glocke des Kommunismus und der politischen Zwangsisolation weitgehend unbeeinflusst hatten erhalten können. Sie wurden bestaunt und bejubelt und entwickelten sich, von geschickter Promotion wie der sympathetischen Filmdokumentation von Wim Wenders unterstützt, zu einem der ironischerweise erfolgreichsten Musikprodukte des Jahrzehnts. Der Buena Vista Social Club wurde spätestens mit dem gleichnamigen Album von 1997 vom lokalen Kulturtipp zum Markennamen, zum prominentesten Exportartikel Kubas neben Rum, Zigarren und Revolutionären. Seine Künstler schoben den Trend an und beglückten mehrere Sommer lang als Stars mit wohlgelaunten Melodien die großen Hallen in aller Welt. Es schien wie das Happy End einer verschlungenen Nebenlinie der Musikgeschichte, die einer Handvoll ungewöhnlicher Künstler ein glorreiches Finale ihrer Karrieren bescherte.

Doch der Erfolg war auch mit Strapazen verbunden. So wunderbar es für die alten Herren des Buena Vista Social Clubs war, noch einmal ganz oben zu stehen, so anstrengend war es zugleich, sich in das aufzehrende Tourneeleben zu fügen. Die altehrwürdigen Persönlichkeiten der ersten Stunde starben und machten ihren Platz frei für die nächste Generation, die die künstlerischen Traditionen behutsam modernisierend fortführt. Der Bassist Cachaito López zum Beispiel war auf nahezu allen Platten der ersten Dekade des Buena Vista Social Clubs zu hören und präsentierte sich mit eigenen Projekten durchaus am Latin-Puls der Zeit. Der Trompeter Guajiro Mirabal gehörte zu den versiertesten Virtuosen seines Fachs auf Kuba und tat sich mit einem cleveren Tribut an den legendären Orchesterchef Arsenio Rodrigués hervor. Der Gitarrist Manuel Galbán konnte bereits auf eine lange Künstlerkarriere zurückblicken und reanimierte gemeinsam mit seinem Kollegen Ry Cooder grammyprämiert das kubanische Mambo-Erbe. Jesús »Aguaje« Ramos wiederum galt als einer der stilprägenden Posaunisten seiner Generation und war ebenfalls Dauergast der meisten Aufnahmen, die von den Künstlern des Buena Vista Social Clubs verwirklicht wurden. So veränderte sich die Star-Besetzung des musikalischen Kollektivs, schaffte es aber gleichzeitig, die von Persönlichkeiten wie Ruben González, Ibrahim Ferrer oder Compay Segundo begründete Klangtradition fortzusetzen. Denn auch die Insel ist nicht mehr isoliert, sondern Teil eines internationalen Wechselspiels der Impulse: »Die Musik aus Kuba ist ein lebendiger und sich ständig weiterentwickelnder Geist. Wer diesen Geist verstehen will, der muss das Tor zu seiner Alma aufmachen, das Tor zu seiner innersten Seele. Den Orishas sei Dank.«[110]

75. Grund

Weil er dem Mädchen von Ipanema huldigt

Akkordeon galt als Strafe. Es war in bürgerlichen Kreisen Brasiliens beliebt und wurde von dem einflussreichen Musiker und Instrumentenbauer Mário Mascarenhas promotet. In seiner Fabrik in Caxias do Sul ließ er Tausende Instrumente herstellen, die er unter die Leute brachte. Er unterhielt darüber hinaus ein Netz von Musikschulen und veranstaltete in den 1950er-Jahren im Teatro Municipal von Rio de Janeiro regelmäßig Events wie die Konzerte der »Eintausend Akkordeons«, die begeisterungsfähige Eltern verzückten, aber nicht die Jugendlichen. In Mascarenhas Musikschulklassen fanden sich spätere Stars der Música Popular Brasileira wie Marcos Valle, Eumir

Deodato oder Edu Lobo und litten, zumindest so lange, bis sich eine Alternative auftat. Denn um 1957 hatten der Komponist Antonio Carlos Jobim und der Textdichter Vinícius De Moraes »Chega De Saudade« einen unbeschwert lässigen Song geschrieben, der später als das erste Beispiel für Bossa Nova gelten sollte. Zunächst widmete sich die Sängerin Elizette Cardoso dem Stück, 1958 aber nahm der Gitarrist und Sänger João Gilberto seine Version auf, die fortan die heimische Szene elektrisierte.[111]

Denn das war sexy. Gilberto hatte eine rhythmisch eigenwillige Art, mit seinem Instrument umzugehen, eine Mischung aus Synkopierungen, Clave-Beat, Samba-Einflüssen und individuellen Vorlieben, die er darüber hinaus mit spannungsreichen, zuweilen dezent dissonanten Akkorden garnierte. Er hatte keine große Stimme, konnte aber so beiläufig von der Lust des Daseins künden, dass die Saudade, die sonst sorgfältig gepflegte brasilianische Melancholie, plötzlich wie fröhlicher Existenzialismus und ungemein lässig wirkte. So kam es, dass das Akkordeon sehr schnell in der Ecke der Jugendzimmer landete und stattdessen zur Gitarre gegriffen wurde, zumal das Team Jobim und De Moraes, aber auch andere Komponisten von Ary Barroso bis Marino Pinto sich von der neuen Freiheit inspirieren ließen. Es entstanden weitere Songs, die wie *Desafinado* (1958) den erwachenden Trend bereits auf die Schippe nahmen. Jobim und in diesem Fall Newton Mendonça als textender Partner hatten dabei so manchen holpernden Show-Sänger der zahlreichen Bars im Einzugsgebiet der Copacabana im Sinn: »Sie wollten einen Samba schreiben, der textlich für die Falschsinger zu sprechen schien, gleichzeitig aber so kompliziert und voller Fallen war, dass er jeden Sänger zur Verzweiflung brachte.«[112] Wieder war es Gilberto, der das Stück vorbildlich dahinhauchte, noch im selben Jahr als Single veröffentlichte und damit den Trend zur Bossa Nova befeuerte, die nebenbei zum ersten Mal auch in einem Text vorkam.

Als »Bossas« wurden landläufig Leute bezeichnet, die auf besondere Art sangen oder spielten. Das passte gut zur Aufbruchsstimmung in jugendlichen und studentischen Kreisen und wurde von etwa 1959 an als Begriff für zahlreiche Veranstaltungen, Konzerte, schließlich für den gesamten Trend verwendet. Nur wenige Jahre später wurde aus dem lokalen Phänomen ein internationaler Höhenflug, den zahlreiche Jazzmusiker anschoben. Denn die hatten schnell Spaß an der Leichtigkeit der Musik gefunden. Bereits 1959 spielten Sarah Vaughan, Nat »King« Cole und Billy Eckstine Konzerte im Land und hörten Neues kommen, wenige Monate später flirtete die Sängerin Lena Horne mit João Gilberto im »Copacabana Palace« und sang Jobim »Bim-Bom«. In Cannes wurde der Film *Orfeu Negro* mit der Musik von Luiz Bonfa im selben Jahr mit Preisen überhäuft. Der bis dato kaum bekannte amerikanische Gitarrist Charlie Byrd wiederum wurde 1961 vom State Department auf Promo-Jazz-Tournee durch Brasilien geschickt und brachte seinem Freund und Kollegen Stan Getz ein paar Platten mit der famosen Musik mit, der wiederum so begeistert war, dass die beiden im Februar 1962 gleich ein Album mit dem Titel *Jazz Samba* aufnahmen, das Jobim-Stücke wie *Desafinado* nun auch für nordamerikanische Ohren kompatibel präsentierte.

Die internationale Begeisterung nahm Fahrt auf, aber der Riesenhit fehlte noch, so lange bis Jobim und De Moraes mal wieder im »Veloso« an der Copacabana saßen und sich von einem Mädchen bezirzen ließen, das sie zu einem Lied inspirierte: »Es war tatsächlich im Veloso, im Winter 1962, als Tom und Vinícius sie vorbeigehen sahen. Nicht einmal, sondern unzählige Male, und nicht nur auf dem Weg zum Strand, sondern auch zur Schule, zur Schneiderin und sogar zum Zahnarzt. Das lag vor allem daran, dass Heloísa Eneida Menezes Paes Pinto, bekannter als Heló, neunzehn Jahre alt, ein Meter neunundsechzig groß, grüne Augen und lange, glatte, schwarze Haare, in der Rua Montenegro wohnte und im Veloso schon ziemlich bald beliebt war, wo sie regelmäßig hinkam, um Zigaretten für ihre Mutter zu kaufen – und von einem Pfeifkonzert begleitet wieder hinausging.«[113] Entgegen dem Mythos, die Genies hätten den Song

Garota de Ipanema gleich am Bistro-Tisch ersonnen, komponierte Jobim den Klassiker zu Hause am Klavier, und De Moraes schrieb den Text dazu zunächst für eine Art Musical, das aber nie umgesetzt wurde. Im März 1963 nahmen Jobim, Gilberto und Stan Getz das Stück in ihr Programm des gemeinsamen Albums *Getz/Gilberto* auf. Astrud Gilberto, die Frau des Gitarristen, konnte sich trotz des Widerstandes des Saxofonisten als Sängerin behaupten, und intonierte *The Girl From Ipanema* mit ausgesuchter Kühle, die wiederum einen reizvollen Kontrast zur ansonsten latent erotischen Stimmung bildete. Das Stück wurde als Single ausgekoppelt und eroberte die Bars, Clubs und Konzertsäle der Musikwelt. Heló wiederum musste sich in den folgenden Monaten und Jahren zahlreichen Versuchen von Fans und Journalisten erwehren, sich dem vermeintlich anmutigsten Mädchen der Welt zu nähern. Zwar gelangen dem Reporter Ronaldo Bòscoli und dem Fotografen Hélio Santos eine Reihe daraufhin berühmt gewordener Bilder mit Heló am Strand, nachdem sie ausführlich bei ihrem Vater, einem General, vorgesprochen hatten. Ansonsten aber wehrte die Familie Bohei um *The Girl From Ipanema* ab. Zeitlos war es eh schon längst, als Idee, Fantasie und Paradesong der Bossa Nova.

76. Grund

Weil er dem Akkordeon eine Chance gab

Es ist nicht so, dass sich Jazz und das Akkordeon von Anfang an geliebt hätten. Zwar versuchte manch beherzter Soundanarchist wie Pietro Deiro, Joe Cornell Smelser, Charles Melrose und Buster Moten in der Swing-Ära, später dann Art van Damme, Leon Sash und Mat Mathews während des Bebops das Akkordeon via kleinerer Formationen im Jazz zu etablieren. Kooperationen wie Ernie Felice mit Benny Goodman im Jahr 1947 oder auch von Orlando DiGiorlamo, genannt Lanny DiJay, mit Teo Macero und Charles Mingus sechs Jahre später blieben ebenso wie George Shearings seltene Akkordeonaufnahme *Cherokee, Four Bars Short* (1949) Randerscheinungen. Das Schifferklavier war das Instrument der europäischen Einwanderer, der Mexikaner und Kolumbianer, ohne Lobby im hippen afroamerikanischen Traditionszusammenhang. Überhaupt hatte es in der Musikgeschichte im Vergleich zu etablierten Instrumenten wenig Bezugspunkte, denn es wurde erst relativ spät erfunden. Vorformen wie die Hand-Äoline, die der Klangtüftler Christian Friedrich Buschmann 1822 konstruierte, oder das Akkordeon mit Knopfgriffmechanik, das Zyrill Demian 1829 in Wien patentieren ließ, waren vergleichsweise schwerfällige Instrumente. Erst etwa 70 Jahre später wurde das Piano-Akkordeon mit Tastatur entwickelt, das sich vor allem als Ersatzklavier, Volks- und Salonmusikinstrument im Unterhaltungskontext durchsetzte. Solchermaßen geprägt blieben ihm die klassischen Konzertsäle und swingenden Tanzpaläste verschlossen.

Und so brauchte es lange, bis die Stimmung zu seinen Gunsten umschlug. Die Gründe dafür sind vielfältig. Da ist auf der einen Seite der elegante, diatonische Instrumentenbruder Bandoneon, der über Astor Piazzolla und die Adelung des Tangos einen verwandten Klang in die Konzertsäle lockte. Darüber hinaus regte die neue Lust an der Authentizität und dem Blick auf die regionalen Musikkulturen vor der eigenen Haustür von den 1980er-Jahren an das Interesse an bislang kaum beachteten Spieltraditionen an. Die Verbesserung der Mechaniken ermöglichte außerdem nicht nur eine Vergrößerung des Tonumfangs und der klanglichen Variationen, sondern auch mehr künstlerische Feinarbeit der Musiker. Der Weg war frei etwa für den Piazzolla-Schüler Richard Galliano. Nach den zaghaften Anfängen, an die Variationskunst eines Gus Viseur oder Louis Richardet anzuknüpfen, veröffentlichte der Mann aus Cannes 1991 das programmatisch betitelte Album *New Musette*, das nicht nur die Linie in Richtung jazzig geschmückter Tanzboden vorgab, sondern auch aufgrund seines Erfolges zahlreichen Kollegen Mut machte. Galliano öffnete damit in Frankreich und Europa die Pforten, durch die auch Kollegen wie Marc Berthoumieux und Jean-Louis Matinier traten. Italien entdeckte eigene Ursprünge mit Gianni Coscia, der sich beispielsweise an den großen Künstler der Melodie Nino Rota erinnerte, mit Antonelli Salis, der sich gerne als Avantgarde-Berserker präsentierte, oder auch mit dem stilistisch vielseitigen Luciano Biondini, der sein Instrument von kammerjazzigen Projekten bis hin zum imaginären Klang-Orient Rabih Abou-Khalils in einen mediterranen Sound-Kontext stellte. Sogar aus entlegenen Ecken Europas meldeten sich Künstler wie Stian Carstensen zu Gehör, der als norwegischer Virtuose in der Band Farmer's Market mit bulgarischen Kollegen improvisierte und damit auch die vitale Balkan-Szene fokussierte.

Sogar Amerika hielt mit. In Kanada gaben La Bottine Souriante mit rockiger Postfolklore den Ton an. Über Cajun- und Zydeco-Musiker wie Clifton Chenier und Queen Ida blieb das Akkordeon in Louisiana seit den späten 1960er-Jahren präsent und brachte über die Vermittlung des Klangvagabunden Ry Cooder und dessen Projekt mit dem Conjunto-Star Flaco Jimenez Texanisches und Mexikanisches zu Gehör. Überhaupt hatte Tex Mex eine eigene Gestaltungstradition entwickelt, ebenso die kolumbianische Vallenato-Musik. Der Enkel slowenischer Einwanderer Guy Klucevsek wiederum brachte das Instrument in den 1980er-Jahren der New Music Clique um John Zorn, Laurie Anderson, Anthony Braxton und Bill Frisell nahe. Der Tom-Waits-Keyboarder Willy Schwarz wiederum nutzte das Akkordeon auf seinen World-Pop-Projekten als Klangfarbe, so wie es sich überhaupt in immer mehr Produktionen von Steve Argüelles über Mike Westbrook bis Uri Caine als Soundvariante wiederfand. Eines der verrücktesten Crossover-Projekte zwischen Jazz, Folk Music und avantgardesker Selbstdarstellung aber stammte aus Finnland, wo das Akkordeon über den Tango an sich eine eher süßliche Stilgeschichte hat. Denn Kimmo Pohjonen machte im samuraihaft wilden Outfit mit technisch aufwendigen, mit elektronischen Sounds garnierten Solo-Konzerten das Akkordeon zum Star schriller Selbstinszenierungen. So oder so war der einst als käsiges Folkloreinstrument geschmähte Faltenbalg zurück im Ring und hat seitdem seinen Platz von Kammerjazz bis Avantgarde[114].

77. Grund

Weil er in Japan besonders treue Fans hat

Wenn er jogge, gab Haruki Murakami in einem Interview mit der *Japan Times* 2018 zu Protokoll, höre er Rockmusik. Ansonsten bleibe Jazz doch seine erste Wahl[115]. Tatsächlich hat der Bestsellerautor nicht nur Schränke voller Schallplatten in seiner Wohnung, sondern erweist der Musik sowohl in seinen Romanen wie auch in Essays oder Radiosendungen Referenz. Noch bevor der große Erfolg einsetzte, eröffnete er in Tokio sogar seine eigene Jazzbar »Peter Cat«, die er acht Jahre lang leitete. Wie bei Murakami gehörte Jazz in Kreisen japanischer Intellektueller lange Zeit zur angesagten Musik, verband sie doch die Perspektive der Öffnung der eigenen Kultur mit einer Prise internationaler Urbanität. In der Städten konnte sie auf eine Tradition zurückgreifen, die bis in die frühen Jahre des 20. Jahrhundert zurückreichte. So gilt das 1912 gegründete Hatano Orchestra als erstes Ensemble, das jazzverwandte Klänge im Programm hatte, die es zum Tanz oder als Untermalung von Stummfilmen spielte. In Städten wie Osaka und Kobe öffneten in den 1920er-Jahren Dance Halls, wo sich die Jugend so sehr vergnügte, dass man etwa in Osaka 1927 per Dekret die Lokale schließen ließ, mit dem Erfolg, dass wenige Jahre später Jazzcafés in kleinerem Rahmen öffneten.

Es gab frühe Stars wie den Trompeter und »Satchmo von Japan« Fumo Nanri, der in den 1930ern auch außerhalb seiner Heimat auf Tourneen spielte, oder den Bariton Tadaharu Nakano, dessen

Rhythm Boys Angejazztes im Stil von Vocal Groups populär machten. Manch einer versuchte auch die Fusion der Klangwelten wie der Komponist Ryoichi Hattori, der traditionelle japanische Melodien in ein behutsam swingendes Gewand kleidete. Während des Zweiten Weltkriegs war Jazz als Propaganda des Feindes verboten, wurde jedoch in Form von harmloser Salonmusik weiter gespielt und ließ sich nach 1945 nicht weiter klein halten, zumal die USA als Besatzungsmacht Interesse daran hatten, ihre Kultur in Japan zu etablieren, und darüber hinaus Musiker mitbrachten, die wie der Pianist Hampton Hawes in Yokohama junge Kolleginnen wie Toshiko Akiyoshi beeindruckten, die nach einem Studium in Boston dann als erfolgreiche Bandleaderin arbeitete. Ähnlich wie in Europa blieb Jazz jedenfalls zwei Jahrzehnte lang eine Kultur der Nachahmung, war als *kokujin jazz*, also schwarzer Jazz, in den Städten beliebt und wurde bevorzugt in *jazu kissas*, in oft nur wohnzimmergroßen Jazzcafés, gehört.

Das blieb so, bis mit der Avantgarde auch freie Spielformen sich bei Musikern wie dem Schlagzeuger Masahiko Togashi, dem Pianisten Yosuke Yamashita oder dem Saxofonisten Kaoru Abe durchsetzten. Von da an internationalisierte sich die japanische Jazzszene, ihre Musiker waren weltweit auf Festivals zu hören und brachten manchmal wie der Pianist Masahiko Satoh auch Klangideen japanischer Prägung in die Musik. Das Publikum hingegen liebt bis heute die Tradition. Viele Musiker haben feste Fanclubs in Japan, nicht nur Weltstars wie Keith Jarrett, sondern auch alte Herren wie der im Cool und Hardbop sozialisierte Trompeter Dusko Goykovich, der seit den 1990ern wenn möglich jährlich seine Japantournee absolviert. Unabhängige Labels wie Enja Weber brachten japanische Künstler seit in den 1970ern nach Europa, während die Labels in Japan sich darauf spezialisierten, besonders hochwertige Pressungen von Schallplatten mit eigenen Werkstoffrezepturen und Pressmatrizen, oft auch mit eigenem Mastering zu produzieren und an audiophile Hörer in aller Welt zu verkaufen. Diese Kombination von Präzision und Tradition hat aus Japan bis heute einen besonderen Ort für Jazz gemacht, auch wenn die große Ära der Verehrung von den 1960er-Jahren bis kurz nach der Jahrtausendwende reichte[116].

78. Grund

Weil Jazz auf seine Art auch Woodstock sein konnte

Die Freaks hatten einen anderen Kleidercode. Man zog Parkas an, Blue Jeans natürlich, lange Haare waren obligatorisch. Das mit der Zukunft hatte man zumeist schon aufgegeben, schließlich konnte man damit rechnen, dass im Publikum nicht nur Jazzfans weilten, sondern auch Spitzel der Staatssicherheit, auch wenn die eine Zeit lang brauchten, um auf Peitz aufmerksam zu werden. Denn die Organisatoren waren ebenso geschickt wie frech vorgegangen. Peter »Jimi« Metag und Ulli Blobel hatten Musiker aus dem Westen, für die man aller Wahrscheinlichkeit nach auf offiziellen Wegen über die staatliche Künstleragentur nur mit viel Glück ein Visum hätte auftreiben können, schlicht zu sich nach Hause eingeladen und ließen sie dann nebenan in einem alten, ein wenig abgeranzten Kino spielen, in das im Höchstfall 350 Zuhörer passten. Überhaupt hatte die ganze Geschichte der Jazzwerkstatt, die am 2. Juni 1973 zum ersten Mal ihre Pforten öffnete, mit einem spontanen Impuls begonnen. Blobel, der bereits Konzerte mit Rock- und Soul-Bands aus der DDR organisiert hatte, hatte sich bei einer Reise ins Jazz-Mekka des Ostens, der Jazz Jamboree in Warschau, hinter die Bühne verirrt und im Gespräch einige westdeutsche Musiker kurzerhand zu einem Festival eingeladen, das es noch gar nicht gab. Sie kamen tatsächlich in die Niederlausitz, in dieses Örtchen irgendwo hinter Cottbus, und brachten ihre Musik mit. So konnte sich die Jazzwerkstatt Peitz zu einem Treffpunkt der Gegenkultur entwickeln, der es bis zum 26. September 1982 auf immerhin 47 Ausgaben im mehrmonatlichen

Abstand brachte und mehr für die paneuropäische Verständigung tat als manches offizielle Programm. Im Laufe der Jahre standen neben den heimischen Größen wie Günter Baby Sommer, Ernst-Ludwig Petrowsky, Conrad Bauer oder Joe Sachse auch internationale Koryphäen wie Albert Mangelsdorff, John Surman, Tony Oxley und sogar Großformationen wie das Globe Unity Orchestra (1979) und das London Jazz Composers Orchestra (1981) auf dem Programm.

Das Überleben eines Festivals wie der Jazzwerkstatt Peitz in einem totalitären Staat wie der DDR war eine Mischung aus Glück, Beziehungen, behördlicher Trägheit, Desinteresse, Überheblichkeit und von Idealismus getragenem Kampfgeist einzelner Enthusiasten. Tief in der Provinz zu liegen konnte dabei durchaus von Vorteil sein. Der nötige Stempel der Kreiskulturbehörde in Cottbus war beispielsweise leicht zu ergattern, denn dort hatte man kein Interesse an den Sonderlingen und ihrem Jazz. Den Stempel der Sicherheitsorgane bekam Blobel in den Anfangsjahren vom ortsansässigen Polizisten, der wiederum ein Hundesportfreund seines Vaters war. Man half sich, wenn möglich. Schwieriger waren hingegen sehr alltägliche Dinge. »Ideen für ein Programm hatte ich, aber andere organisatorische Fragen wie eine ausreichende Verstärkeranlage, ein geflickter Zaun um das Festivalgelände und ein ausreichender Getränkevorrat in der Mangelwirtschaft waren für Jimi und mich die schwerer zu bewältigenden Aufgaben«, meinte Ulli Blobel in einem Artikel über die Kulturarbeit in Peitz. »Ich erinnere mich, dass wir, ich glaube, es war 1980, das ganze Jahr über Rotwein kauften, bis wir dann zum Festivaltag 3000 Flaschen ›ungarisches Stierblut‹ zusammenhatten.«[117]

Damals hatte sich die Veranstaltungsreihe bereits aus dem Kino herausgegeben, und es sammelten sich bis zu 3.000 Zuhörer im Ort, nicht nur um Musik zu hören, sondern auch um sich zu treffen und gegenseitig durch die Zugehörigkeit zum Kreis der Eingeweihten die eigene Unangepasstheit in einer Nische der Diktatur zu bestätigen. Das war Freiheit, ein Loch in der Mauer, das von den Parkaträgern im Publikum, aber auch von Blobel als solches empfunden wurde, als er beispielsweise Musiker in Berlin für das Festival einsammelte: »Dieses Tor durch die Mauer war für mich spannend und voller Überraschungen. Gleich Fabelwesen spuckte es bunte Glasperlen aus, in diesem Fall Jazzmusiker. Die sahen anders aus als das DDR-Volk, irgendwie bunter, mit übergehängten Instrumenten und zumeist gut gelaunten, erwartungsfrohen Gesichtern.«[118] Sie waren eine Option auf eine andere Welt, und als solche fielen sie schließlich auch der Zensur auf.

Kurz nach der 47. Ausgabe der Jazzwerkstatt, eben hatten sich noch Aladar Pege, Alexander von Schlippenbach und Trevor Watts am Karpfenteich von Peitz getummelt, bekam Blobel einen behördlichen Zweizeiler, der ihm untersagte, fortan weiter zu veranstalten. Frustriert stellte er bald darauf einen Ausreiseantrag und wurde am 4. Februar 1984 ausgebürgert, nicht ohne vorher trotzdem versucht zu haben, in Coswig bei Dresden noch einmal etwas Ähnliches wie an seinem Heimatort aufzuziehen. Immerhin, die Solidarität funktionierte. Peter Brötzmann, Peter Kowald und Rüdiger Carl halfen dem Westbürger Blobel beim Neustart in Wuppertal. Er arbeitete weiter als Konzertagent, betrieb Plattenfirmen wie *ITM, Westwind* und von 2007 an *Jazzwerkstatt*. Peitz aber blieb das Besondere, dieses isolierte Stück Freiheit, dieser Hauch von Woodstock in der historisch gewordenen sozialistischen Provinz.

8. Kapitel

NACHBARSCHAFTEN

Rock, Pop, Klassik

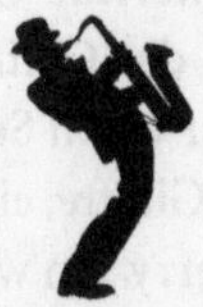

79. Grund

Weil Jazz zu den Ahnen der Festivalitis gehört

George Wein behauptete gerne von sich, das Festival in seiner modernen Spielart erfunden zu haben. In jedem Fall war er einer der Ersten in diesem Business, als er 1954 das Newport Jazz Festival aus der Taufe hob. Bis dahin ein weitgehend erfolgloser Pianist, hatte er vier Jahre zuvor die Seite gewechselt und in Boston den Club »Storyville« gegründet. An den erinnerte sich das jazzbegeisterte Industriellenehepaar Elaine und Louis Lorillard, das in Newport in Rhode Island ein Anwesen hatte und sich ärgerte, dass an seinem Wohnort musikalisch wenig passierte. Sie unterstützten die Initiative eines Festivals mit 20.000 Dollar Startkapital, und so konnte Wein schon im ersten Jahr Größen wie Dizzy Gillespie, Gerry Mulligan und auch

Oscar Peterson einladen. Die Rechnung ging auf, es pilgerten rund 11.000 Besucher in den Küstenort und bescherten ihm genau die nötige Portion Vitalität, die sich die Sponsoren erhofft hatten.

Weit über die Ostküste hinaus aber wurde Newport bekannt, nachdem der Filmemacher Bert Stern 1958 mit seinem Team angerückt war und aus dem Society-Treffen eine stimmungsvolle Dokumentation machte, die unter dem Titel *Jazz On A Summer's Day*[119] die Runde machte. Sein Trick war, sich nicht nur auf die Musik zu konzentrieren, sondern den Sound von der Bühne mit dem ebenfalls dort stattfindenden America's Cup zu verschneiden, dessen dahingleitende Segeljachten das Gefühl der musikalischen Leichtigkeit unterstrichen. Auf der einen Seite ein knorriger Thelonious Monk, ein visionärer Jimmy Giuffre, eine hinreißende kokette Anita O'Day, ein fetziger Chuck Berry, ein wie immer gut gelaunter Louis Armstrong und auch eine lachend präsente Mahalia Jackson, auf der anderen sonnenbebrillt entspanntes Publikum in lässiger Sommergarderobe und das Feeling bürgerlicher Nonchalance – so sah sich das ansonsten von der McCarthy-Ära nicht eben mit Freigeist verwöhnte kulturelle Amerika gerne.

Newport wurde groß, erlebte legendäre Konzerte wie bereits 1956 das Comeback des Duke Ellington Orchestra, den Auftritt von Nina Simone 1960 oder auch John Coltrane 1963. Es bekam von 1959 mit dem Newport Folk Festival ein poppiges Pendant zur Seite gestellt, wo nicht nur spätere Szenegrößen wie Joan Baez, Donovan und Leonard Cohen sich präsentieren konnten, sondern auch Bob Dylan für den Sündenfall des Genres sorgte, als er 1965 seine Elektrogitarre anstatt des üblichen Western-Modells öffentlich zur Hand nahm. Und es blieb nicht das einzige große Konzert-Event seiner Art. In Deutschland beispielsweise gab es 1953 in Frankfurt das erste wichtige Jazzfestival des Landes, von der Deutschen Jazzföderation als Startrampe für heimische Musiker ins Leben gerufen. In der geteilten Hauptstadt brachte der umtriebige Jazzredakteur des Südwestfunks Baden-Baden Joachim-Ernst Berendt 1964 im Auftrag der Berliner

Festwochen das Jazzfest Berlin auf den Weg, das von da an lange Jahre als eines der experimentell wegweisenden Musikertreffen seiner Art galt.

80. Grund

Weil Jimi beinahe Miles gerockt hätte

Die Isle of Wight ist eine englische Kanalinsel, dem Industriehafen Portsmouth vorgelagert und an sich ein beschauliches Plätzchen. Ihre Orte wirken pittoresk, very british, und das wichtigste Kulturereignis im Jahresablauf ist die seit 1826 veranstaltete Cowes Week, eine international bekannte Segelregatta. Anno 1968 aber überlegten sich die Brüder Ron und Ray Foulk mit ein paar Freunden, man könnte doch auch einmal ein paar Musiker auf die Insel einladen. Ende August 1968 gaben sich unter anderem Jefferson Airplane und T. Rex die Ehre, rund 20.000 Fans pilgerten zum Hell Field der Ford Farm und hatten eine gute Zeit. Getragen von der Euphorie des ersten ansehnlichen Erfolges wurden die Veranstalter mutiger und engagierten im folgenden Jahr ein beachtliches Line-up mit Künstlern wie The Band, Joe Cocker, Bob Dylan, Free, Richie Havens, The Nice, The Moody Blues, The Who.

Ein Hauch von Woodstock hing in der Luft, das wenige Tage zuvor im amerikanischen Bethel zu Ende gegangen war. Aus dem eher kleinen Publikum waren rund 150.000 Besucher geworden, so mancher Anwohner begann zu ächzen und zu ätzen. Als die Foulks dann 1970 zum nächsten Isle Of Wight Festival luden, wurde ihnen ein günstig gelegenes Areal verwehrt, und sie mussten auf die East Afton Farm ausweichen, ein weitaus ungeeigneteres Gelände. Nun waren aus den zwei inzwischen fünf Tage Festival geworden und das Programm schlicht der Hammer: Taste, Chicago, Procol Harum, Joni Mitchell, Emerson, Lake & Palmer, Joan Baez, Leonard

Cohen, The Who, The Doors, Jimi Hendrix, Miles Davis und noch viele mehr. Und diesmal kamen geschätzt 600.000 Menschen, viele auch ohne Karten, die dabei sein wollten. Die Insel platzte aus allen Nähten, der Verkehr brach zusammen, Mungo Jerry schafften es gar nicht erst bis zur Bühne.

Es war Chaos mit Musik, das auch dazu führte, dass ein Gipfeltreffen in seinem Umfeld nicht stattfand, das sich einige heimlich gewünscht hätten. Denn der Star des Gitarrenrock am finalen Sonntag und der Oberguru des modernen Jazz am Tag davor, der sich bekanntermaßen bereits ebenfalls mit rockigen Klängen beschäftigte – das wäre die Konstellation gewesen, die mit ein bisschen Glück noch zu organisieren gewesen wäre. Tatsächlich hatten sich die beiden verabredet, aber verpasst. »Wir wollten uns nach dem Konzert in London treffen, um über ein Projekt zu reden«, erinnerte sich der Trompeter in seiner Autobiografie. »Wir hatten oft in meinem Haus gejammt, und jetzt dachten wir, es wäre an der Zeit für eine gemeinsame Sache. Aber wir kamen zu spät nach London, da die Straßen nach dem Konzert völlig verstopft waren; Jimi war nicht mehr da.«[120] Hendrix rockte schon das Festival, Miles musste weiter nach Frankreich, dann New York. Das nächste Treffen sollte bald darauf zusammen mit Gil Evans stattfinden, aber der Gitarrenheld erstickte nur wenige Wochen nach dem Festival am 18. September 1970 an seinem Erbrochenen. Es hat nicht sein sollen.

81. Grund

Weil AC/DC auch mal die Vorband ist

Es kann dauern, bis der Prophet im eigenen Lande gehört wird. Der Saxofonist Klaus Doldinger hatte mit Passport schon ein Jahrzehnt lang eine international erfolgreiche Jazzrockband am Start, bis die auf Avantgarde gepolte deutsche Jazzöffentlichkeit ihn in den

1980er-Jahren als einen der ihren wahrnahm. Allerdings hatte er es den Journalisten auch nicht leicht gemacht, denn seine Karriere war von frühen Tagen an von wachsendem kommerziellen Erfolg verwöhnt, was ihn unter dem Kunstaspekt suspekt machte. Geboren in Berlin, aufgewachsen in Wien, nach dem Krieg zunächst in Düsseldorf gelandet, ging Doldinger den umgekehrten Weg, als man es von einem Jazz-Teenager eigentlich erwartete: Er fing mit Oldtime und Dixieland an und wurde im Laufe der Jahre immer populärer. Anfang der 1960er spielte er Soul Jazz, als andere versuchten, im Free Jazz ihr künstlerisches Heil zu finden. Vieles probierte er aus, auch die Vertonung von Zeichentrickfilmen, dann Werbemusik und die ersten Soundtracks für Filme, etwa *Negresco* (1969) des Regisseurs Klaus Lemke. Doldinger lernte junge Filmemacher/innen wie Volker Schlöndorff und Margarete von Trotta kennen, und der Weg führte schließlich zu Wolfgang Petersen, zum *Boot* (1981), der *Unendlichen Geschichte* (1984) und der Titelmusik für die TV-Reihe *Tatort*.

Der Erfolg als Filmkomponist hätte wahrscheinlich den Musiker Doldinger auf die Dauer in den Hintergrund gedrängt, wäre da nicht Passport gewesen. Gegründet 1971, nachdem die Vorgängercombo Motherhood sich schnell an der Vielfalt der Charaktere aufgerieben hatte, wurde die Band zur jazzrockigen Homebase Doldingers. International galt sie als deutsches Pendant zu Joe Zawinuls Weather Report und wurde zum Klanglabor, zur Talentschmiede für junge Musiker, zur Basisstation, an die Doldinger immer wieder mit neuen Impulsen andockte und mit der er gerne unterwegs war. Im März 1975 zum Beispiel tourte er als deutsche Jazzrockband durch die Staaten, eine echte Ausnahme in Zeiten, wo viele Amerikaner noch glaubten, es gäbe in Europa nicht mal Kühlschränke. Und im Jahr zuvor war es in Australien sogar zu einem denkwürdigen Ereignis gekommen. Passport tourte im Frühsommer durch den Kontinent. Im Rahmen der Konzerte stand ein Auftritt im Chequers Club in Sydney an. Es war eine renommierte Adresse, wo in den 1960ern schon Künstlerinnen wie Sarah Vaughan und Shirley Bassey auf der

Bühne gestanden hatten. Der Club hatte Hausbands wie beispielsweise eine Bluesrockcombo um die beiden Brüder Malcolm und Angus Young, die gerade seit einem halben Jahr bestand. Sie nannten sich AC/DC, spielten soliden Bluesrock, und da man damals wie heute gerne die Popularität von bekannten Bands nutzte, um Newcomer anzuschieben, wurden Passport gefragt, ob die Burschen als Vorgruppe auftreten dürften. Kein Problem, so war es dann auch, und womöglich hat es sogar geholfen. Klaus Doldinger jedenfalls erinnerte sich später mit einem Schmunzeln an die Konstellation: »Passport damals war eine unglaubliche Band, die Besetzung mit Kristian Schulze, Wolfgang Schmid und Curt Cress. Und es war auch eine sensationelle Tournee, die damals sogar von der Lufthansa gesponsert wurde, die damit einen neuen Flugzeugtyp präsentieren wollte. Jedenfalls begann die Tour in Australien und AC/DC war damals unsere Vorband. Ich habe die zwar nie wieder getroffen, aber lese immer wieder mal etwas über sie. Und dann denke ich mir: Aus den Jungs ist etwas geworden!«[121]

82. Grund

Weil Jazz und Metal verwandt sind

Man kann ein wenig in die Geschichte gehen, zu Bands wie King Crimson, wo in den frühen 1970er-Jahren Musiker wie der Gitarrist Robert Fripp und der Schlagzeuger Bill Bruford weder mit Jazz noch mit Rock wirklich ausgelastet waren und versuchten, beide Einflusssphären im Progressive Rock zu vereinen. Frank Zappa gehört im weiteren Sinne zu diesem Umfeld, Frickel-Freak und Querdenker in vielen Lagern, und auch die Keyboarder Keith Emerson und John Lord waren in der Lage, bei Bedarf ihren Swing auszupacken. Ginger Baker nicht zu vergessen, der zu den Pionieren der Polyrhythmik im Rock gehörte, zuweilen aber funky jazzig trommelte. Das sind

Ahnen einer Grenzüberschreitung, die in den 1980ern mit Caspar Brötzmanns Massaker, vor allem aber John Zorns Jazzcore rund um sein Projekt *Naked City* (1989) systematische Züge annahm, als sich der New Yorker Saxofonist mit Death-Metal-Musikern aus dem Umkreis der britischen Grindcore-Band Napalm Death zusammenfand oder mit dem Trio Painkiller Free Jazz und Metal zu verbinden versuchte. Zeitgleich entwickelte sich eine Szene von Musikern, die wie beispielsweise Dream Theater gut ausgebildet, durchaus auch mit Klassikwissen und Unterricht an der Jazz-Kaderschmiede Berklee School, eben nicht zu den Instrumenten und Ideen der Alten greifen wollten, sondern ihre Vehemenz und kompositorische Kompetenz in komplexen Kompositionen des Progressive Rock und verschiedenen Spielarten des Metal formulierten. Techno, Grunge und Hip-Hop schoben sich eine Zeit lang in der Vordergrund, die Musiker aber arbeiteten weiter an einer eigenen Stilform, wie die Norweger von Motorpsycho oder The Thing auch an entlegeneren Orten als New York.

Und für die nächste Generation nach der Jahrtausendwende waren die Voraussetzungen bereits völlig anders. Denn erstens wurden Musiker wie der Gitarrist Jan Zehrfeld, der von 2004 an die ersten Versionen der Band Panzerballett ins Leben rief, oder auch französische Kollegen wie Step In Fluid, Trepalium oder die Schweden des Diablo Swing Orchestra nicht mehr mit John Coltrane und Miles Davis groß, sondern mit Nirvana, In Flames, Korn, Faith No More, Marilyn Manson. Zweitens waren viele von ihnen durch die avancierte Musikpädagogik an zahlreichen Universitäten bestens ausgebildet und mit profundem klanggeschichtlichen Hintergrundwissen versorgt. Dazu kam drittens die umfassende Verteilung von Impulsen aus aller Welt über Kanäle wie YouTube und viertens ein aus dem Anything Goes der 1990er in die folgenden Jahrzehnte exportierter Geist des furchtlosen Experimentierens, der einstige Berührungsärgste zwischen den Musikgattungen überflüssig werden ließ. Metal Jazz wurde nicht nur vorstellbar, sondern auch hörbar, über Laborversuche von einst wie Painkiller mit eher kleinem Spezialisten-Publikum hinaus. So kam es, dass Panzerballett 2016 auf der Bühne des größten Metal-Festivals Europas in Wacken zu hören waren und selbst ein Masken-Metal-Mann wie Corey Taylor von Slipknot in Interviews 2019 darüber nachdachte, mal ein Dark-Jazz-Album aufzunehmen.

83. Grund

Weil die Beastie Boys ziemlich Jazz waren

Inzwischen gehen Künstler vor Gericht, weil andere Kollegen zwei Sekunden ihrer Lieder verwenden. Wären solche Haarspaltereien schon in den 1990er-Jahren üblich gewesen, hätte es zahlreiche produktive Musikprojekte gar nicht erst gegeben. Denn damals wurde gesampelt, was das Zeug hielt. Die Idee, Musik aufzunehmen und schnipselhaft oder passagenhaft mal original, mal verfremdet in neue Stücke zu integrieren, war nicht neu. Nur blieb die Technik dazu lange Zeit unerschwinglich. Das Mellotron, seit der Markteinführung 1963 als analoger Sampler mit bespielbaren Tonbändern der erste Schritt in Richtung musikalische Neuverwertung, war störanfällig, teuer wie eine Luxuslimousine und fand vor allem im Progressive Rock von Bands wie King Crimson, Yes und Genesis Anwendung. Ein gutes Jahrzehnt später folgten die ersten Modelle auf digitaler Basis, die wie das Synclavier (1978) und der Fairlight CMI (1979) ebenfalls ein kleines Vermögen kosteten, durch den Emulator (1981) aber ein erschwinglicheres Modell zur Seite gestellt bekamen. Wieder waren es Popmusiker wie Peter Gabriel und Popmusikerinnen wie Kate Bush, die neben experimentellen Klassikern sich ausführlich mit der Technik beschäftigten, bevor Firmen wie Ensoniq, Akai und Casio gegen Ende des Jahrzehnts preiswerte Sampler auf den Markt brachten und das Phänomen popularisierten. Von da an waren neben Natursounds und Atmosphären vor allem die Archive des Pop und Jazz das Jagdrevier von DJs und Hip-Hop-Künstlern, die ihre Partys, Beats und Verse mit Motiven der Vergangenheit kontrastreich färbten.

Dabei konnte es um mehreres gehen. Manche Hooklines wie etwa von Herbie Hancocks *Canterloop Island* oder Bob James' *Westchester Lady* waren schlicht so gut, dass sie als Merk-Anker für einen neuen Song taugen, in diesem Fall etwa von Us3 oder DJ Jazz Jeff And The Fresh Prince. Zu den beliebtesten Jazzkünstlern innerhalb der Sampling-Gemeinde avancierten neben Hancock und James bald darauf Nina Simone, Ahmad Jamal, Pete Rodriguez, Cal Tjader, Donald Byrd, Lonnie Liston Smith, Hubert Laws, Grant Green, außerdem Musiker, die selbst die Nähe zum Pop suchten, wie Herb Alpert, Groover Washington Jr. oder George Benson[122].

Einige gingen wie der Trompeter Donald Byrd und der Vibrafonist Roy Ayers noch einen Schritt weiter. Sie fanden sich von 1993 an gleich mit dem Rapper Guru zu der Band Jazzmatazz zusammen und produzierten den passenden Groove live. Eine ganze Szene entstand um jazzafine Rapper und DJs mit Künstlern wie Stetsasonic, Gang Starr, Galliano, De La Soul, DJ Spooky, gefolgt von DJ Shadow, DJ Krush, Kid Koala, die sich zum Teil weit in die Musik der Vergangenheit hineingruben. Als überwiegend Londoner Spielart erwies sich Drum & Bass, wo komplexe Schlagzeug-Beats etwa von Roni Size Nähe zu den Trommelwirbeln eines Tony Williams oder Jack DeJohnette hatten. Auf manche der Projekte etwa der United Future Organization oder aus dem Umfeld des DJs und Produzenten Gilles Peterson wurden Etiketten wie Nu Jazz oder Rare Groove aufgeklebt. Sie alle bewegten sich im Grenzgebiet von Sampling, Remixing, DJing und urbaner Neubewertung clubbiger, jazziger Grooves und Stilspielarten.

Und bevor in den frühen 1990er-Jahren im Anschluss an die freche Neuberappung des Gilbert-O'Sullivan-Klassikers *Alone Again* durch Biz Markie sich die Anwälte an den Rechtsfragen des Samplings abzuarbeiten begannen, hatten drei New Yorker Youngster bereits die Referenz der Szene vorgelegt. Denn am 25. Juli 1989 erschien *Paul's Boutique*, das zweite Album der Beastie Boys.

Es war nicht nur künstlerisch ein immenser Sprung seit dem Erstling *Licensed To Ill* (1986), sondern enthielt auch die für die damalige Zeit enorme Menge von 105 Samples aller Sparten von Johnny Cash und den Beatles über Sly & The Family Stone bis hin zu James Brown. Gemeinsam mit den Dust Brothers als Produzenten war hier ein Meisterstück gelungen, das in seiner Herangehensweise jonglierender Assoziationen und Soundimpulse mehr Improvisation in der Haltung hatte als vieles, was zeitgleich in der vielfach neotraditionalistisch orientierten Jazzwelt angeboten wurde.

84. Grund

Weil Kraut der Jazz der Rocker war

Zum Beispiel CAN. Irmin Schmidt, der Organist, hatte acht Jahre lang bei Karlheinz Stockhausen studiert und als Kapellmeister mit Symphonieorchestern gearbeitet. Der Gitarrist Michael Karoli war eigentlich Jurist und hatte in Schweizer Pop- und Jazzbands gejobbt. Der Bassist Holger Czukay kam ebenfalls aus dem Stockhausen-Stall, der Sänger Damo Suzuki probierte alles Mögliche, unter anderem auch Saxofon, und Jaki Liebezeit hatte schon netten Jazz mit Chet Baker und heftigen an der Seite von Manfred Schoof getrommelt. Gemeinsam wollten sie es irgendwie anders machen als die meisten Combos ihrer Zeit und entwarfen daher von 1968 an psychedelische Soundlandschaften, die sich nicht an gängige Songstrukturen hielten, sondern Grooves ausdehnten und Texturen entfalteten. Je mehr Studiotechnik und Synthesizer zuließen, desto deutlicher entwickelten sie sich in Richtung protoelektronischer Popmusik, am Anfang jedoch war alles offen.

Zum Beispiel Embryo. Im Jahr 1969 in München von Christian Burchard aus der Taufe gehoben, der mit Posaune, Klavier und Vibrafon im Umfeld von Jazzmusikern wie dem Pianisten Mal Waldron unterwegs war, dann aber ans Schlagzeug wechselte. Zusammen mit dem Bassisten Lothar Meid und dem Geiger Edgar Hofmann bildete er die Kernzelle eines Musikerkollektivs, zu dem über die folgenden Jahrzehnte hinweg bis zu 400 Künstler gehörten. Stilistisch offen, vor allem in Richtung Weltmusik und Jazz, konnte man neben Waldron auch Meister wie den Saxofonisten Charlie Mariano, den Percussionisten Ramesh Shotham und den Pianisten Larry Porter im Line-up von Embryo erleben, die als Band vor allem das Gestaltungselement Improvisation in den Mittelpunkt stellte.

Beispiel Amon Düül (II), gegründet von dem Saxofonisten Chris Karrer und seinem Kreis noch vor Embryo 1967 in München als Künstler-Kommune mit bewusstseinserweiterter Vorstellung von politischen Aktionen und Happenings. Musikalisch ebenfalls im Improvisatorischen beheimatet, dehnten sie ihre Stücke auf LP-Seitenlänge aus. Stilistisch schwer fassbar im Grenzbereich zwischen frühem Progrock, psychedelischem Soundeskapismus und frei improvisierten Passagen, waren Amon Düül II bereits mit ihrem Debüt *Phallus Dei* (1970) in England so erfolgreich, dass die Musikpresse nicht umhin konnte, die eigenartigen Freaks aus dem Süden Deutschlands als Innovationspool mit Perspektive zu loben.

Und es waren nicht nur diese drei Bands, die die Szene aufmischten. Dazu kamen Birth Control und Faust, Guru Guru und Cluster, Kraan und Missus Beastly, alles Combos mit Nähe zu instrumentalen, improvisierenden Strukturen, zum Jazzrock und dessen lärmenden Derivaten. Der britische Radio-DJ John Peel soll für diese wild wuchernde Szene mit ironischem Unterton und in Anlehnung an einen Faust-Song um 1973 den Begriff »Krautrock« geprägt haben, der zunächst wenig schmeichelhaft verstanden wurde. Da aber in Ermangelung weiterer pfiffiger Etiketten bald auch Elektroniker wie Kraftwerk, Cluster oder Kristian Schulze dazugerechnet wurden, entwickelte sich die Bezeichnung zu einem Gütesiegel für Abgedrehtes. Jazz im engen Sinn war das nur sehr selten, dafür eine Option auf die strukturelle Offenheit, über den Tellerrand zu blicken. Krautrock stand für »ein stilistisches Spiel ohne Grenzen, das sich spielerisch der Rock-Traditionen bediente, gleichzeitig aber auch in unerforschtes psychedelischen Terrain vordrang und dabei einen unerschöpflichen Fundus an musikalischer wie visueller Fantasie dokumentierte.«[123]

85. Grund

Weil selbst Heroin ihn nicht aufhalten konnte

Hampton Hawes hatte sich verführen lassen: »Du bist auf dem Weg zu deinem Engagement und da triffst du unterwegs so ein paar Typen, die schon ganz high sind, also du triffst die und sagst dir: ›Alles klar! Von dem Zeug will ich auch mal probieren!‹ Wie ein kleiner Junge, der zum ersten Mal eine große Fahrradtour macht. Wie ein kleiner Junge, der zum ersten Mal mit einem Mädchen schläft. Du machst es. Du nimmst es. Und es tut gut. Du fühlst dich prima. Und damit hast du es. Und schon hat es dich.«[124] Hawes, Jahrgang 1928, Pianist aus Los Angeles, Hardbop-Visionär, wegen Drogenmissbrauch unehrenhaft aus der Armee entlassen, an seinem 30. Geburtstag verhaftet, verurteilt, von John F. Kennedy 1963 persönlich begnadigt, im Mai 1977 gestorben, allerdings nicht an den Spätfolgen des Heroins, sondern eines Schlages mit der Bratpfanne, den ihm seine eifersüchtige Ehefrau verpasste.

Chet Baker erging es nicht besser: »Auf den Covern der Platten von 1974 […] ist sein Gesicht abgemagert; die Haut strafft sich um seine Backenknochen. Danach geht der Verfall schnell voran. Das Heroin nimmt ihm jeglichen Appetit. Als Chet 1976 in die Staaten zurückkehrt, ist er wieder zum hoffnungslosen Junkie geworden

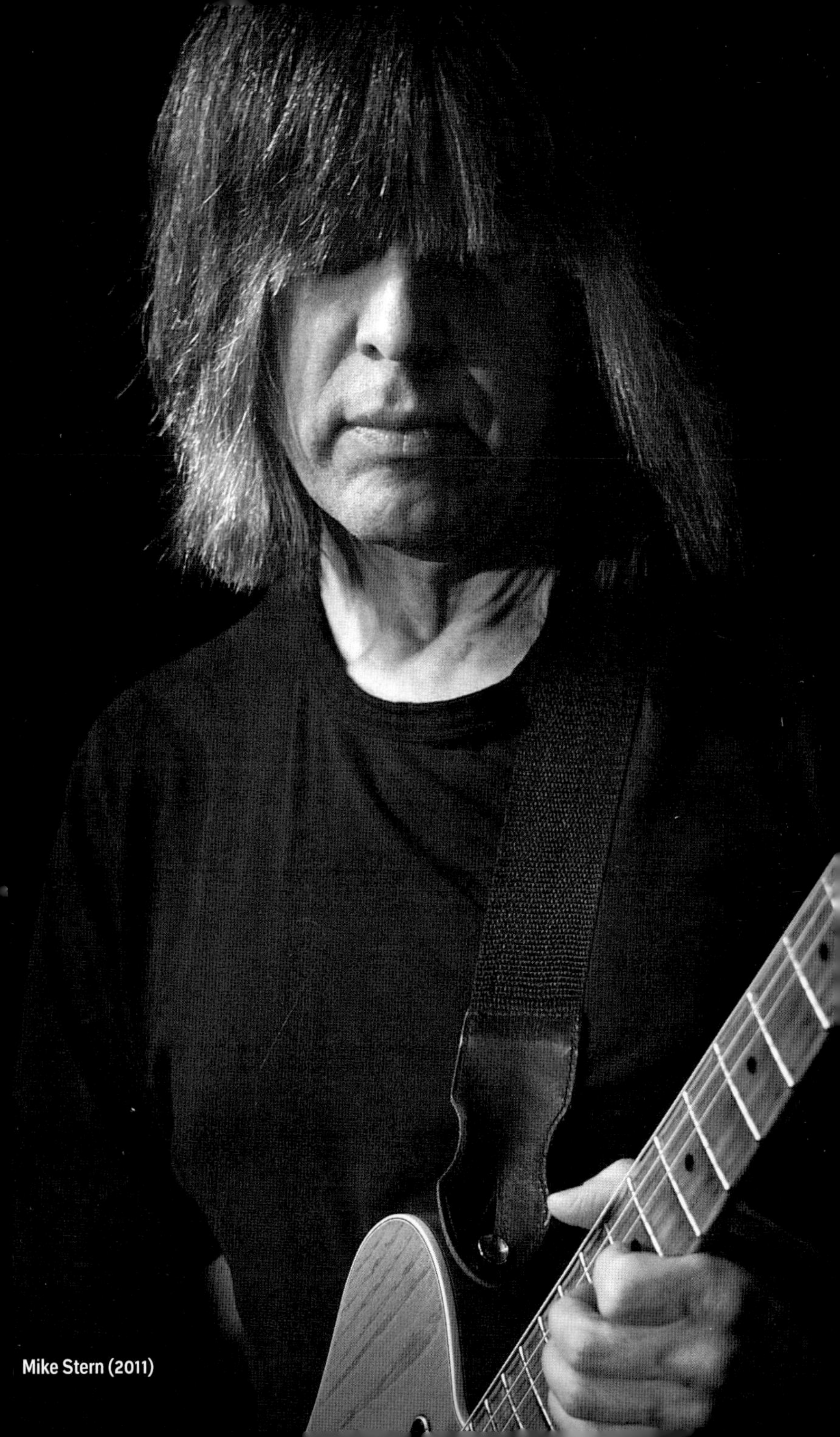

Mike Stern (2011)

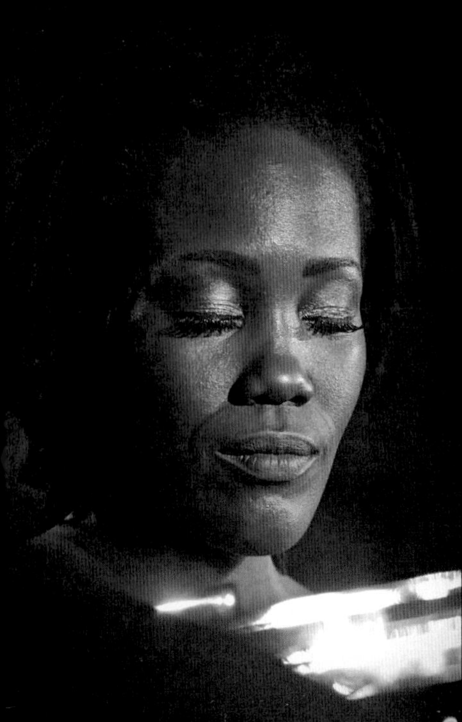

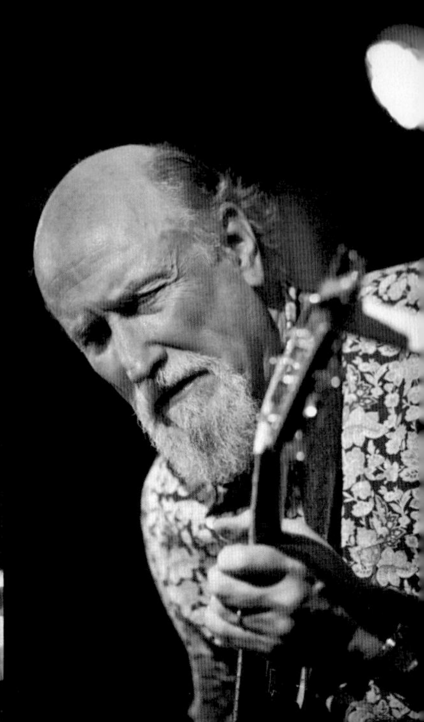

Oben: Chanda Rules (2018), John Scofield (2019), unten: Roscoe Mitchell (2018)

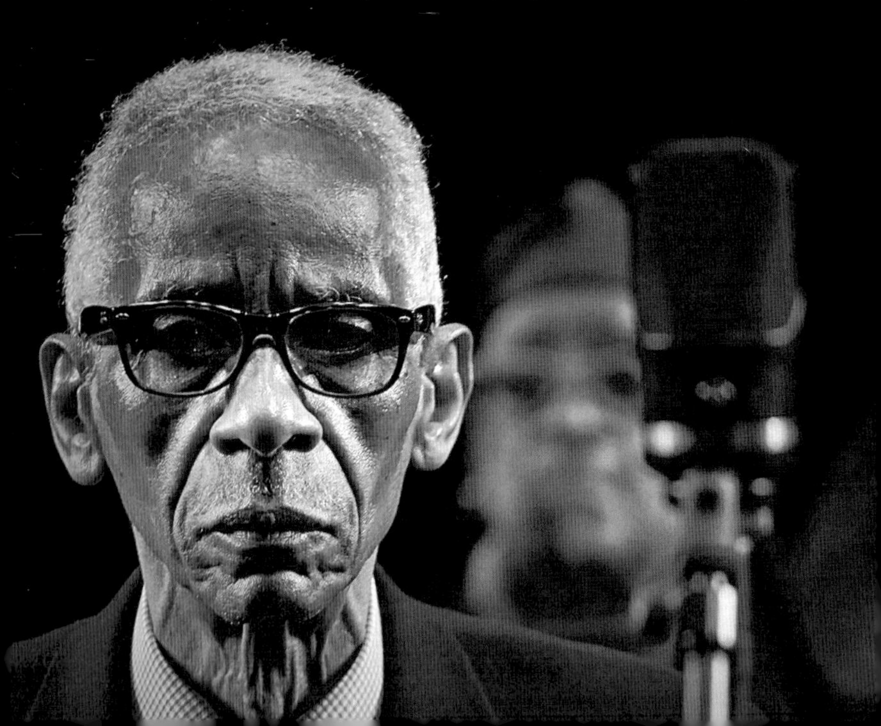

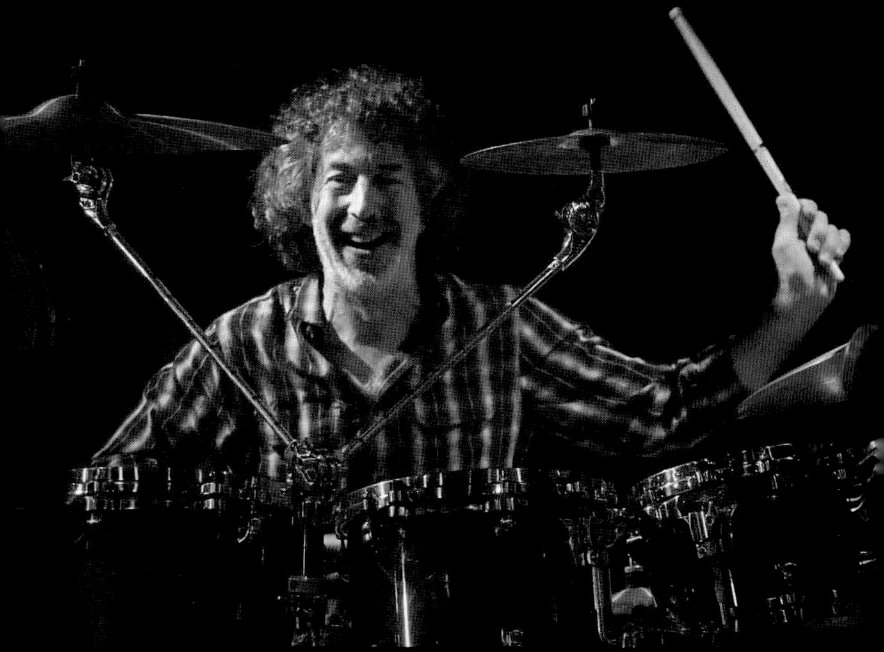

Oben: Simon Phillips (2016), unten: Dr. Lonnie Smith (2015)

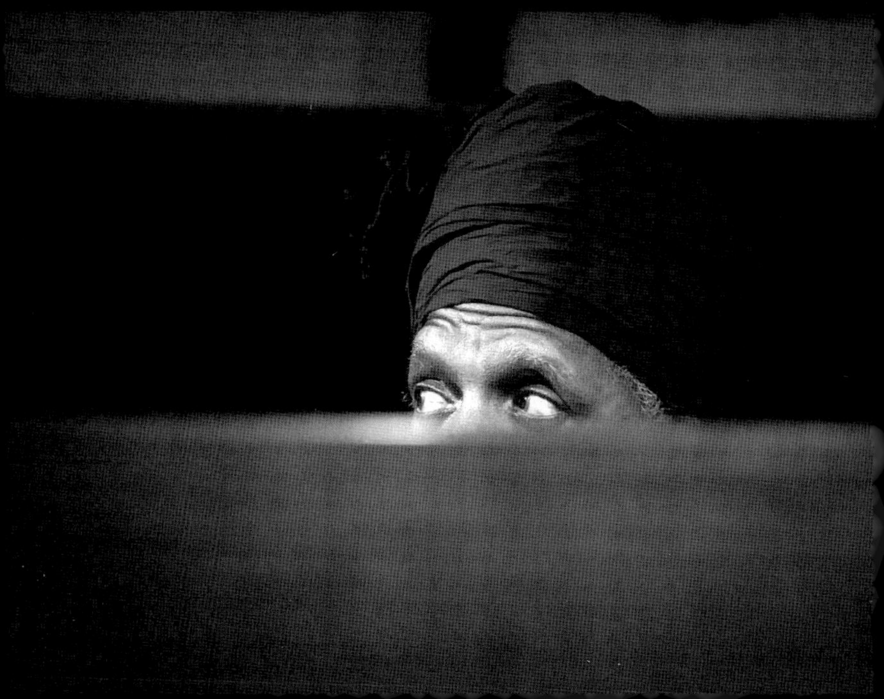

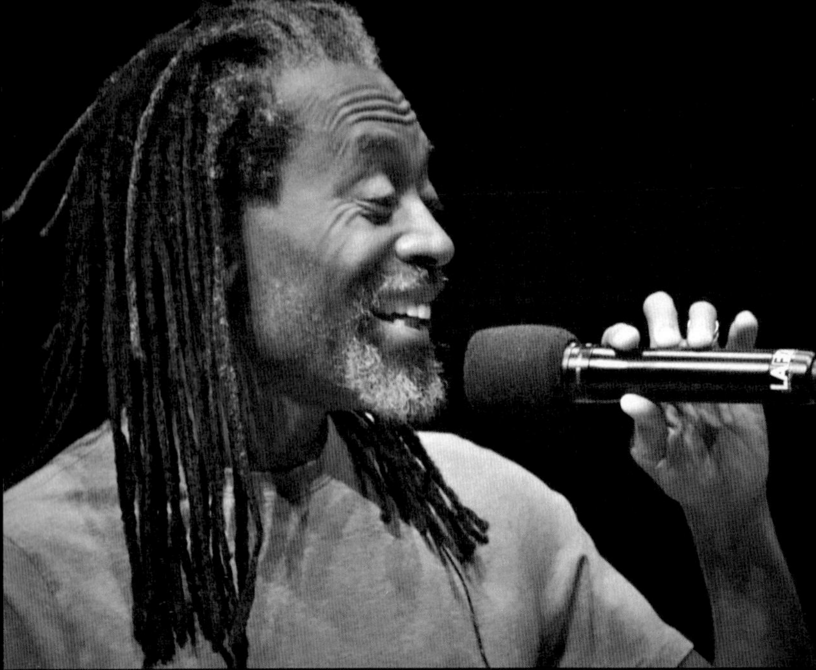

Oben: Bobby McFerrin (2012), unten: Daniel Erdmann (2019), Malcolm Braff (2018)

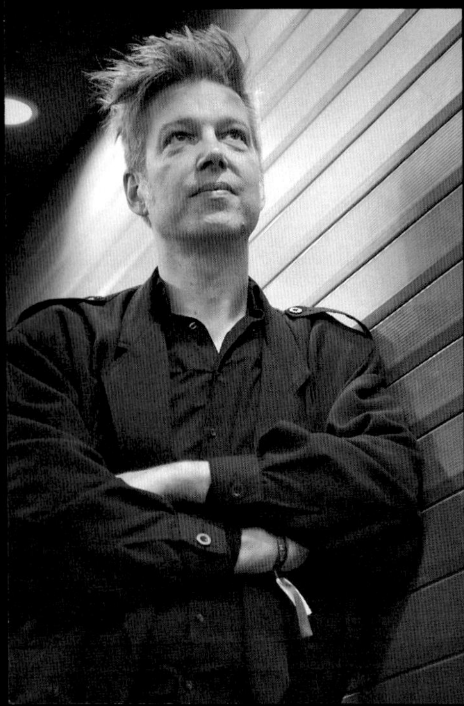

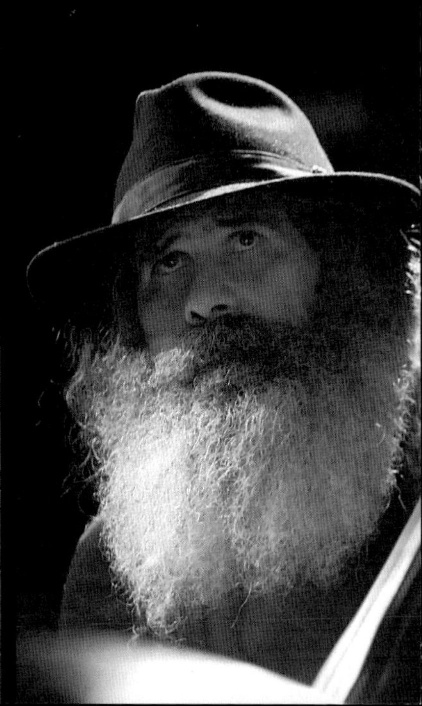

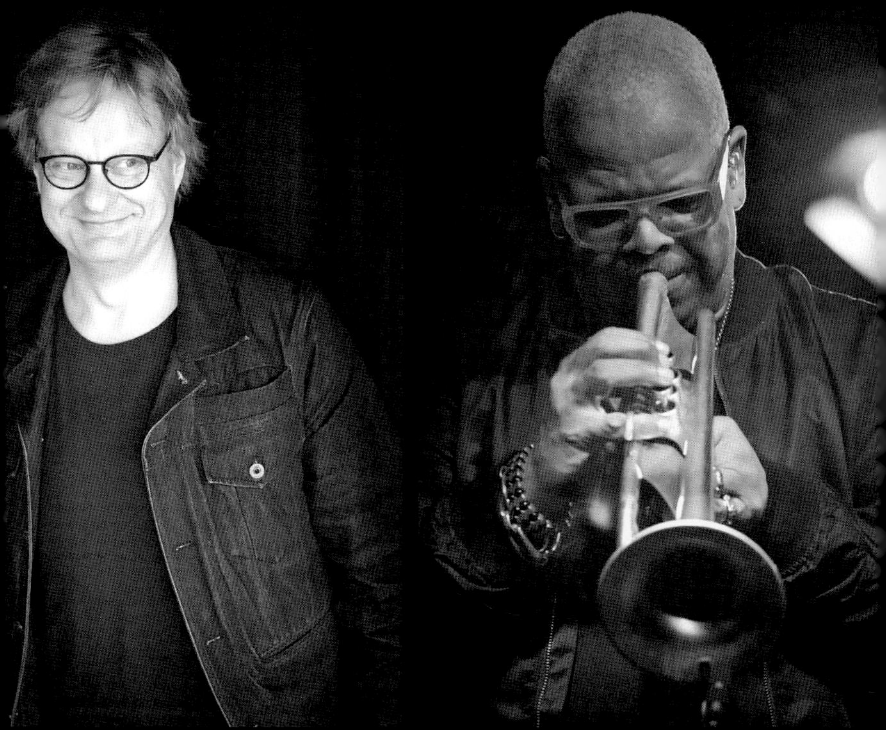

Oben: Iiro Rantala (2019), Terence Blanchard (2018), unten: Tony Lakatos (2018)

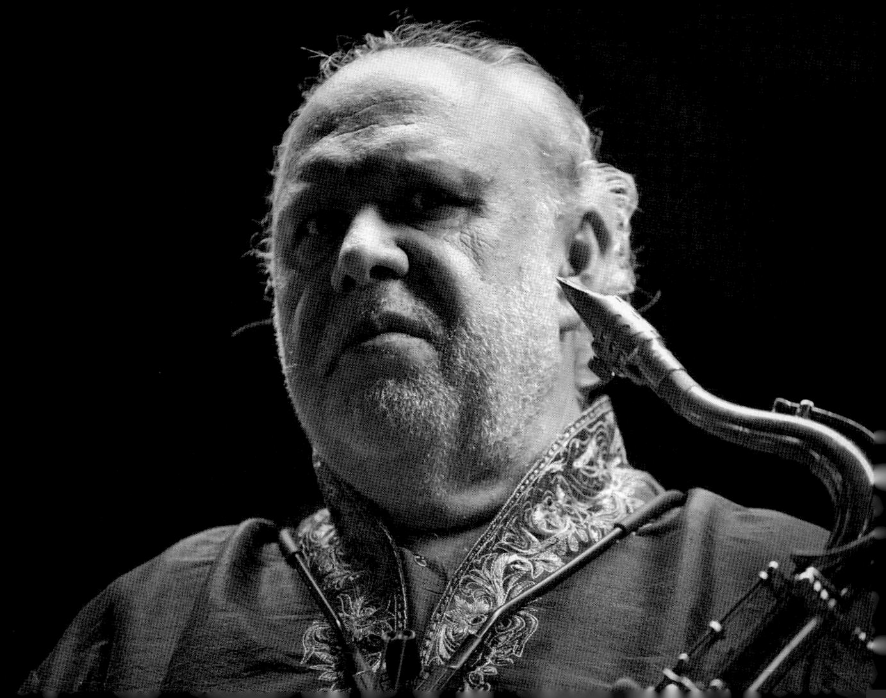

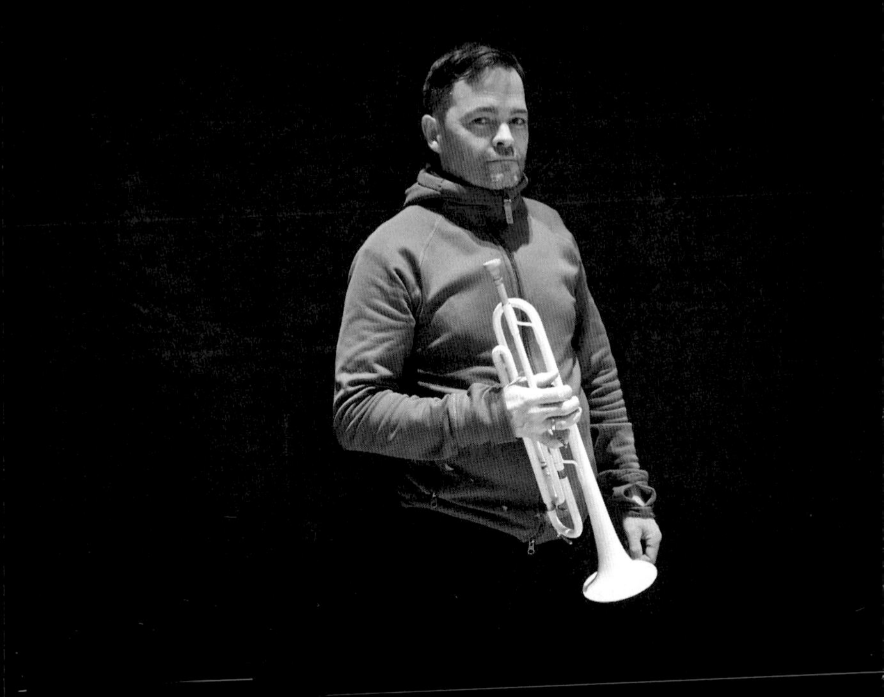

Oben: Arve Henriksen (2019), unten: Jack DeJohnette (2013)

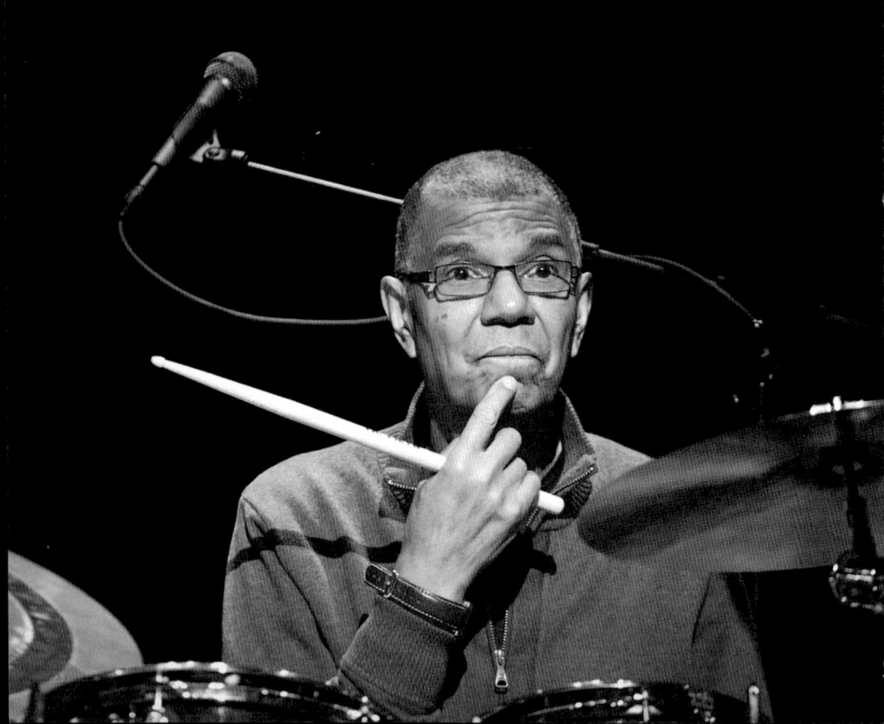

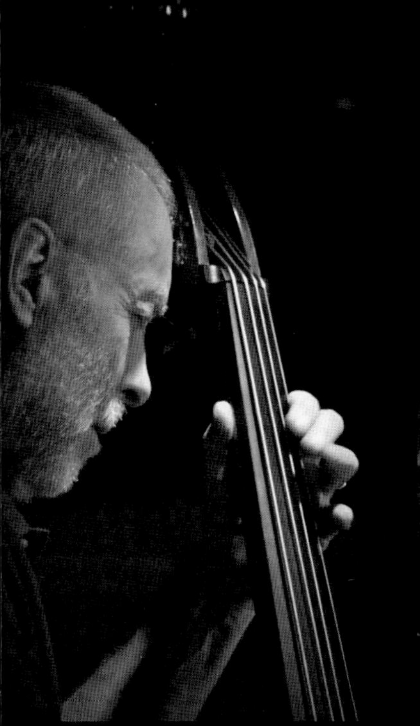

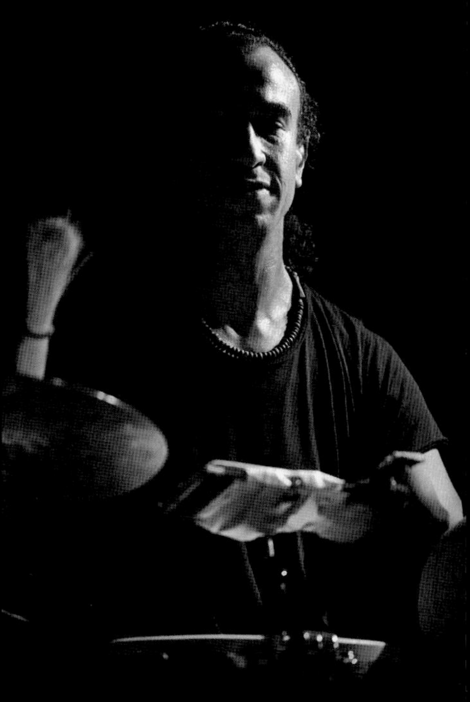

Oben: Dave Holland (2012), Rhani Krija (2017), unten: Jeremy Pelt (2013)

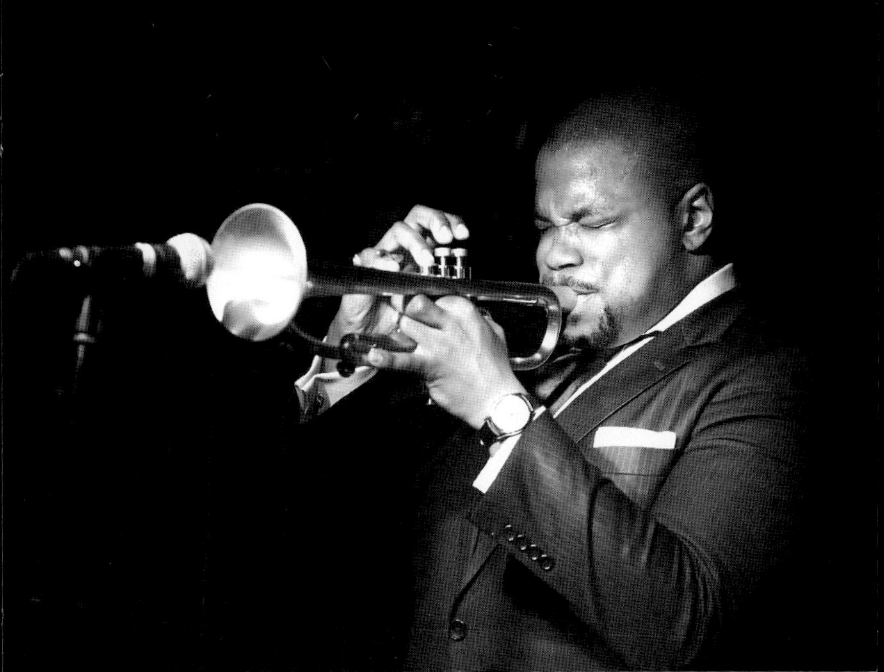

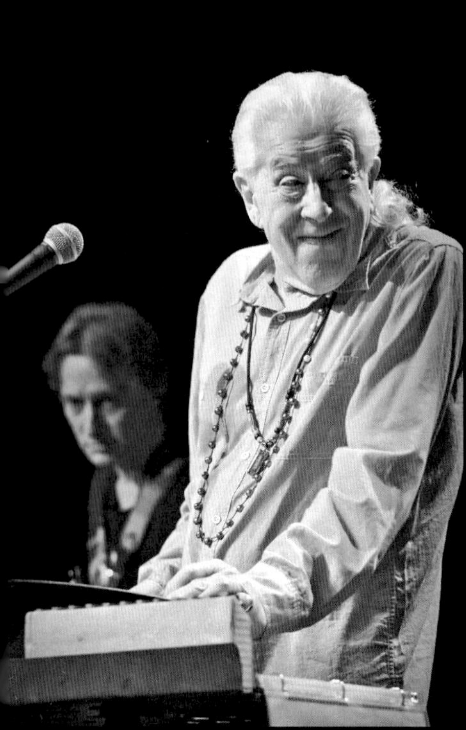
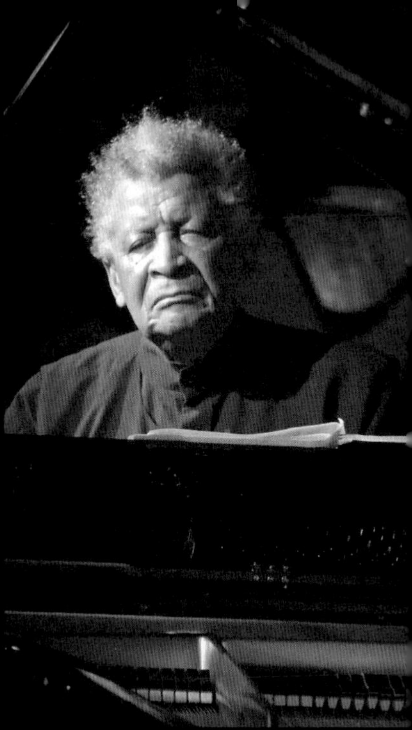

Oben: John Mayall (2012), Abdullah Ibrahim (2016), unten: Michel Legrand (2012), Michael Burks (2012)

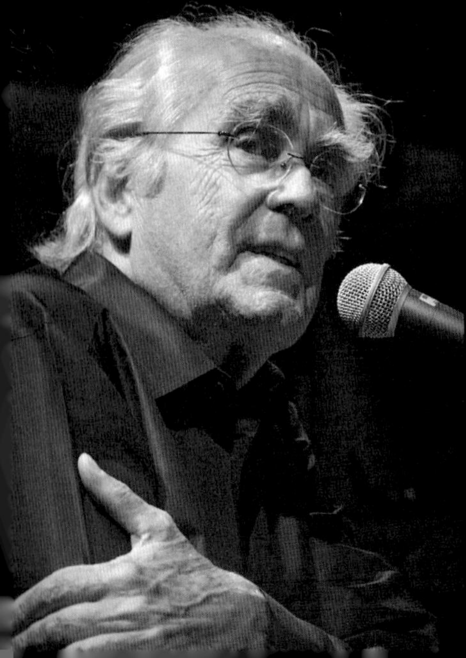
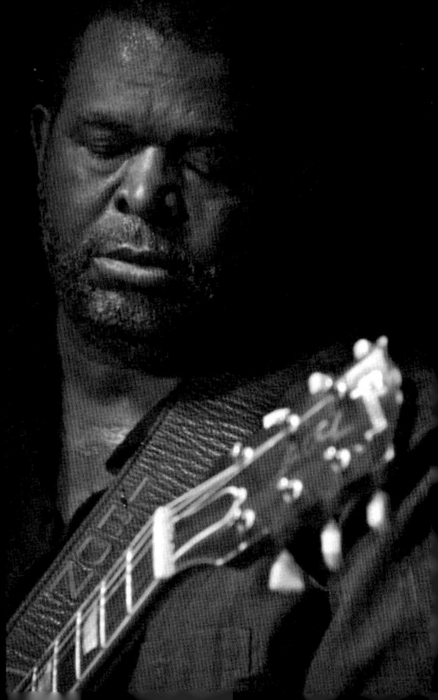

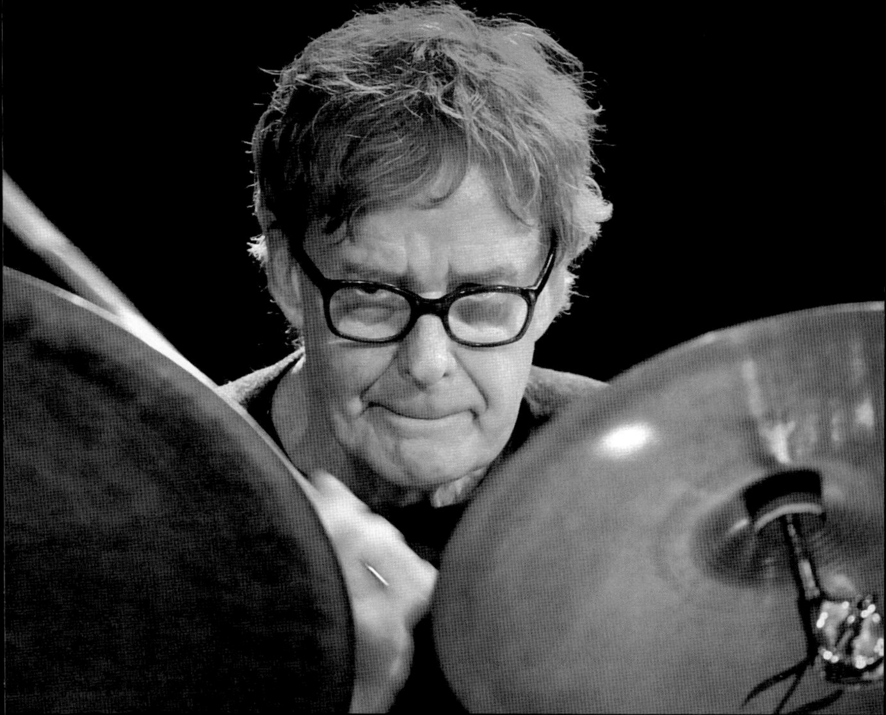

Oben: Jon Christensen (2013), unten: Jamaaladeen Tacuma (2015)

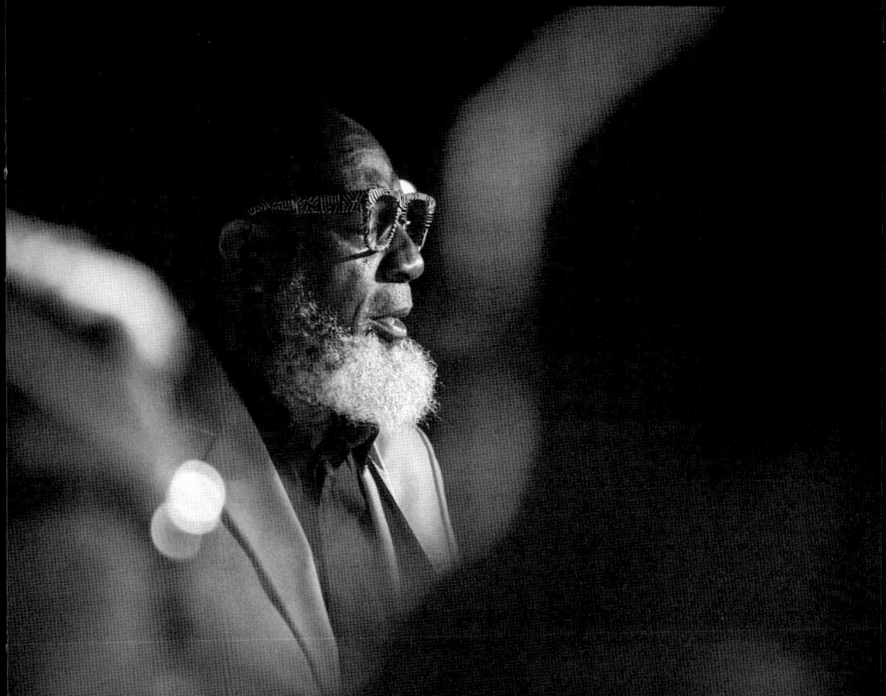

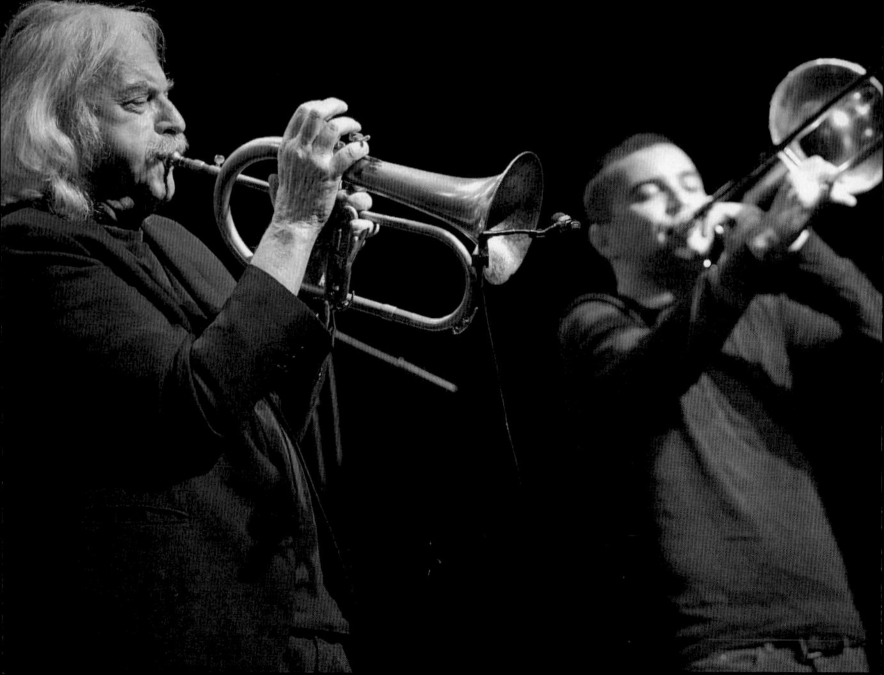

Oben: Enrico Rava, Gianluca Petrella (2017), unten: Ginger Baker (2012)

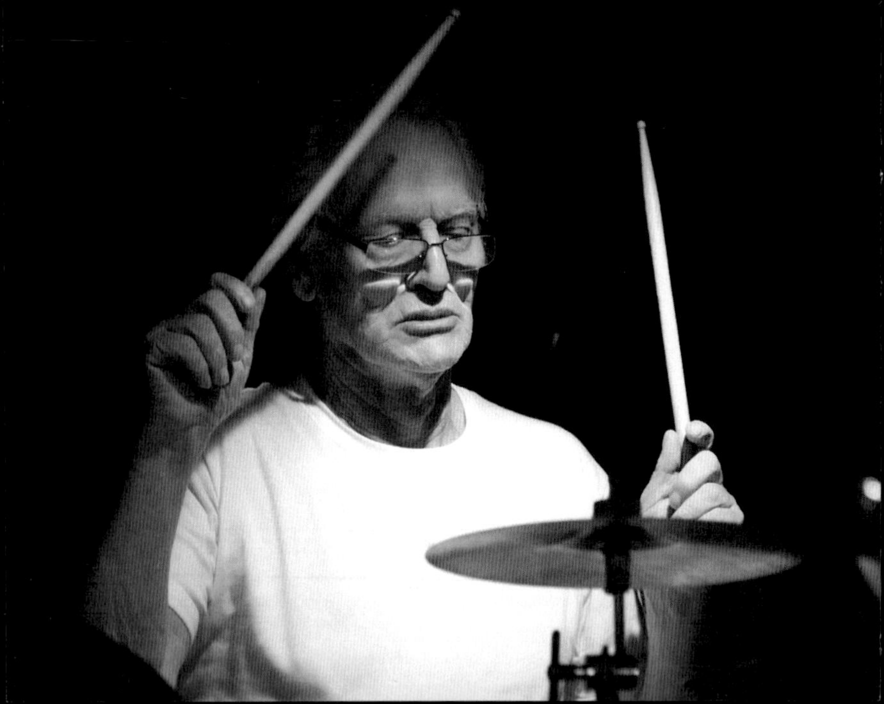

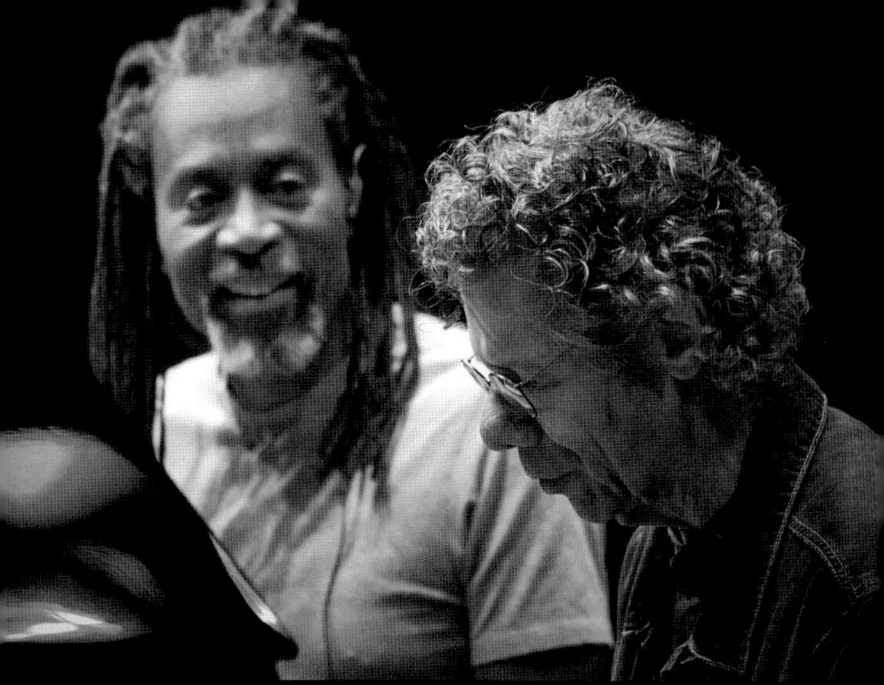

Oben: Bobby McFerrin, Chick Corea (2012), unten: Pharoah Sanders (2013)

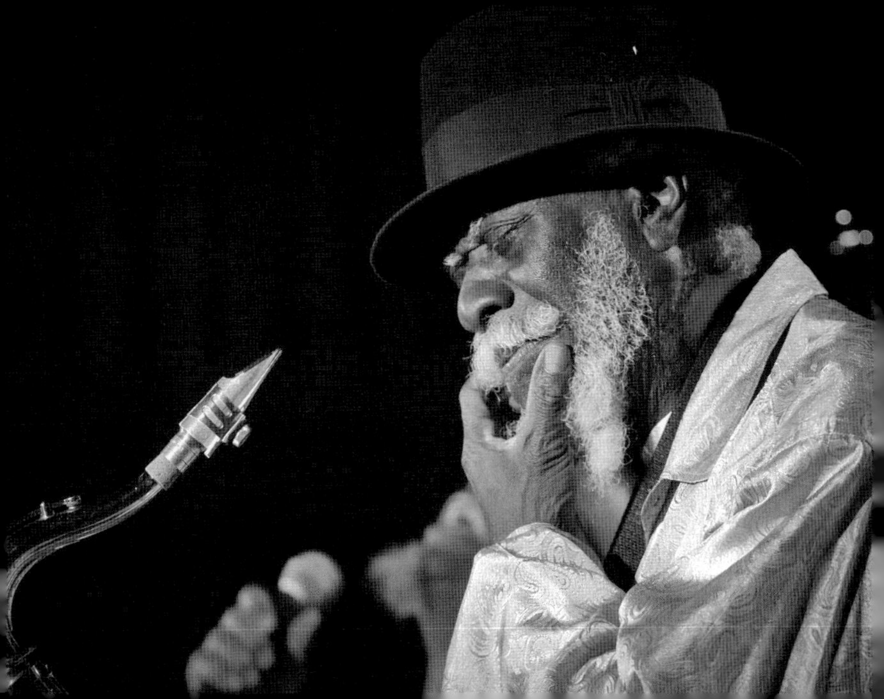

Al Jarreau (2011)

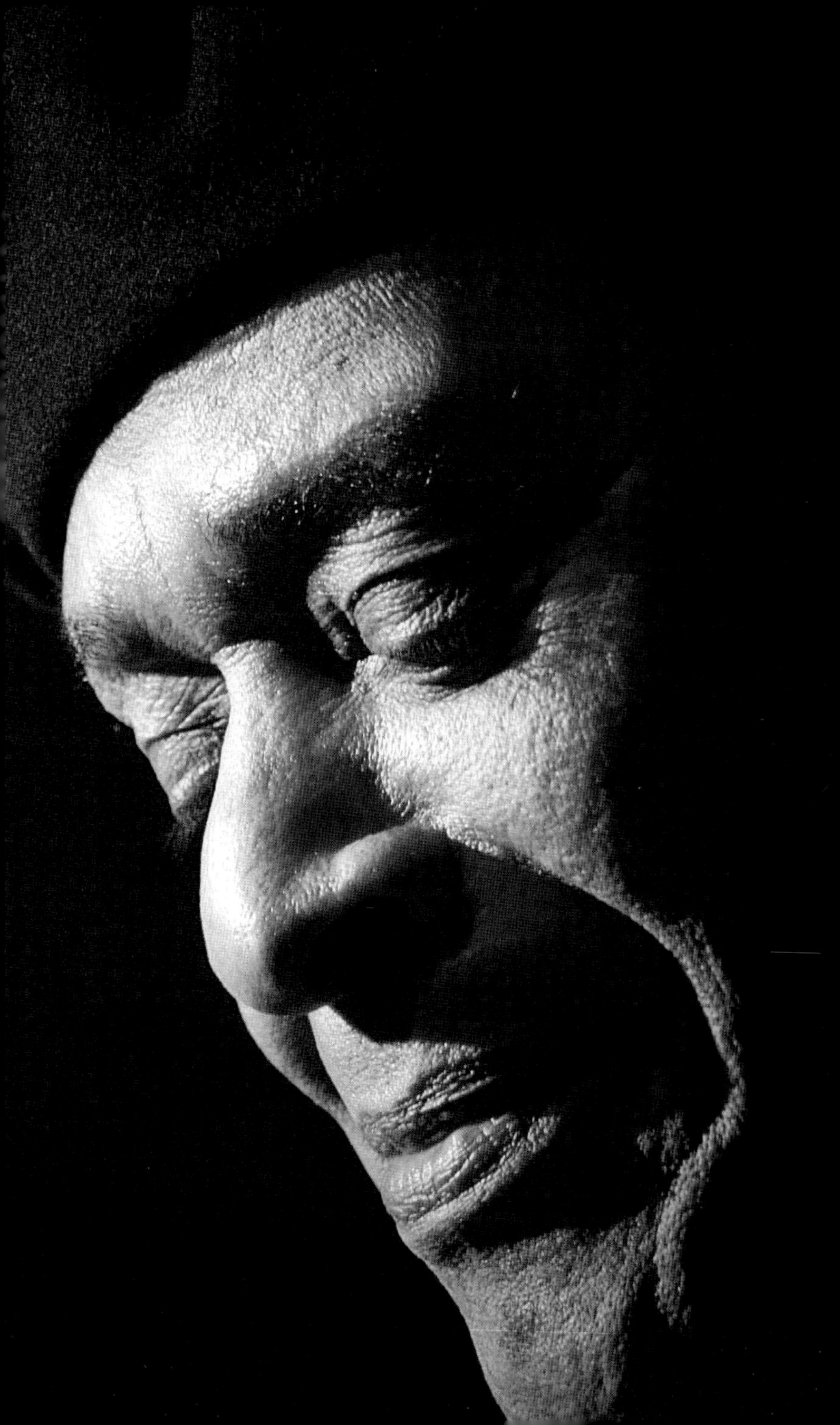

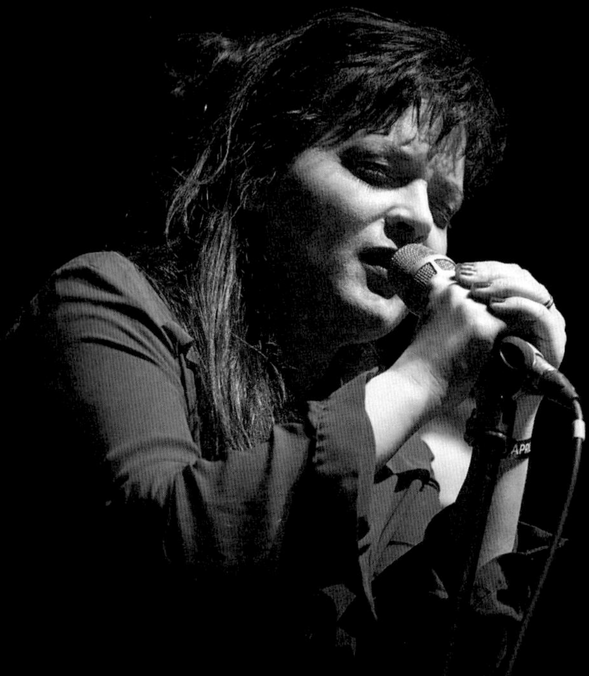

Oben: Elina Duni (2019), unten: Joe Jackson (2019)

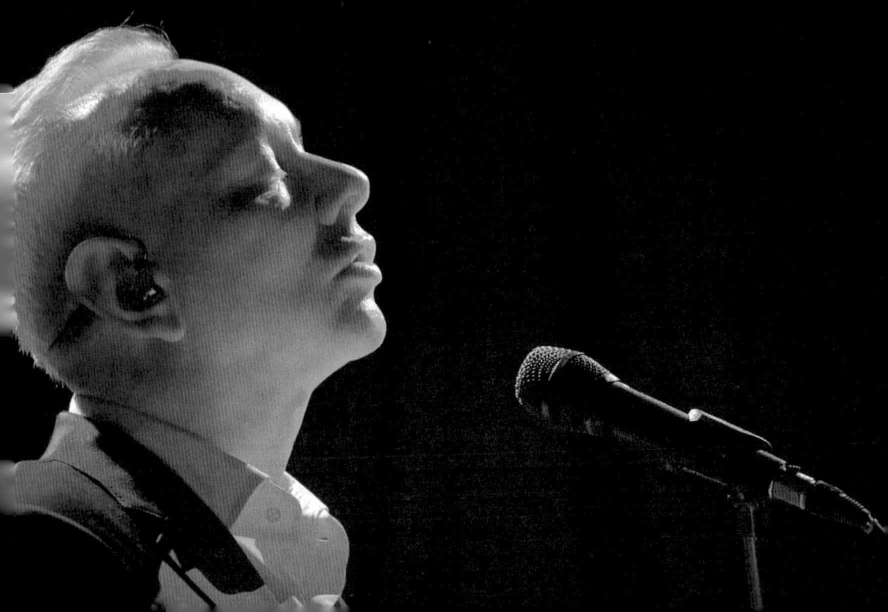

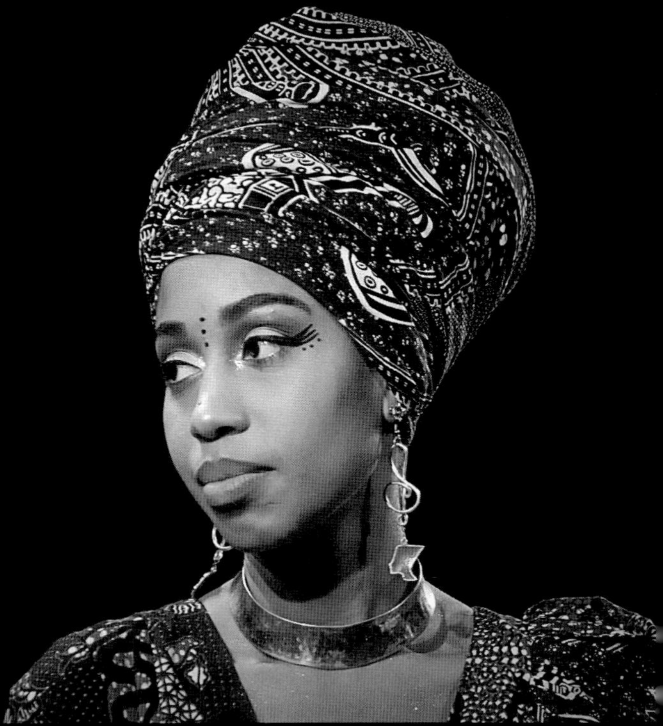

Oben: Jazzmeia Horn (2018), unten: Wallace Roney (2017)

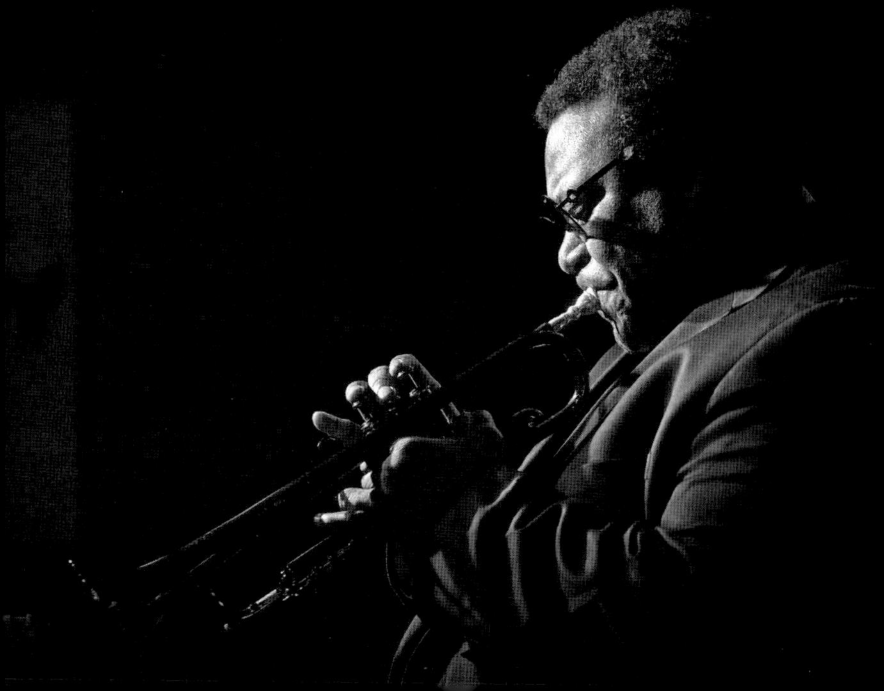

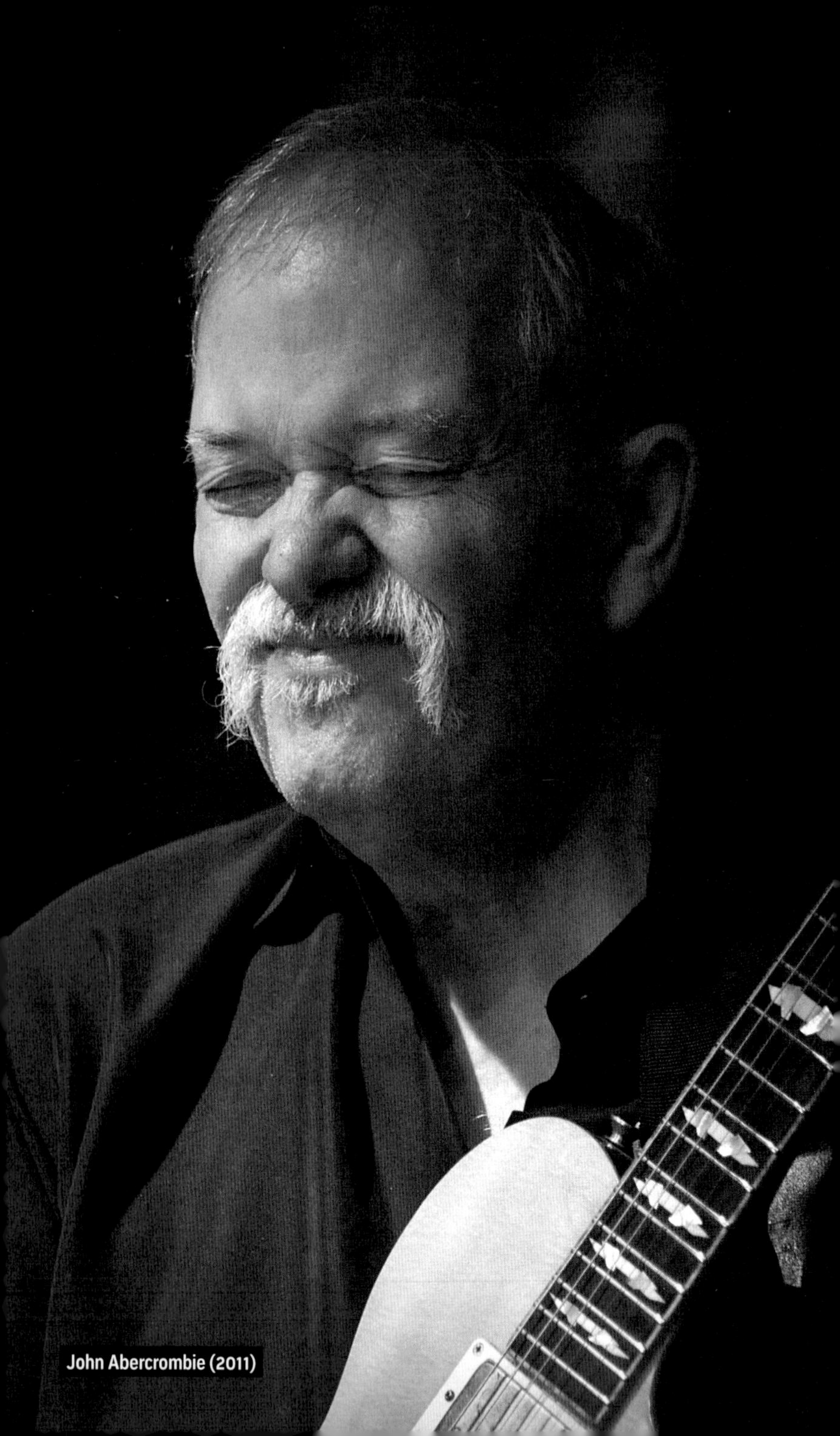

John Abercrombie (2011)

und ist faltig wie ein alter Indianer.«[125] Da war er 47 Jahre alt. Zuvor brachte er als Autodidakt eine sagenhafte Karriere zustande, als Trompeter, Modell, Dandy, dann das Heroin, Zusammenbrüche, Gefängnis, Schlägereien. Eine kostete ihn 1966 einige Vorderzähne und Jahre der Karriere. Ein mühsamer Wiederanfang, auf und ab, bis er am 13. Mai 1988 in Amsterdam mit einer Mischung aus Heroin, Kokain und Amphetaminen im Blut aus dem Hotelfenster fiel.

Bud Powell ebenfalls: »Bud fing an zu drücken, als gäbe es kein Morgen mehr. Das war das Allerletzte, was er hätte tun sollen, denn es machte ihn verrückt [...] Schließlich schickte ihn seine Mutter 1946 in die psychiatrische Abteilung des Bellevue in New York City, wo sie ihn mit Elektroschocks behandelten. Sie dachten wirklich, er wäre verrückt. Nach diesen Elektroschocks war Bud nicht mehr derselbe – nicht als Musiker und nicht als Mensch.«[126] Auslöser des maßlosen Konsums war eine Schlägerei, der Motor das Heroin, Resultat das verschwundene Genie eines Pianisten, der zwar noch großartige Aufnahmen wie *The Amazing Bud Powell* (1949–51) einspielte, jedoch immer wieder im Krankenhaus oder Gefängnis landete, zeitweise von der Fürsorge lebte und 1966 an einer Mischung aus Leberversagen, Tuberkulose und Unterernährung starb.

Drei Musiker, denen das Heroin im Wege stand. Die Jazzgeschichte ist voll von ähnlichen Tragödien. Charlie Parker, gestorben 1955 an Leberzirrhose, Herzversagen und Lungenentzündung im Alter von 34 Jahren, bei der Obduktion auf ca. 53 geschätzt. Bill Evans, gestorben 1980 an Leberzirrhose, Lungenentzündung und Auszehrung aufgrund langjährigen Drogenkonsums im Alter von 51 Jahren. John Coltrane, gestorben 1967 an Leberkrebs als Folge seines exzessiven Drogenkonsums in den 1950ern im Alter von 40 Jahren. Es gab auch Musiker, die ihre Rauschmittel im Griff hatten. Dizzy Gillespie zum Beispiel, mitten unter all den Junkies, aber ohne große Ausfälle. Max Roach, zwischenzeitlich depressiv mit Alkoholproblemen, aber letztlich viel zu ernsthaft, um sich groß von Drogen beeindrucken zu lassen. Oder Louis Armstrong, ein Freund des Marihuana, jahrzehntelang tiefenentspannt. Fest steht, dass Rauschmittel im ersten halben Jazzjahrhundert fest zum Repertoire gehörten. Eine profunde Drogengeschichte des Jazz, die nicht nur die Sensationen und Tragödien, sondern auch die Ursachen und Gründe der Verbindung von Musik, Rausch, Produktivität und Illusion untersucht, wurde bislang noch nicht geschrieben. Aber sie wäre wohl die Mühe wert. Schon weil der Jazz auf Dauer alle Verführungen überlebt hat.

86. Grund

Weil man mit Jazz gut alt werden kann

Nicht jedem ging es so wie Henry Grimes. Der Bassist aus Philadelphia hatte zunächst im Umkreis von Coleman Hawkins und Sonny Rollins Erfahrungen gesammelt, eine Zeit lang sogar Charles Mingus sekundiert, als jener lieber Klavier als Bass spielen wollte, war dann mehr in das experimentelle Lager navigiert, um schließlich in der freien Szene zu landen, wo man nicht viel Geld verdiente, dafür aber seine eigene Musik machen konnte. Als er 1968 gefragt wurde, ob er für ein paar Gigs von New York nach San Francisco kommen wolle, schnallte er seinen Kontrabass auf das Autodach und fuhr mit ihm drei Tage durch Amerika.

Am Ziel angekommen, hatte sein Instrument Risse und musste dringend repariert werden. Grimes gab den Bass in Zahlung und wartete auf die Reparatur. Nichts passierte, Grimes schlug sich mit Gelegenheitsjobs durch, fing in Ermangelung eines Instruments an zu dichten. Dabei blieb es rund 35 Jahre lang, bis ein Sozialarbeiter auf ihn aufmerksam wurde, eine Sammlung organisierte und er von dem New Yorker Kollegen William Parker ein Instrument geschickt bekam, nebst Einladung, 2003 beim Vision Festival zu spielen. So begann die zweite Karriere des Henry Grimes an der Seite etwa des Gitarristen Marc Ribot oder auch als Solist[127].

Im Unterschied zu ihm gelang es vielen Kollegen, weitaus entspannter mit ihrer Musik zu altern. Tatsächlich hat der Jazz als Musik, die ursprünglich einer jugendlichen Subkultur entwuchs, im Unterschied zu den Konkurrenten im Rock 'n' Roll den Vorteil, dass er sich im Laufe der Jahrzehnte einen Kunstcharakter erarbeitet hat, der dem der klassischen Musik nahe kommt. Berufsjugendlich jedenfalls muss keiner sein, der nicht will. Dafür bietet die universale Sprache der improvisierenden Musik jederzeit die Möglichkeit, das sich jemand mit Kollegen auf die Bühne stellt, die eine oder gar zwei Generationen jünger sind, sie qua Erfahrung inspiriert oder sich selbst ein wenig vitalisiert. So oder so haben Jazzer das Glück, sich in der Regel nicht verbiegen zu müssen. Sie werden eingeladen, weil Zuhörer und Veranstalter wissen, was sie gespielt haben und was sie bis heute machen.

Daraus entsteht eine Ausstrahlung der spielerischen Weisheit, die Zuhörer fasziniert, wenn sie etwa einen Benny Waters mit 95 Jahren hören, der im Saxofonsound klingt, als sei er den 1930ern entschlüpft. Oder die einen Roy Haynes hinter dem Drumset erleben, der mit 85 aussieht wie 65 und trommelt wie 45. Oder die einen Monty Alexander mit 75 am Ende eines Konzerts vom Flügel aufstehen sehen, mit feuchten Augen, weil sich wieder Momente eines gemeinsamen Flows eingestellt haben, die einen Künstler auch nach Jahrzehnten auf der Bühne bewegen. »Als ich zum ersten Mal Jazzmusiker gesehen habe, Größen wie Hubert Laws oder George Coleman, umgab sie eine Aura«, erinnert sich der Fotograf und Journalist Arne Reimer, der für seine zwei Bildbände mit *American Jazz Heroes* eine Hundertschaft der prägendem Stilsenioren an ihren Wohnorten besuchte und auf hinreißend persönliche Weise porträtiert hat. »Sie hatten Haltung und strahlten das auf eine Art und Weise aus, die einem sofort bewusst gemacht hat, dass sie voller Informationen sind. Das Gefühl, das sie mir gaben, war das gleiche, das ich von Predigern bekommen hatte, die ich seit meinem dritten Lebensjahr immer wieder beobachtet hatte: voller Informationen, voll der heiligen

Schrift, voller Wissen und Geschichte, Gedanken und Weisheit.«[128] Man muss nicht alt sein, um Jazz spielen zu können. Aber man kann im Alter großartigen, empathischen Jazz spielen.

87. Grund

Weil Jazz den Club als Soziotop geschaffen hat

Als der Jazz aus dem Ei schlüpfte, hatte er noch kein Nest, wo er sich hätte geborgen fühlen können. Die ersten Bands in New Orleans spielten in Bars und Bordellen, auf öffentlichen Plätzen oder auf der Straße, in Tanzsälen oder auf Riverboats. Als in den 1920er-Jahren wandernde Musiker andere amerikanische Städte wie Kansas City, Chicago oder New York erreichten und an die dort vorhandenen Lokalitäten andockten, fanden sie sich wiederum in Nachtclubs und Vergnügungslokalen wieder, wo sie in der Regel zur Unterhaltung des Publikums engagiert wurden. Um eigene Orte für ihre Musik zu schaffen, musste sich erst auch das Selbstverständnis ändern. Ab dem Moment, wo Jazzer sich als Künstler verstanden, die unabhängig von den Vorstellungen der Hörer ihr Ding entwickelten, brauchten sie auch spezifische Orte, wo sie ihre klingenden Botschaften verbreiten konnten. Der Saxofonist Henry Minton war einer der Ersten, die sich auf verändernde Bedürfnisse der Musiker einstellten. Im Jahr 1938 eröffnete er im ersten Stock des Hotels Cecil in Harlem in der 210 West 118th Street sein »Minton's Playhouse«. Eine feste Hausband wurde engagiert, und es sprach sich in Musikerkreisen herum, dass man dort nach den Brotjobs in Big Bands der Stadt auch noch vorbeikommen konnte, um eigene Sachen auf einer Bühne auszuprobieren. Die Newcomer und Freelancer der Orchester, die von den festgelegten Arrangements und Auftrittsgewohnheiten des Swings mehr und mehr gelangweilt oder auch unterfordert waren, suchten nach Orten, wo sie weitermachen konnten. Publikum war auch dabei, interessant als Spiegel der Entwicklung, aber zunächst nicht im Fokus des Veranstalters. Clubs wie das »Minton's« wurden auf diese Weise zu einem Freiraum, wo ein umfassender Strukturwandel knospen konnte. Als der Bebop entstand, schuf er sich daher mit dem Jazzclub zugleich strukturell einen Ort, der von da an der amtliche Referenzraum für die Präsentation von Kunst wurde. Bereits zu Swing-Zeiten eröffneten weitere Lokale beispielsweise in der 52nd Street nahe den CBS Studios und der Radio City Hall wie das »Three Deuces« (1937), »The Onyx« (1927), »The Famous Door« (1935), zu denen die Bühnen hinzukamen, die wie das »Jimmy Ryan's« (1940), »Downbeat« (1944) oder »Birdland« (1949) vor allem als Bebop-Treffpunkte frequentiert wurden. Bis heute zählen Clubs wie das »Village Vanguard« in New York, das »Ronnie Scott's« in London oder auch die »Unterfahrt« in München zu den Wohnzimmern des Jazz, sowohl für die Künstler auf der Bühne wie auch für das Publikum.

In Europa kam eine weitere Entwicklung hinzu. Denn mit zunehmender Verbreitung der Musik über Schellackplatten, Radio und Konzerttourneen entwickelte sich eine Liebhaberszene, die als Hörer und Veranstalter dem Jazz folgen wollte. Im Jahr 1932 gründete der Autor Hughes Panassié den »Hot Club de France« als eine Art Jazz-Verein, dem ein Jahr später Charles Delaunay als Impresario folgte, der dann zahlreiche Swing-Stars unter dem Club-Signum nach Frankreich holte. Berühmt wurde der Hot Club aber nicht wegen der Konzerttätigkeit, sondern wegen des angegliederten Ensembles, des »Quintette du Hot Club de France«, das von 1934 an zur Heimat des Gypsy Jazz wurde. Hot Clubs und Jazzclubs gingen organisatorisch zuweilen ineinander über, führten im Pariser Quartier Latin zu Kellerkneipen wie »Le Caveau de la Huchette« (1946) und in Deutschland zu eigenen Soziotopen wie den Jazzkellern, die seit den 1950er-Jahren von Frankfurt am Main bis Neuburg an der Donau Musiker und Fans zusammenbrachten. Seitdem hält sich der Club als typischer Ort der künstlerischen Äußerung beständig im Repertoire der mit der Musik verbundenen Mythen, inzwischen zwar nicht mehr verraucht wie einst, aber noch immer umrankt von den Narrativen der Sternstunden, die man als Eingeweihter in seinen Mauern erleben kann.

88. Grund

Weil die Knitting Factory mehr als nur ein Club war

New York ist die Stadt der Gleichzeitigkeit. Der Saxofonist, Komponist und Konzeptkünstler John Zorn zum Beispiel versuchte, verschiedene Musiken zusammenzubringen. Projekte wie *Naked City* (1989) und *Torture Garden* (1990) collagierten Gegensätze von Easy Listening bis Death Metal zu extrem beschleunigten Hörfilmen. Die verschiedenen Bands des Masada-Komplexes brachten seine Ideen der Radical Jewish Culture in den 1990er-Jahren unter ein Dach. Zorn komponierte klassisch und frei, trashig und hintersinnig und wurde zu einem zentralen Impulsgeber der postmodernen Jazz-Avantgarde, ähnlich wie der Saxofonist John Lurie, der mit dem Bandkollektiv The Lounge Lizards zu Beginn der 1990er-Jahre einen dezent entschleunigten Gegenpol zu Zorn bildete. Zwei Kreative mit ihren Kreisen, neben den Traditionalisten, den Loft-Avantgardisten, M-Base und vielen mehr. Musiker mit Ideen, die Orte brauchen, um zu spielen. Hier kam Michael Dorf ins Spiel. Er war 1987 von Wisconsin nach New York gezogen, renovierte eine Hinterhoflagerhalle in der Houston Street und versuchte es erfolglos mit Konzerten seiner Band Swamp Thing. Immerhin fand sich ein Kompagnon und bald in dem Pianisten Wayne Horvitz auch ein Insider, der die verschiedenen Musiker-Cliquen kannte. Von da an ging es aufwärts, denn bald tummelten sich John Zorn, Elliott Sharp, Bill Frisell, Arto Lindsay, Steve Coleman und andere Opinion Leader der Avantgarde in dem kleinen Club, dem Dorf den Namen »Knitting Factory« gegeben hatte. Mit einfachen Mitteln wurden Demos produziert und an Radiostationen herausgegeben. Die Konzertmitschnitte erwiesen sich als sehr beliebt, Dorf gründete das Label »Knitting Factory Works«, benannte es um in »Knitting Factory Records« und hatte bis 1997 bereits die ersten 100 Veröffentlichungen im Repertoire. Der Club wiederum platzte aus allen Nähten und zog daher 1994 vom East Village nach Tribeca in die erste Lage zwischen Church Street und Broadway um. Nun konnten drei Bühnen bespielt werden, und aus dem Insider-Ding wurde einer der wichtigen Musiktreffpunkte der Stadt.

Zwar gab es auch Rückschläge und Streitereien, vor allem wegen Geschäftlichem. Dorf schaffte es aber trotzdem, seinen Einfluss auszubauen. Denn neben dem Knitting Factory Club und dem Label organisierte er auch das *What Is Jazz?*-Festival, das er 1998 in *New York Jazz Festival* umbenannte und neben George Weins Konkurrenzprodukt aufbaute. Inzwischen landeten viele Independent-, Hard-Core- und Hip-Hop-Künstler an der Knitting Factory an, das Unternehmen geriet an die finanzielle und organisatorische Belastungsgrenze, und Dorf zog sich 2007 daraus zurück. Der eigentliche Club bewegte sich 2009 nach Brooklyn weiter, die Veranstaltungsagentur ist weiterhin in großem Rahmen aktiv, wenn auch schon lange nicht mehr auf Jazz beschränkt. Im Rückblick aber hat die Knitting Factory vieles geschafft. Mehr als ein Jahrzehnt war sie eine zentrale Anlaufstelle für avancierte Musikprojekte von Jazz bis Independent, ein Knotenpunkt der Information, Verteilung, Inspiration. Das, was die New Yorker Avantgarde-Musikszene rund um die Jahrtausendwende gebraucht hat.

89. Grund

Weil ein Klaviertrio wie eine Rockband klingen kann

Warum, fragten sich drei Schweden, muss ein Klaviertrio eigentlich wie ein Klaviertrio klingen, und fingen an zu experimentieren. Dabei ging es ihnen zwar um das unmittelbare musikalische Resultat, aber auch um die Haltung, mit der sie sich ihren Songs näherten. Das Klaviertrio war im kulturellen Gedächtnis der 1990er-Jahre noch immer das Revier von Bill Evans, dessen astrale Sensibilität über Jahrzehnte den Standard gesetzt hatte, auch wenn famose Kollegen von Keith Jarrett und Chick Corea bis Brad Mehldau auf ihre Weise mit starken Persönlichkeiten dagegen rebellierten. Sie alle aber blieben im System, knüpften an die Strukturen an, ohne sie hinter sich lassen zu wollen. Esbjörn Svensson hingegen sah das nicht so eng, ebenso wenig seine Familie, die schon den Buben und seine Musikträume unterstützte. Als Esbjörn eines Tages »Ballroom Blitz« von den Glam-Rockern The Sweet hörte, bastelte er sich ein Drumset aus alten Farbeimern und schlug so lange auf den Plastikhaufen ein, bis es ein wenig wie die glitzernden Kollegen klang. Dann aber bekam sein Nachbar Magnus Öström ein richtiges Schlagzeug geschenkt und Esbjörn konzentrierte sich auf das Klavier, aus pragmatischen Gründen, denn zwei Drummer ergaben keine Band. Die beiden eroberten sich spielerisch die Welt der rockigen, improvisierten Klänge und entwickelten bereits zu Schulzeiten ein enges kreatives Miteinander, das sie dann mit eigenen Bands pflegten.

Den entscheidenden Kick bekam das Ganze, als 1993 der Bassist Dan Berglund zum Team stieß, der ähnliche Ideen hatte, wie eine Band klingen könnte. Als das Label ACT das Trio unter Vertrag nahm und von dem Album *From Gagarins Point Of View* (1999) an entsprechend promotete, gelang der Sprung auf die großen Bühnen mit viel Fleiß und Einsatz. Mehr als 100 Konzerte spielte das Esbjörn

Svensson Trio (e.s.t.) in den folgenden Jahren pro Saison, zuzüglich Studioaufnahmen, Promoterminen und diversem Kleinkram zu Werbezwecken. Damit näherten sich die drei Schweden dem Zeitplan von Popstars und widerlegten mit zunehmend ausverkauften Häusern die Mär von der schwer vermittelbaren Nischenkunst. Das wiederum funktionierte, weil sie einen eigenen Stil entwickelt hatten, der die musikalische Tradition des Klaviertrios mit anspruchsvoller Eingängigkeit der Melodien und berauschender Steigerungsfähigkeit bis hin zu ekstatischen Momenten verknüpfte.

Ein Konzert von e.s.t. konnte kathartische Wirkung haben, wenn die Musiker ihre gemeinsame Kreativität in den Saal entluden. Es konnte berauschen, betören, aber die Hörer auch wieder auf den Boden holen. Wäre der Bandleader nicht im Juni 2008 bei einem Tauchunfall ums Leben gekommen, hätten sich bestimmt noch andere Phasen der Neudefinition des Triospiels entwickeln können. Bis zu diesem Punkt aber waren e.s.t. so weit, das Energielevel einer Rockband mit Jazzbesetzung zu präsentieren. Das Ganze war ein Experiment, das beim Publikum ankam, dem Feingeist früherer Jahre die lange Nase zeigte und auch schon bald mit Kollegen wie The Bad Plus Gleichgesinnte auf den Plan brachte, die Ähnliches ausprobierten. Nicht neu im Material, aber so überzeugend in der Umsetzung, dass e.s.t. zumindest in Europa zu einer der wichtigsten Bands des Jahrzehnts avancierten.

9. Kapitel

KURIOSA UND ANEKDOTEN

Von Wein bis Weltraum

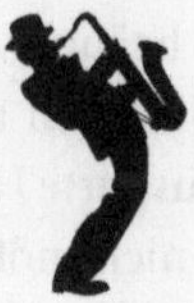

90. Grund

Weil zwei Österreicher um ihn kämpften

Insgeheim waren beide ihr Leben lang neidisch auf den anderen. Der eine galt als einer der größten Mozart-Interpreten des Jahrhunderts, ein Klaviergenie mit ebenso originellem wie originalem klassischen Klavierverständnis. Friedrich Gulda, Jahrgang 1930, geborener Wiener, Schüler von Bruno Seidlhofer und Joseph Marx, seit Teenagerjahren in seiner Welt erfolgreich und seit seinem Debüt in der Carnegie Hall 1950 auch in der Hauptstadt des Jazz ein Begriff. Joe Zawinul wiederum war der souljazzigste Pianist, den die Alte Welt bislang kannte, auf seine Weise auch genial, allerdings im improvisierenden Fach. Jahrgang 1932, ebenfalls ein Wiener, kam er aus ärmlichen Verhältnissen, hatte aber wie Gulda das absolute Gehör und enormes Talent. Über ein Stipendium gelangte er 1959 nach New York, wurde von Ella Fitzgerald, bald darauf auch von dem Saxofonisten Cannonball Adderley gebucht, als einziger Weißer in einer der hipsten schwarzen Bands der 1960er. Von da an musste er sich über Karriere keine Sorgen mehr machen.

So gingen beide ihren Weg. Gulda profilierte sich neben Klassik auch als Komponist, initiierte wichtige Ereignisse der Grenzüberschreitung wie 1966 den internationalen Wettbewerb für modernen Jazz in Wien und nahm jede Möglichkeit wahr, mit Jazzkollegen zu spielen. Zawinul landete in Miles Davis' legendärer Electric Band, gründete 1970 die Fusion-Combo Weather Report und machte die von der Kritik argwöhnisch beäugte Sparte Jazzrock mit Hits wie *Birdland* populär. Und weil sie sich aus Studententagen kannten, konkurrierten sie noch als reüssierte Herren um Deutungshoheiten, auch wenn es eigentlich gar nicht nötig gewesen wäre. »Seit unserer Jugend war der Gulda immer eifersüchtig«, erinnerte sich Joe Zawinul im Jahr 2000 in einem Interview. »Er hat es nie vergessen können, dass ich etwas kann, was er nie konnte. Er war auch ein großer Improvisator. Aber ich habe authentisch schwarze Musik gespielt. Obwohl er mein Mentor war, hat er immer versucht, mich irgendwie zu blocken, auszubremsen. Wir haben zum Beispiel einige Duett-Konzerte gespielt, die waren okay. Aber dann suchte er wieder etwas heraus und drückte mir die Haydn-Variationen von Johannes Brahms in die Hand. Höllisch schwer für zwei Klaviere. Wir haben das Programm dann öffentlich gespielt. Am nächsten Tag stand in der Zeitung, dass der Gulda mir nichts entgegensetzen konnte. Er hat das gelesen und meinte: ›Sigst, ich habe dir das bessere Klavier gegeben!.‹«[129] Ein Mitschnitt der Aufnahme des Konzertes von 1988 erschien mit reichlich Verspätung 2006 und präsentiert unter dem Titel *Music For Two Pianos* den Brahms, ein Stück von Gulda mit Big-Band-Begleitung und eines von Zawinul. Ein Fest der Anschlagkultur, Virtuosität, Klavierkunst im Allgemeinen und des Wiener

Interpretationsschmäh im Speziellen. Was die beiden Konkurrenten aber nicht daran hinderte, sich auf ihre alten Tage doch noch zu zerstreiten. Dabei ging es allerdings nicht um Jazz, sondern um einen Witz, der bei falschen Gelegenheiten erzählt worden war. Friedrich Gulda starb bald nach dem Streit im Jahr 2000, Joe Zawinul war noch bis 2007 häufig auf der Bühne zu erleben. Außergewöhnlich waren sie beide, in ihrer Musik, als Künstler und manchmal grantlernde Genies.

91. Grund

Weil Jazz Miles Davis zu seinen Ferraris verholfen hat

Viel hat er ihn nicht gefahren. Als der kanariengelbe 1980er Ferrari 308 GTSi im Jahr 2018 bei einer Auktion unter den Hammer kam und von einem Musikenthusiasten für 70.000 US Dollar ersteigert wurde, hatte das exklusive Gefährt lediglich 10.000 Meilen auf dem Tachostand. Aber es war eh nicht Miles Davis' einziger Liebling gewesen. Ein anderer stammte bereits aus dem Jahr 1967, ein stilecht rotes Prachtstück aus der 275-GTB/4-Baureihe mit der Seriennummer 10669. Außerdem besaß er über die Jahre einen 250 California Spider, einen 250 GT Lusso und einen Testarossa[130]. Dann war da noch ein Mercedes-Cabrio, Baureihe 190 SL, fast schon Understatement, ein Jaguar XJ-S und ein Lamborghini Muria, froschgrün, das gleiche Modell, das der Rockkollege Rod Stewart sich in Weiß zugelegt hatte. Ganz gerne hätte er wohl auch einen Lotus Formula One gefahren, nur mit so einer Formel-1-Rakete hätte er sich auf normalen Straßen nicht blicken lassen können. Und überhaupt waren die Sportwagen seiner Gesundheit nicht zuträglich. »Im Oktober 1972 fuhr ich meinen Wagen auf dem Westside Highway zu Schrott«, erinnerte sich der Trompeter in seiner Autobiografie. »An dem Abend kamen wir von einer Tour zurück, und alle waren müde. Obwohl ich eine Schlaftablette genommen hatte, konnte ich nicht einschlafen. Ich wollte mit Jackie [Battle, seiner zwischenzeitlichen Freundin] noch in irgendeinen Nightclub in Harlem, aber sie hatte keine Lust und blieb zu Hause. Jedenfalls schlief ich hinterm Steuer ein, knallte mit meinem Lamborghini gegen eine Verkehrsinsel und brach mir beide Knöchel.«[131]

Resultat waren drei Monate Krankenhaus, danach Wochen auf Krücken, was wiederum seiner Hüfte, die er sieben Jahre zuvor schon hatte operieren lassen, nicht guttat. Es war die Zeit, wo aus dem höflichen Zahnarztsohn, der sich in Bebop-Clubs herumtrieb, längst ein Superstar geworden war. »In dieser Zeit verdiente ich jährlich zwischen dreihundertfünfzigtauend und vierhunderttausend Dollar – aus Aktien, Platten, Tantiemen und Gagen«[132], ein stattliches Einkommen, das Davis neben Sportwagen bevorzugt leider auch für Kokain und allerlei Bewusstseinserweiterungen ausgab. Insofern war er mitten im Diskurs einer sich seit der zweiten Hälfte der 1960er-Jahre dem rapide wachsenden Mainstream widersetzenden Gegenkultur, die von den prosperierenden großen Plattenfirmen ebenfalls auf der Suche nach dem Trend von morgen gefeatured wurden. Dazu gehörten beispielsweise Nebenlinien des Blues und der psychedelischen Musik oder auch der ganze Progressive Rock, Bands wie Cream, Grateful Dead, Jefferson Airplane. »Weil niemand, vor allen Dingen kein Angestellter der großen Schallplattengesellschaften, wusste, was denn nun genau progressiv war, wurde auch viel jazzige Musik auf denselben Markt ausgerichtet.«[133]

Vielen Musikern wie Gary Burton, Keith Jarrett und Charlie Haden erleichterte das den Karrierestart, die Szene der Enthusiasten vermischte sich. Man experimentierte nicht mehr nur gemeinsam, sondern landete wie der Saxofonist Charles Lloyd auf Pop-Bühnen wie dem Fillmore West und wurde dort begeistert empfangen. Seit den Swing-Tagen waren sich Jazz und Popularmusik nicht mehr so nah wie in diesen Jahren rund um 1970. Und wer es wie Herbie

Hancock oder Jarrett seitdem geschafft hat, sich im Bewusstsein des Publikums als Star zu etablieren, konnte und kann sich von seinen Konzerthonoraren bis heute den einen oder anderen Ferrari leisten.

92. Grund

Weil er zu Garden Parties mit Promis taugt

Herbie Hancock ist ein umtriebiger Künstler. Als junger Pianist in der Band von Miles Davis machte er das skalenorientierte modale Spiel populär, installierte fast gleichzeitig eine Portion Funk im Jazz. In der frühen 1980ern vermischte er Elektronisches und DJ-Techniken, verhalf dem Jahrzehnt mit *Rockit* (1983) zum größten Instrumental-Hit der Dekade, blieb zugleich aber einer der versiertesten Modernisten des Jazzklaviers. Als die UNESCO ihn im Juli 2011 zum Kultur-Botschafter ernannte, dauerte es nicht lange, bis er mit der Idee eines »International Jazz Day« in der Tür stand, der die improvisierende Musik als kulturübergreifendes Medium des Austausches für Toleranz ins Rennen schicken könnte. Das passte gut ins Konzept, als Datum wurde der 30. April gewählt, weil sich der Monat bereits mit zahlreichen Aktivitäten im Rahmen des Jazz Appreciation Month des Smithsonian Institutes anbot.

Und so wurde 2012 in Paris beim Hauptsitz der UNESCO erstmals der internationale Jazztag veranstaltet. Seitdem wandert die mit viel Promi-Engagement unterstützte Veranstaltung durch die Welt, machte unter anderem am Congo Square in New Orleans, in Istanbul, Osaka und abermals Paris Station. Anno 2016 bog sie wieder in den USA ein und landete diesmal mit dem Hauptevent am politisch wohl prominentesten Platz des Landes, dem Weißen Haus. Präsident Barack Obama und die First Lady Michelle Obama wurden zu Gastgebern einer der größten und exklusivsten Jazzpartys, zu der seit Entstehung dieser Musik an dieser Stelle eingeladen wurde. Neben

Hancock traten unter anderem Aretha Franklin, Pat Metheny, Hugh Masekela auf, sogar Deutschland schickte mit dem Trompeter Till Brönner einen Abgesandten auf die Bühne.

Das war zwar nicht die übliche Form der Gartenparty im Weißen Haus, aber es konnte bereits an eine gewisse Tradition anknüpfen, die Jazzmusiker in den Park der Politprominenz brachte. Allerdings dauerte es lange, bis der erste improvisierende Künstler in die hehren Hallen eingeladen wurde. Premiere war am 19. November 1962. Es spielte das Sextett des Saxofonisten Paul Winter im East Room des Hauses und im Rahmen eines Programms, das sich vor allem an Kinder wandte. Seitdem gab es mehr improvisierende Musik am Amtssitz des Präsidenten.

Für Lyndon B. Johnson durfte Sarah Vaughan (1964) singen, Richard Nixon brachte es auf Duke Ellington (1969, anlässlich dessen 70. Geburtstag) und Pearl Bailey (1970). Sie kam 1975 noch einmal wieder, zum Dinner Concert mit dem ägyptischen Staatspräsidenten Anwar el-Sadat, so wie überhaupt die Frequenz der musikalischen Gäste unter Gerald Ford etwas zunahm, bis hin zu einem Konzert des Trompeters Dizzy Gillespie am 15. November 1977, was schon deshalb ein Kuriosum war, weil der Künstler selbst 1964 als Präsidentschaftskandidat angetreten war, mit dem Hintergedanken, damit vor allem die Bürgerrechtsbewegung zu stärken.

Die größte Versammlung von Jazzmusikern im Weißen Haus vor Obama fand wiederum am 16. Juni 1978 mit Gastgeber Jimmy Carter statt. Denn an diesem Datum feierte das *Newport Jazz Festival* dort sein 25-jähriges Bestehen, mit 800 Gästen und rund 50 Musikern von Lionel Hampton und Max Roach bis Sonny Rollins und Ornette Coleman. Einige kamen, wie Hampton, auch unter der Regierung von Ronald Reagan wieder, Von George Bush, dem Älteren, wiederum sind keine jazzmusikalischen Aktivitäten bekannt, während Bill Clinton unter anderem Betty Carter und Wynton Marsalis ins Haus holte und zuweilen als erklärter Jazz- und Bluesfan sogar selbst zum Saxophon griff.

93. Grund

Weil Boogaloo so herrlich retro ist

Wenn die Jungen anfangen, den Sound der Alten zu spielen, kann man daraus einiges folgern. Erstens kann das Original so schlecht nicht gewesen sein, wenn es wieder aus der Schublade geholt wird. Zweitens zeigt es, dass die Musik längst in die Phase des Historischen eingetreten ist. Drittens ist es meistens Teil eines Trends, der über einen begrenzten Zeitraum hinweg einen Höhepunkt erreicht, dann aber wieder durch andere Moden ersetzt wird. Die erste große Revival-Welle erfasste den Jazz jedenfalls Mitte der 1940er-Jahre, als der Big Band Swing im Sterben lag, der Bebop für viele zu intellektuell und die moderne Popmusik noch nicht erfunden worden war. Während der folgenden Jahrzehnte war jedoch der kreative Input der Künstler noch derart umfassend, dass die Stilformen dominierten, die wie Hardbop, Free Jazz, Jazzrock eine Weiterentwicklung verhießen oder sich wie Bossa Nova und Salsa mit Nachbarkulturen verbrüderten.

Erst als sich in den 1980er-Jahren eine gewisse kreative Ermüdung einstellte und der Mainstream beispielsweise im Fusion mit der Technisierung und dem Hang zur ästhetisierten Vordergründigkeit haderte, setzte die zweite Revival-Welle ein. Diesmal ging die Entwicklung von England im Allgemeinen und von Leuten wie dem Radio-DJ Gilles Peterson im Speziellen aus, der im Club »Dingwalls« im Londoner Stadtteil Camden und in seinen Sendungen für die BBC alte Soul-Jazz-Platten auflegte und sie mit ein paar zeitgemäßen Hip-Hop-Beats verschnitt. »Das Ergebnis war verblüffend organisch, so als hätten die Originale nur darauf gewartet, auf diese Weise aktualisiert zu werden. Um seine Hybride zu benennen, griff Peterson auf einen Begriff zurück, der in den späten 1960er Jahren schon einmal kursiert hatte, um besonders hypnotischen Soul Jazz zu beschreiben: ›Acid Jazz‹.«[134]

Diese Welle löste einerseits eine neue Begeisterung für alte Platten von Blue Note, Impulse! oder Prestige aus, führte außerdem mit der sich zügig entwickelnden Sampling-Technologie in unklarer Rechtslage dazu, dass reihenweise Jazzthemen auf Hip-Hop-Platten landeten, auf der anderen Seite sich aber auch Musiker wie der noch junge Trompeter Wynton Marsalis darauf besannen, selbst diesen Sound von damals anstimmen und verarbeiten zu können.

Neben solchen umfassenden Phasen des autoreferenziellen Rückbezugs auf die eigenen Wurzeln gab es aber immer schon Mikro-Revivals, die einzelne Nebenströmungen der Entwicklung wieder aufnahmen. Kommerziell erfolgreich wurde der Hype um den Buena Vista Social Club, der von 1997 an jazzgetönte Tanzmusik aus Kuba auf die Festivals brachte. Ebenfalls eine behutsame Rehabilitierung erfuhren seit den Jahren der Jahrtausendwende Jazzrock und Fusion, als Bands wie Medeski, Martin & Wood oder auch Projekte von Gitarristen wie John Scofield, Robben Ford, David Fiuczynski den funky Groove als Basis rehabilitierten. Und eine charmante Revitalisierung erfuhr in den 2010er-Jahren auch die afrokaribische Hybride Boogaloo, die ursprünglich in den 1960ern Son, Rhythm & Blues, Soul Jazz, Rumba und auch Charanga zusammengebracht hatte. Seine Künstler wie Pete Rodriguez, Willie Bobo oder Ray Barretto landeten zunächst auf den Plattentellern der Sample-Freaks und DJs, dann aber auch in den Spielplänen von Trend-Bands etwa des Electro Swings wie Caravan Palace, Parov Stelar oder junger Hammond-Organisten wie Andy Kissenbeck.

94. Grund

Weil er den Kontrabass emanzipiert hat

Kontrabass war nicht die erste Wahl. Frühe Jazzbands kamen ohne ihn aus, rhythmische Funktionen übernahm oft das Banjo, für tiefe und kraftvolle Töne sorgten in Brass Bands Sousafon oder Tuba, in Combos die linke Hand des Klaviers. Es gab Ausnahmen, vor allem im Vaudeville, dem komödiantischen Unterhaltungstheater französischen Ursprungs, dessen Ensembles sich von bürgerlichen Salonorchestern herleiten ließen, außerdem in Bars und Dancehalls der Vergnügungsviertel wie etwa in New Orleans. Da ging es um stimmungsvolles, effektvolles, oft perkussives Spiel.

Bassisten legten daher den Bogen beiseite und zupften oder slappten, das heißt, sie ließen die Saite rhythmisch auf das Griffbrett schnalzen. Der Ahnherr dieser Techniken war Pops Foster, in den frühen Jahren des New Orleans Jazz omnipräsent, wenn ein Bassist gefragt war. Er spielte von Kid Ory über Sidney Bechet und den jungen Louis Armstrong bis zu King Oliver mit den meisten wichtigen Pionieren, ein brillanter Techniker, der in den 1930er-Jahren neben Kollegen wie Wellman Braud und John Kirby noch Arbeit fand, den Sprung vom Two-Beat-Feeling zum Vierviertelspiel des ausgereiften Swings aber nicht mitvollziehen wollte. Man nannte diese rhythmische Neuerung Walking Bass, und Walter Page, der langjährige Bassist des Count Basie Orchesters, etablierte diese Technik mit sonorem Ton und stoischem Groove so vorbildlich, dass sich noch viele Bebop-Bassisten auf ihn bezogen.

Zwar gab es in den erfolgreichen Tagen des Swings noch weitere herausragende Individualisten, den Slap-Meister Milt Hinton zum Beispiel, oder Slam Stewart, dessen Spezialität es war, seine Bassläufe oktaviert mitzusingen. Den nächsten großen Sprung aber machte der Kontrabass dann mit dem jung verstorbenen Jimmy Blanton. Gute zwei Jahre gehörte er von 1939 an zum Orchester Duke Ellingtons, ein famoser Solist mit profunder Musikalität, der sein Instrument weniger in der Tradition von Streichern oder Perkussion sah, sondern an den Bläsern orientierte. Page und Blanton waren die Ausgangspunkte, an denen sich die folgenden Generationen orientieren konnten. Es folgten Oscar Pettiford, der vollendete Melodiker, der auch das Cello als Zweitinstrument ins Spiel brachte, Ray

Brown, der perfekte und volltönende Begleiter, Paul Chambers, der Hardbop-Genius und Meister des fortgeschrittenen Walking Bass, außerdem Charles Mingus, der afrikanische Wurzeln und ein solides kompositorisches Element in den Mittelpunkt stellte. Die nächste echte Wende brachte aber wieder ein Bassist, der nicht viel Zeit hatte. Scott LaFaro starb 1961 bei einem Autounfall als 25-Jähriger, hatte aber während gut zwei Jahren im Trio des Pianisten Bill Evans den Bass vom Begleitinstrument zum gleichberechtigt phrasierenden und solierenden Partner gemacht.

Von da an war alles möglich, die weitgehende Auflösung der Struktur, mit der Charlie Haden bei Ornette Coleman experimentierte; die harmonisch das Spielgeschehen ergänzende Unabhängigkeit eines Ron Carter bei Miles Davis; die Elektrifizierung mit Rückbesinnung auf alte Slaptechniken, inspiriert durch den Funk-Bassisten Larry Graham, für den Jazz perfektioniert durch Stanley Clarke und Marcus Miller; eigene Vorstellungen in Europa, free wie Barre Phillips, formschön wie bei Palle Danielsson oder Dieter Ilg. In den 1990er-Jahren machte dann ein Musiker auf sich aufmerksam, der seitdem als spieltechnische Ultima Ratio seines Instruments gilt.

Denn der Franzose Renaud Garcia-Fons fusionierte den Kontrabass nicht nur mit Gestaltungstechniken des Flamencos und des Orients, sondern führte auch Bogenspiel- und Bogenschlagtechniken ein, die der Jazz in dieser Form vorher nicht kannte. Spätestens von diesem Moment an, ergänzt um Dave Holland als Bandleader, Komponisten und zahlreiche weitere Virtuosen, war der Bass ein eigenes Orchester. Ein weiter Weg vom Sousafon, die Geschichte einer Emanzipation.

95. Grund

Weil Jazz die Hammondorgel populär gemacht hat

Es war eine Zweckbeziehung. Schon der Erfinder Laurens Hammond aus Evanston, Illinois, war kein Musiker, sondern ein Elektromechaniker, der nach ungewöhnlichen Einsatzformen für die von ihm entwickelten Wechselstommotoren suchte. Als ihn 1933 ein Mitarbeiter seiner Firma, der selbst nebenbei als Kirchenorganist arbeitete, auf den Orgel-Boom in Lichtspielhäusern und auch bei Gottesdiensten hinwies, kam er auf die Idee, ein Instrument für solche Anlässe zu entwickeln, das elektrisch betrieben und verstärkt werden könnte. Er entwickelte einen Prototypen, der am 14. April 1935 in New York der Öffentlichkeit vorgestellt wurde und immerhin so viel Eindruck hinterließ, dass George Gershwin und Count Basie zu den ersten Kunden gehörten. Die Hammondorgel war deutlich mobiler und kleiner als ein übliches Kircheninstrument, allerdings noch immer rund 200 Kilo schwer und außerdem nicht so einfach zu spielen, wie es den Anschein hatte. »Der linke Fuß spielt die Pedale, der rechte Fuß kontrolliert die Lautstärke. Die linke Hand spielt den Bass (zusammen mit den Pedalen), während die rechte Hand die Melodie übernimmt. Und natürlich sind Hammond-B3-Spieler ständig damit beschäftigt, durch Ziehen der ›Stops‹ (Zugriegel) oder durch Variieren der Einstellungen des Leslie-Kabinetts (einem Verstärker mit eingebauten rotierenden Flügeln) den Sound ihres Instruments zu verändern«[135].

Die ersten Jahre der Hammondorgel waren daher bestimmt von sehr zweckmäßigem Einsatz etwa bei Gospel-Gottesdiensten oder als Begleitinstrument, das sehr effektiv im Stil von Big Bands Flächen und Akzente setzen konnte. Der Sprung auf eine nächste Ebene der Wahrnehmung gelang ihr erst Mitte der 1950er-Jahre mit einem Musiker, der sie nicht nur spielen konnte, sondern auch verstand. Für Jimmy Smith war die Hammond nicht einfach die Fortsetzung des Pianos mit elektronischen Mitteln, sondern etwas Eigenständiges.

Er hatte als Kind Klavier gelernt, es nach seinem Militärdienst sogar studiert, sich dann aber mit der Orgel vertraut gemacht, zunächst nur für sich im Lagerhaus eines Musikgeschäfts. Da er auch eine Zeit lang am Kontrabass unterrichtet worden war, hatte er auf der Basis dieser Erfahrungen die Idee, die Basspedale der Hammond B3 nicht nur als Fundamenttöne, sondern wie den Walking Bass einer Jazzband einzusetzen. Um die für ihn typischen Gegensätze von lang gehaltenen Flächen und markanten Akzenttönen zu erreichen, experimentierte Smith viel mit den Klangeinstellungen und entwickelte einen markanten, bläserartigen Sound, der für ihn typisch werden sollte.

Als Jimmy Smith sich sicher genug fühlte, gründete er 1955 mit dem Gitarristen Eddie McFadden und dem Schlagzeuger Donald Bailey sein erstes Trio, das zunächst in Philadelphia und wenig später dann auch im New Yorker »Café Bohemia« so gut ankam, dass Leute wie der Blue-Note-Chef Alfred Lion auf ihn aufmerksam wurden. Der wiederum verstand sofort, dass da etwas Neues im Anflug war, und nahm Jimmy Smith unter Vertrag. Von 1956 bis 1963 holte er ihn in verschiedenen Besetzungen so oft ins Studio, dass Material für 30 LPs aufgenommen werden konnte. Der schmatzende, fauchende, greinende Sound, die ungemein funky groovenden Rhythmen und die eingängigen Melodien sorgten dafür, dass Smith selbst zum Star einer Hammond-Bewegung und, neben dem Pianisten Horace Silver, zum Protagonisten des Soul Jazz wurde, in dessen Gefolge zahlreiche andere Musiker von Jimmy Griff und Jack McDuff bis hin zu Booker T. und Billy Preston das Instrument weiter popularisierten. Im Jahr 1964 erschien bei Verve das Album *The Cat* mit dem gleichnamigen Hit, der fortan zu seiner Erkennungsmelodie wurde. Wenig später enterte Larry Young die Szene, der die Orgel über den Groove hinaus in die modale und freiere Spielweise führte. Zu diesem Zeitpunkt war die Hammond bereits als grandios grooviges Instrument im Jazz etabliert, hatte sich über Kollegen wie Ray Charles im Soul und Blues bekannt gemacht und blieb bis zum Ende des Jahrzehnts die Königin der Clubs.

96. Grund

Weil Jazz auch durch den Magen geht

Jazz kann ein einsames Geschäft sein. Wer Erfolg haben will, muss Konzerte spielen, und das heißt reisen, Hotelzimmer, Catering und allerlei Unwägbarkeiten. »Nicht jedes Hotel weiß beispielsweise um den Wert eines guten Frühstücks«, meint der Sänger Kurt Elling. »Duke Ellington etwa hatte eine klare Morgenroutine. Er bestellte heißes Wasser, nicht Tee oder Kaffee, und das größte Steak, das er bekommen konnte. Für ihn als Afroamerikaner war es nicht klar, ob er am Abend überhaupt in den nächsten Club hineingelassen würde. Für mich ist der Gesundheitsaspekt sehr wichtig. Gesundes Essen, viel Obst, ein bisschen Zeit am Morgen, denn auch heutzutage weiß man nie, wo man später landet. Es muss nur etwas dazwischenkommen, und man steht nachts um vier an irgendeinem Flughafen vor lauter geschlossenen Läden. Wenn du dich da nicht vorausschauend ernährst, macht die Kondition nicht mit.«[136] Das bedeutet auch Vorsicht mit Rauschmitteln. Ein gepflegtes Glas Wein ist okay, eine Flasche Schnaps geht gar nicht. Und noch Härteres ist längst Teil der Geschichte. Die überhitzten, traurig endenden Lebensläufe von Charlie Parker bis Chet Baker sind den Nachfahren ein warnendes Beispiel.

Der Jazz von heute ist ein gesunder, Fitnesstracker mit Cloud-Anschluss statt Flaschenbier mit Tiefenrülpser, Healthy Food statt »Fleisch ist mein Gemüse«. Jazz ist daher auch kulinarisch bürgerlicher, realistischer geworden, mit der Tendenz zu den kleinen Fluchten des Genusses. Folgt man Musikern auf Instagram bei ihren Tourneen, finden sich neben Bildern von schönen Konzertsälen vor allem Fotos von gepflegter Kulinarik. Essen ist der neue Sex reisender Künstler, zumindest ein Aphrodisiakum, das die Leichtigkeit des musikalischen Ausdrucks beflügelt. Man kann sich mit dem Bassisten Dieter Ilg beispielsweise trefflich über Menügestaltung unterhalten und mit dem Pianisten Brad Mehldau über die Vorzüge vegetarischer Ernährung. Ein Gespräch mit dem alten Meister der Klarinette Michel Portal über Weine kann durchaus epische Länge erreichen, wohingegen dessen norditalienischer Kollege Gianluigi Trovesi einiges über Olivenöl zu erzählen weiß. Manche europäischen Festivals wie das Südtirol Jazz Festival Alto Adige oder Umbria Jazz sind nicht zuletzt wegen ihres exquisiten Essens bei Musikern beliebt, andere trumpfen wie Palatia Jazz in der Pfalz durch die enge Verbindung zu regionalen Winzern auf.

Und mit ein bisschen Fantasie lassen sich auch Ähnlichkeiten zwischen Jazz und Kochen, Essen, Wein anbauen finden. Schließlich geht es um Kreatives und Geschmack, um das Individuelle einer Komposition, Spontaneität und Einfallsreichtum in der Gestaltung, um das Bacchantische, Barocke im Vollzug. Bei Vincent Klink zum Beispiel überschneiden sich die Talente. Zum einen ist er Koch mit Michelin-Stern, darüber hinaus aber nicht nur am Herd eine Autorität, sondern schreibt und forscht als Liebhaber über Buchkunst. Außerdem ist er ein anständiger Bass-Trompeter mit Nähe zum Jazz, der sich regelmäßig Aufnahmen mit gleichgesinnten Improvisatoren wie etwa dem Tubisten Michel Godard gönnt. Man muss aber noch nicht einmal so hoch in der Hierarchie der Profi-Köche greifen.

Als Bob Young und Al Stankus für ihr Buch *Jazz Cooks* in der amerikanischen Musikszene recherchierten, konnte nahezu jeder Interviewpartner ein Lieblingsrezept präsentieren, meist mit dem Hinweis, selbst gerne zu kochen. Der Saxofonist George Adams etwa bevorzugte Süßkartoffelkuchen, der Klarinettist Paquito D'Rivera Bohneneintopf, für den Saxofonisten Joe Henderson war Omelett mit Krebsfleisch das Höchste, der Trompeter Dizzy Gillespie stand auf bodenständigen Mais(grieß)brei mit Lachs, der Schlagzeuger Rasheed Ali auf Chicken mit Anis. Die Pianistin Carla Bley empfahl verschiedene Suppen, ihr schon ein wenig betagter Klavierkollege Dave Brubeck einen cholesterinarmen Hamburger und die Sängerin Abbey Lincoln gebratene Meerbrasse. Die Komplexität der Rezepte variierte nach Herkunft und Region, klar wurde aber schnell, dass der Spaß an der Musik sich auch auf die Freude am Essen überträgt.[137]

97. Grund

Weil er großartige Instrumente hervorbringt

Jazzgitarren klangen gut, hatten aber Schwächen. Durch ihre Eigenresonanz und die Schwingungen des Korpus verursachten sie ab einer bestimmten Lautstärke Störgeräusche. Außerdem unterstützte ein hohler Body die Gefahr für Rückkopplungen, und wer mal etwas an der im Inneren platzierten Technik reparieren wollte, musste einen ziemlichen Aufwand betreiben. Der Instrumentenbauer Leo Fender dachte sich daher, man könnte es doch mit seinem festen Holzkörper, einem »Solid Body«, und möglichst einfachen Bauteilen versuchen, die schnell ausgetauscht werden konnten. Er nahm einen Korpus aus Eschenholz, schraubte eine Kopfplatte mit Stimmmechanik und Tonabnehmer auf.

Der Hals aus Ahorn wurde nicht verleimt, sondern ebenfalls verschraubt, und der Prototyp der Telecaster, zunächst Broadcaster genannt, war geboren und wurde ab 1950 hergestellt. Das war eine Kampfansage an die Konkurrenz, denn das Produkt war preiswert und simpel. Die Firma Gibson erinnerte sich daher an den jungen Jazzgitarristen Lester William Polsfuss, genannt Les Paul, der seit mehr als einem Jahrzehnt mit Instrumenten und Tonabnehmern experimentierte und dem Haus schon mal eine Solid-Body-Gitarre angeboten hatte. Er hatte Elektronik, Hals, Steg und Saitenhalter an einem Holzklotz befestigt, um den herum er den Korpus formte. Man einigte sich, 1952 erschienen die ersten Gibson Les Paul auf dem Markt, wurden aber von der bereits 1954 nachgeschobenen Fender Telecaster verdrängt, die noch einfacher konstruiert war und bei Tonabnehmer und Vibrato punktete. Gibson nahm sein Instrument in der 1960ern vom Markt, doch als unter anderem Eric Clapton begann, sein Exemplar vor großem Publikum zu spielen, war die Les Paul zurück im Ring und hält sich dort seitdem als eine der Standardformen der elektrischen Gitarre.

Kooperationen von Instrumentenbauern und Künstlern sind auch sonst keine Seltenheit. Als die Saxofonfirma Selmer in den 1950ern ein Instrument bauen wollte, das sich mehr als bisher dem klassischen Klang nähern sollte, arbeitete sie für ihr Mark IV eng mit dem Star seiner Szene Marcel Mule zusammen. Als John Coltrane im Juli 1966 durch Japan tourte, warteten Vertreter der Firma Yamaha auf ihn und drückten ihm zwei neu entwickelte Saxofone in die Hand, weil sie von einem Hochleistungsspieler wie ihm gerne wissen wollten, was man noch verbessern könnte. Als sich der Gitarrist Pat Metheny in den Kopf gesetzt hatte, allein ein ganzes Jahrmarkts-Orchestrion mit zahlreichen Einzelinstrumenten zu steuern, ging er mit den Technikern der Elektronikfirma Moog in Klausur und tüftelte an Schaltungen und Pedalen. Sein Kollege Hans Reichel wiederum machte sich mit der Laubsäge selbst ans Werk und schnitt für sein Daxofon verschiedene Formen in schwingende Bretter, die er dann mit einem Cellobogen anstrich und geräuschhafte, schwebende Töne erzeugte. Richtig Karriere wiederum machte das Hang, das die metallene Soundcharakteristik von Steel Drums mit der Schlagart der indischen Ghatam verknüpft. Der Perkussionist Reto Weber hatte das Berner Instrumentenbauerpaar Felix Rohner und Sabina Schärer im Jahr 2000 damit beauftragt, und seitdem ist das Hang in Jazzbands wie etwa dem Portico Quartet zu hören.

Entwicklung und Business laufen schließlich bei der Gestaltung von Signature-Instrumenten ineinander. In diesen Fällen geht es meistens darum, Instrumente nach den besonderen Vorlieben bestimmter Musiker auszustatten und diese dann in begrenzter Auflage, oft auch signiert, an Fans zu verkaufen. Ibanez zum Beispiel vertreibt eine John-Scofield-Edition ihrer JSM100-VT-Gitarre, wahlweise das Signatur Modell PM2-AA nach dem Geschmack von Pat Metheny. Es gibt Jacob-Pastorius-E-Bässe von Fender, Hohner Mundharmonikas à la Bob Dylan und Billy Joel, Trompeten von Schlager nach Art von James Morrison, Drum Sticks im Stil von Peter Erskine oder Steve Gadd. Vieles ist Werbung, aber hinter so manchem Instrument oder sinnvollem Zubehör steht doch auch ein Musiker, dessen Ideen und Wünsche die Entwickler einst haben weiter denken und forschen lassen.

98. Grund

Weil die Postmoderne ihn nicht überraschte

Als Francis Fukuyama das Ende der Geschichte ausrief und Jean-François Lyotard das Spiel als strukturelles Handlungsmuster der Postmoderne erklärte, waren Jazzmusiker schon lange dabei, diese Ideen in ihrer Musik anzuwenden. Grenzüberschreitung und Ironisierung, Crossover und Collage, Traditionsbruch und Zitate, Diskontinuität und ästhetischer Pluralismus waren Herangehensweisen an Musik, die mit den Möglichkeiten der inhaltlichen Auffrischung des bereits Gesagten agierten.

John Zorn setzte diese Idee in stilistisch kontrastreiche Patchwork-Programme um, Frank Zappa hatte die Klangkollisionen bereits in den 1970ern mit seinen Mothers Of Invention kultiviert, europäische Ensembles wie das Vienna Art Orchestra setzten mit Programmen auf Intertextualität und Zitatkultur, die sich mal mit Tango, mal mit Erik Satie, mal mit Johann Strauß oder Genderfragen beschäftigten. Prinzipiell wurde alles möglich, die Solo-Stimme von Bobby McFerrin, das »Officium«-Programm von Jan Garbarek, das die Mittelalter- und Renaissance-Gesänge des Hilliard Ensembles mit improvisierendem Saxofon verknüpfte. Oder die Drehorgel von Pierre Charial, die mechanische Musik mit Spontaneität kombinierte, letztlich jede Form von Crossover, die vor allem weltmusikalische Impulse vom Alpenjazz eines Wolfgang Puschnig über den Country-Hype des Gitarristen Bill Frisell bis hin zu den Experimenten à la Screaming Headless Torsos, die Techno und Electro Beats mit Jazz verknüpften. Oder auch den Fake-Kubanern »Los Cubanos Postizos«, die mit reichlich Ironie den Glückliche-alte-Männer-Trend rund um den Buena Vista Social Club persiflierten.

Besonders pfiffig ging dabei die Association à la Recherche d'un Folklore Imaginaire (ARFI) mit der Idee der Postmoderne um. Im Jahr 1977 aus einem Pool von Musikern aus der Gegend von Lyon gegründet, interpretierten sie Volksmusik nicht als festes Traditionssystem, sondern als Idee und spielerisches Konzept. Sie knüpften mit Bands und Kollektiven wie dem Workshop de Lyon oder La Marmite Infernale an Klangfarben und Hörassoziationen an, ohne dass diese eine tatsächliche Repräsentation in der Wirklichkeit haben mussten. Aus diesen oft in Kollektivimprovisationen mündenden Gedankenspielen wurde in den 1980er-Jahren eine Haltung, sich Musik überhaupt zu nähern, die alle zur Wirkung notwendigen gestalterischen Mittel zuließ. Sie führte zu einem Crossover-Boom, der italienische Bandas und die Brass Bands des Balkans ebenso zitierte wie südfranzösische Musette, Stummfilmmusik, Varieté-Klänge oder den Sound des nordafrikanischen Maghreb. Mit der staatlich unterstützten Plattenfirma Label Bleu hatte dieser Trend zur Imaginären Folklore zwischenzeitlich ein wichtiges Forum der Verbreitung, Musiker wie der Klarinettist Louis Sclavis, der Posaunist Yves Robert, im weiteren Umkreis die Bassisten Michel Benita und Henri Texier, der Pianist Bojan Z oder auch der Trompeter Paolo Fresu, die über drei Jahrzehnte hinweg den Sound des europäischen Jazz prägten, gingen aus diesem durch und durch postmodernen Kreis hervor.

99. Grund

Weil John Coltrane seine eigene Kirche hat

John Coltrane konnte Menschen faszinieren. Den meisten Fans genügte dabei der Kometenschweif der Erleuchtung, der sie mit ein wenig spirituellem Sternenstaub streifte. Für Franzo Wayne King hingegen war das nicht genug. Beeindruckt von einem Konzert des Saxofonisten 1966 in San Francisco und einem Jazz Workshop, wo er den Künstler aus nächster Nähe erlebte, wuchs in dem Predigersohn aus Los Angeles der Gedanke heran, dass es sich bei John Coltrane um den Allmächtigen persönlich handeln müsse. »Manche Menschen haben das Gefühl, dass Coltrane eine besondere Beziehung zu Gott habe. Diese Haltung führte zu ihrem logischen Extrem, zu der One Mind Evolutionary Transnational Church of Christ in San Francisco, die Franzo Wayne King 1971 gründete, der selbst Saxophon spielt. Das sonntägliche Ritual dieses kleinen Schaufensterladens dreht sich im Kern um das Album und das Gedicht *A Love Supreme*, und der Treffpunkt der Gemeinde ist geschmückt mit Bildern von John Coltrane. Jeder spielt, einschließlich King, ein Instrument (wenigstens Perkussion) und singt zu dem Eröffnungs-Ostinato von *A Love Supreme* oder anderen Kompositionen von Coltrane.«[138] Was aus der Entfernung etwas überspannt wirkt, war für King eine logische Entwicklung aus seiner Klangtaufe durch die Musik. Zunächst versuchte er es mit einer Gemeindegruppe, die er »Yardbird Temple« in Anlehnung an sein zweites Idol Charlie Parker nannte. Das Interesse der anderen war aber deutlich größer an Coltranes spirituellen Dimensionen, und so gründete er seine »One-Mind«-Kirche.

Am Anfang wurde diese in die Religiosität mündende Verehrung noch von Kirche und Künstlern wohlwollend belächelt. Während der ersten Jahre wirkte sogar die Witwe Alice Coltrane des 1967 verstorbenen Künstlers am Rande bei den Aktivitäten der Gemeinde mit. Man verteilte freie Mahlzeiten an Bedürftige, spielte kostenlose

Konzerte und pries den Lord in Gestalt des Saxofonisten. Ende der 1970er jedoch überwarf sich Alice Coltrane, selbst inzwischen mehr der indischen Vedanta und deren Philosophie zugewandt, mit der Gemeinde und versuchte sie erfolglos zu verklagen. King machte sich in der African Orthodox Church (AOC) für sein Anliegen stark, glich seine Gemeinde an ein paar Forderungen an und wurde schließlich vom Dachverband anerkannt. Aus John Coltrane wurde offiziell ein Patron und Heiliger, die Kirche wurde in »St. John's African Orthodox Church« umbenannt und King 1984 mit dem Segen der AOC deren Bischof.

Seitdem geht es mit der Gemeinde auf und ab, je nach finanzieller Unterstützung durch Förderer. Mehrfach ging sie beinahe bankrott, nicht zuletzt wegen der Mietkosten in der 1286th Fillmore Street, Ecke Eddy Street, und inzwischen ein paar Blocks weiter am 2097th Turk Boulevard, beides Adressen in einem Areal der Stadt, das wie ganz San Francisco einem immensen Gentrifizierungsdruck ausgesetzt ist. Auf der anderen Seite haben sich die sonntäglichen Gottesdienste und zusätzlichen Konzerte zu einem touristischen Anziehungspunkt entwickelt, und so gibt es sie weiter, die Coltrane Kirche, von der ihr Namenspatron nicht ahnen konnte, dass sie eines Tages existieren würde.

100. Grund

Weil man selbst im Weltraum Jazz hört

Mos Eisley ist ein zweifelhafter Platz, ein Weltraumbahnhof, wo sich die üblen Kreaturen herumtreiben. Der junge Luke Skywalker und sein Mentor Obi-Wan Kenobi suchen aber einen erfahrenen Piloten nebst Schiff, und so biegen sie 1977 in der ersten Folge der ursprünglichen *Star Wars*-Trilogie dort in einer zwielichtigen Bar ein, wo sich die Kopfgeldjäger und Gesetzlosen der Galaxis treffen. So ein Ort braucht Musik, für den Zuschauer vertraut und doch exotisch. Der Komponist des Soundtracks John Williams und der Produzent des Films George Lucas grübelten eine Zeit lang, was an diesen Platz gut passen würde. Am Ende zündete die Idee, eine Alien Combo zu kreieren, die auf undefinierbaren Blasinstrumenten eine Form von synthetischem Dixieland mit Benny-Goodman-Anmutung dudelt. Das war die Geburtsstunde der Cantina Band, deren schräge Mischung aus Klarinetten-Swing, Steel Drums und elektronischen Bässen zu einem Insider-Hit des Space Jazz wurde.

Der wiederum Vorläufer im deutschen Fernsehen hatte. Dort hatte man den Komponisten Peter Thomas mit der Musik zu der Serie *Raumpatrouille – Die phantastischen Abenteuer des Raumschiffes Orion* (1966) beauftragt. Auch hier war die Vorgabe, dass das Klangambiente fremd und bekannt zugleich erscheinen sollte. Thomas kombinierte daher Jazzharmonik und Rhythmik mit Melodien aus der Zwölftonmusik und modifizierte den Sound stellenweise in den Siemens-Studios für elektronische Musik, die sonst von zeitgenössischen Kollegen wie Pierre Boulez oder Mauricio Kagel genutzt wurden. Das Titelthema mit souliger Big Band war dem Pathos von Lalo Schifrin verwandt, anderes klang nach Bossa-Nova, zuweilen hörte man ein solitäres, in der Echoschleife schwelgendes Tenorsaxofon als Beiwerk. Weltraummusik ist Jazz, auch hier.

Abstrus wurde es gar, als der Gründer der Scientology Church L. Ron Hubbard sich 1982 an einem Soundtrack seiner Erzählung »Battlefield Earth« versuchte, dafür zwar herausragende Musiker wie den Pianisten Chick Corea und den Bassisten Stanley Clarke verpflichten konnte, für seine Variante des »Space Jazz« aber kaum über Jahrmarktsmusik mit Pathos-Orchester und Sprechchören hinauskam. Ausführlich Jazziges aus der Chill-out- und Ambient-Ecke konnte man hingegen über lange Nächte hinweg im Bayerischen Fernsehen erleben. Von 1994 an wurden dort anstatt des Testbilds Impressionen aus dem Weltraum gezeigt, was anfangs überdrehte Raver wieder auf den Boden holte, bald aber auch jenseits der Techno-Szene zum stilvollen Abhängen auf Partys verwendet wurde. Wenn nicht DJs oder Klassiker zum Einsatz kamen, konnte man bei der *Space Night* gepflegte Trompetentöne von Nils Wülker oder souljazzig Gedimmtes von De-Phazz hören.

Institutionalisiert als Erbe der Menschheit im Weltraum wurde Jazz übrigens 1977, als die beiden Sonden Voyager 1 und 2 ins All geschickt wurden, an Bord die *Voyager Golden Records*, auf der verschiedene Grußbotschaften, Bilder, Daten, Geräusche und auch Musik gespeichert sind, die möglichen Außerirdischen einen Eindruck von der Menschheit vermitteln sollen. Auf dem Programm standen neben Bach, Beethoven, Mozart, Volksmusiken aus Japan und Zaire bis Peru und dem Senegal auch der »Melancholy Blues«, den Louis Armstrong 1927 mit den Hot Seven aufgenommen hatte. Über die Auswahl des Songs kann man streiten. Aber es steht fest, dass man seitdem im All nicht mehr nur auf Mos Eisley Jazz hören kann.

101. Grund

Weil man ihn auch mit Föhnwelle spielen darf

Die Scouts durch den Jazzdschungel neigten über die Jahrzehnte hinweg dazu, sich von Trends, Geschmacksvorlieben und Vorurteilen beeinflussen zu lassen. Waren es in den frühen Jahren Rassismus, Chauvinismus oder Überheblichkeit, die die Analysefähigkeit einfärben konnten, entstand in den frühen 1960er-Jahren das vor allem in der europäischen Jazzpresse bislang gängigste Ablehnungsklischee, das dem Jazz entgegengehalten wurde: Kommerz! Gemäß dem Muster, dass ein Künstler nur dann gut sein kann, wenn seine Kreativität um ihrer selbst willen sprudelt, bekam die Keule häufig die Musik zu spüren, die mehr als nur ein paar Höflichkeitsexemplare für die Eingeweihten abzusetzen vermochte. Souljazz gehörte dazu, Bossa Nova war suspekt, Dixieland und Oldtime überhaupt als Rentnerjazz indiskutabel. Ganz verdächtig im Sinne der Jazzpolizei waren außerdem Jazzrock und seine poppige, meist groovige Spielart Fusion, die aufgrund ihrer Eingängigkeit keine Kunst sein konnte. Brötzmann ja, Doldinger nein, Wayne Shorter ja, Grover Washington Jr. nein. Bill Evans ja, Richard Tee nein, Grenzfälle wie Herbie Hancock, Chick Corea, Pat Metheny, Volker Kriegel stellten manchen Kritiker schon vor Argumentationsnöte. Der Effekt solcher Kategorisierungstendenzen war etwa die bis heute anhaltende Lust an Listen, auf denen die 100 besten Alben, Künstler, Soli, Konzerte etc. kanonisiert werden, um über entsprechendes Rating auch die Meinungsbildung abzusichern. Auf der anderen Seite wurden manche Stilrichtungen ausdauernd mit Missachtung gestraft oder zuverlässig abgewatscht, weil kommerziell, seicht, zu leicht.

Ein prominentes Beispiel ist Smooth Jazz. Der Begriff stammt von Radiostrategen aus der Marketingabteilung, die Mitte der 1980er ein Etikett für ansprechende Instrumentalmusik brauchten, die mehr als Elevator Jazz aus Hotelbars war, in der Regel nicht mit eingängigen Melodien geizte, trotzdem aber improvisierende Elemente in den Mittelpunkt stellte. George Benson hatte mit *Breezin'* (1976) die Steilvorlage für dieses Genre geboten, seitdem widmeten sich vor allem in Amerika zahlreiche Musiker vergleichbar versöhnlichen Klängen, die man in den zahlreichen Formatradiostationen an der Westküste, in Chicago und New York hören konnte. Dazu gehörten Keyboarder wie Bob James und Dave Grusin, Saxofonisten wie David Sanborn, Grover Washington Jr., Gitarristen wie Lee Ritenour, Larry Carlton, Earl Klugh, Trompeter wie Rick Braun und Herb Alpert. Bands wie Spyro Gyra, Yellowjackets, Fourplay wurden ebenfalls in dieses Lager geschickt, der Produzent Creed Taylor schuf der Sparte mit dem Label CTI bereits von 1967 an die passende Plattform. Der Sopransaxofonist und Studiomusiker Kenneth Gorelick wiederum entdeckte das Genre in den frühen 1980ern für sich und entwickelte sich mit wallender Föhnwelle und ausufernden Improvisationen unter dem Kürzel Kenny G zum Liebling der Sparte, der es mit dem

Album *Miracles: The Holiday Album* (1994) sogar an die Spitze der amerikanischen Hitparaden schaffte. Wie die meisten seiner Kollegen ist er ein ausgezeichneter Solist, der live mit mitreißenden Shows dem Klischee des Pflichterfüllers zu widersprechen vermag. Und den man aber auch im Hintergrund hören kann, eine Eigenschaft, die dem Jazz seit den 1950er-Jahren vielfach abhandengekommen war. Das mag aufstoßen, wem will. Es ist eine Qualität. Und die irrste Föhnwelle hat eh seit Langem Pat Metheny.

10. Kapitel

BLICK ZURÜCK NACH VORN

Mit Tradition in die Zukunft

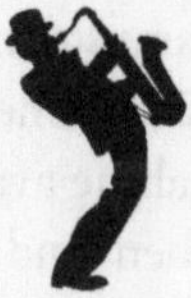

102. Grund

Weil Mitspielen im Mittelpunkt steht

Sie werden geliebt und gefürchtet. Denn Jam Sessions sind eine Frage der Perspektive. Wem es einmal gelungen ist, als Jazz-Novize in einer Runde der Profis zu landen und sich dann womöglich auch noch ordentlich zu schlagen, der wird mit stolzgeschwellter Brust fortan von dem Moment des Höhenflugs schwärmen. Wer aber im Publikum oder auch als engagierter Begleitknecht einer Hausband dazu verdonnert ist, einen Koryphäen-Klon nach dem anderen zu erleben, der wird die Session als den Gipfelpunkt der Langeweile in Erinnerung behalten. Es sind zwei Seiten einer Medaille, und als Ganzes betrachtet, gehört die Session zu den großen Errungenschaften des Jazz. Sie ermöglicht die Aufhebung von individuellen, gesellschaftlichen, kulturellen Grenzen in einem geschützten Raum musikalischer Koexistenz und ist damit zumindest der Idee nach eine demokratische Grundlage des künstlerischen Miteinanders. »Bei Sessions lassen sich Dinge ausprobieren, und es findet ein intensives Kennenlernen und Inspirieren statt, bei dem jeder Musiker wertvolle Erfahrungen sammeln kann. Viele Entwicklungen im Jazz dürften bei den unzähligen Sessions früherer Jahre entstanden oder zumindest eingeleitet worden sein. Die Session ist, etwas überspitzt formuliert, so etwas wie das Bauhaus des Jazz. Man kann dort als Zuhörer die Essenz dieser Musik, wenn es gut läuft, in reinster Form erleben.«[139]

Die Session als Gestaltungsmuster hängt eng mit dem Prinzip der Improvisation zusammen. Klassische Musiker haben Noten, Partituren. Sie wissen mit Ausnahme avantgardistischer Experimente präzise, was sie zu spielen haben, und treffen sich zu Proben, wo an Details gearbeitet wird, ohne das kompositorische Ganze infrage zu stellen. Jazzmusiker haben üblicherweise ein Lead Sheet, ein Blatt Papier, auf dem das Thema und einige dazugehörige Melodien aufgeschrieben sind, als Orientierung und nur selten als feste Maßgabe. Es gibt, meist in größeren Ensembles, arrangierte Mischformen, wo Teile eines Stücks vollständig notiert werden und nur einzelne Parts zur freien Gestaltung zur Verfügung stehen. Oft aber existiert nur ein Rahmen. Der Prozess der kreativen Ausgestaltung geschieht spontan. Es geht um das Mitspielen, das Zusammenwirken, die Option – »wenn es gut läuft« –, alleine oder gemeinsam mit den Partnern, dem Publikum, dem musikalischen Material über sich hinaus zu wachsen. Das kann funktionieren, und deshalb werden Sessions geliebt. Es ist aber selten, und deshalb werden sie auch gefürchtet.

103. Grund

Weil Städte einen Sound haben

Einige Städte haben es mit ganzem Namen in die Jazzgeschichtsbücher geschafft. Kansas City zum Beispiel, das sich von den späten 1920er-Jahren an zu einem Zentrum für bluesgefärbten Swing entwickelt hatte. New Orleans, wo die Ursuppe des Jazz vor allem in Gestalt kollektiv improvisierender Brass Bands und Combos brodelte. Oder Chicago, dessen Jazz eigentlich lange der von New Orleans war, sich in den 1920er-Jahren aber in eine geordnetere, mehr an Arrangement und einzelnen Solisten interessierte Richtung entwickelte. New York ist ein Sonderfall, denn dort hat sich seit dem Stride Piano und dem Swing in unterschiedlicher Gewichtung so ziemlich alles abgespielt, was der Jazz stilistisch zu bieten hat. Es ist bis heute die Welthauptstadt des Jazz, auch wenn die Gentrifizierung Manhattans spätestens seit Nine-Eleven die kreative Szene aus den einst lodernden Zentren der Lofts und Clubs mehr in die Außenbezirke nach Brooklyn, Queens und Harlem drängt. Mit New York jedenfalls verbindet man keinen speziellen Sound, sondern eher die Musik an sich, während in den späteren Jahren auch Orte außerhalb der USA mit einer speziellen Klangcharakteristik verknüpft wurden. Rio de Janeiro stand lange für die Bossa Nova, Havanna zunächst für Son und Rumba, der in spätkolonialen Orchestern zum Tanz präsentiert wurde, dann für Salsa, wobei Miami als Zentrum der Exil-Kubaner zwischenzeitlich die Führung übernahm, bis die Nostalgiewelle des Buena Vista Social Club die ehrwürdigen Klänge publikumswirksam reaktivierte.

In Europa hatte Paris lange Jahre die Nase vorn, zunächst als Hauptstadt des Existenzialismus, dessen Jünger sich gerne mit cool jazzendem Ambiente umgaben. Seit den 1970ern jedoch schwenkte der Fokus mehr in Richtung Afrika, das aufgrund kolonialer Vergangenheit seine Musiker erst in die Vororte, dann in die Clubs der

Stadt brachte. Der skandinavische Sound kristallisierte sich aus dem Stilgemenge von frei improvisierenden Experimenten, mollgetönter skandinavischer Folklore und kammerjazziger Dramaturgie von dem Moment an heraus, als ursprünglich tonangebende amerikanische Musiker der Nachkriegsjahre an Bedeutung verloren. Vor allem Oslo stand eine Zeit lang für die extreme Ästhetisierung des Feinklangs im Umkreis des Labels ECM, bevor Electronics, DJs und Progressive Rock das Spektrum erweiterten.

Warschau war in den 1970ern und 1980ern eine Metropole des Free Jazz, Prag kannte man für Traditionelles, Kopenhagen für fortgeschrittene Moderne, Frankfurt für den zaghaften Neubeginn des Eigenen im Umfeld des Mangelsdorff-Kreises. Berlin vor dem Mauerfall erschien eigenartig indifferent, wurde aber nach 1989 zur gelobten Stadt des Anything Goes mit reichlich Independent-Soundflair. In Zeiten globalisierter Klangwahrnehmung allerdings verloren sich die klaren Soundprofile ein wenig und gingen über in einzelne Communitys, die nicht mehr zwangsläufig an einzelne Orte gebunden waren.

104. Grund

Weil er für Wettbewerb offen ist

Wer wissen will, was Konkurrenz bedeutet, muss sich *Tenor Madness* anhören: Am 24. Mai 1956 bog John Coltrane bei Rudy van Gelder im Studio in Hackensack ein. Er wollte drei Kollegen besuchen, außerdem wusste er, dass an diesem Tag sein versiertester Konkurrent Sonny Rollins mit am Mikrofon stand. Coltrane hatte natürlich sein Horn dabei, und so kam es, wie es musste: Am Ende der Session nahmen beide die Instrumente zur Hand und duellierten sich über dem bluesigen Charlie-Parker-Thema *Now's The Time*. Das Album erschien bald darauf unter Rollins' Namen, die übrigen vier

Quartett-Stücke des Tages wirken weitaus relaxter als der Wettkampf der Tenöre. Einen knappen Monat später war er dann noch einmal in Hackensack, mit anderer Rhythmusgruppe und mehr Konzentration. Die Aufnahmen nannte Rollins, in ferner Erinnerung an die Kampf-Session, *Saxophone Colossus*.

Die beiden Jungstars machten dabei nichts Ungewöhnliches. Denn Konkurrenz gehörte seit den Anfängen zum Jazz. Schwarze Kirchenmusik und Blues hatten aus afrikanischen Traditionen die Muster von »Call and Response« übernommen, Frage-Antwort-Spiele, die im Musikalischen zu Wettbewerben umgedeutet werden konnten. Marching Bands kommunizierten fortwährend streitlustig mit- und gegeneinander. Im New Orleans Jazz umkreisten sich die Melodien der Beteiligten, und in den Sessions der Kansas-City-Jahre traten die Musiker Anfang der 1930er zu ernst zu nehmenden Wettbewerben an. Große und publikumsträchtige Spektakel waren etwa die (Big) Band Battles zwischen den Ensembles von Jesse Stone und Benny Moten. In Harlem wiederum traten gerne Stride-Pianisten gegeneinander an. »Auf *rent parties* ›jazzte‹ man sich die Miete zusammen, nachdem sie so oft fällig geworden war, dass man sie unbedingt zahlen musste, wenn man nicht seine Wohnung verlieren wollte, und in *cuttin' contests* spielten all die bekannten Pianisten um die Wette, bis schließlich einer alle Übrigen ›geschnitten‹ – ausgestochen – hatte.«[140]

Diese direkten Vergleiche der spieltechnischen Fähigkeiten wurden mit der Herausbildung markanter Personalstile seltener. Dafür etablierte sich mit dem Bebop und einer Songstruktur nach dem Muster »Thema-Solo-Thema« eine sublimierte Form des Wettbewerbs, die durch häufiges Wiederholen ritualisiert zum Standardablauf des Sessionjazz wurde. Auch hier ging es um den Vergleich und das Kräftemessen, wobei aber der sportliche Aspekt zunehmend interpretatorischen Maßstäben wich. Noch in den 1990er-Jahren versuchten historisch orientierte Journalisten im amerikanischen Jazzmagazin *Downbeat* Antagonismen im alten Stil zwischen den

Young Lions des Tenorsaxofons Joshua Redman und James Carter zu konstruieren. Das war aber Konkurrenz, die die Musiker gar nicht als solche empfanden, weil längst das Zuhören und Kommunizieren wichtiger geworden war als der Vergleich der Kompetenzen – und überhaupt die rasant gestiegenen spieltechnischen Fähigkeiten ganzer Universitätsjahrgänge das Erbsenzählen der Noten pro Minute überflüssig gemacht hatten. Eigentlich war das schon bei *Tenor Madness* so, nur dass die beiden jungen Meister im direkten Vergleich einen immensen Spaß an Muskelspielen hatte – und der Nachwelt ein amüsantes Stück Jazzgeschichte bescherten.

105. Grund

Weil es im Jazz wenig Idioten gibt

Und jetzt eine These: Im Jazz gibt es wenig Idioten. Sie lässt sich nicht endgültig beweisen, aber es gibt ein paar Argumente, die sich zur Untermauerung finden lassen. Erstens: Jazz ist Teamarbeit. Keine Band, keine Aufnahme, kein Konzert klingt wirklich gut, wenn jemand versucht, seine Ideen ohne Rücksicht durchzusetzen. Falls doch, erntet er Kopfschütteln im Kollektiv, Gähnen im Publikum und landet sehr bald in der Schublade der Rampensäue, unbeliebt und, bis auf ganz wenige Ausnahmen, in der Regel auch nicht lang am Start. Dazu zweitens: Jazz braucht Aufmerksamkeit. Von außen natürlich, aber vor allem innerhalb des Systems. Denn im Laufe eines guten Jahrhunderts der Entwicklung haben sich umfassende Zeichensysteme ausgebildet, auf die sich einzelne musikalische Äußerungen beziehen können. Will man mehr als nur phänomenologisch aus dem Moment heraus agieren, bedeutet das fundierte Kenntnis der Geschichte und Gegenwart, der Zusammenhänge und Alternativen, des eigenen Könnens im Verhältnis zu dem, was schon gespielt wurde. Das hindert nicht an Spontaneität, im Gegenteil. Es hilft, den kreativen Augenblick in ein Verhältnis zu einem Diskurs setzen zu können.

Weil drittens: Jazz ist kreativ. Er erfordert Flexibilität im künstlerischen Denken und Handeln. Natürlich kann man Arrangements spielen, festen Vorgaben folgen. Aber der eigentliche Kick entsteht durch die Nähe zum Unerwarteten, durch die Risikofreude, etwas anders zu machen. Schließlich ist Jazz auch empathisch. Erst die Fähigkeit, sich in andere Musiker, in Situationen hineinzuversetzen, macht Reaktionen möglich, die von Erwartungen abweichen. Auch das Vorhersehbare kann faszinierend sein, doch bekommt es erst eine besondere Intensität, wenn es im Kontrast zu seiner Relativierung steht. Sehr theoretisch, das alles. Allgemein noch dazu. Aber auch nicht, denn es geht im Kern um die Überprüfung des Mythos Jazz an der Realität. Solange er sich selbst wohlwollend kritisch und vor allem neugierig gegenübersteht, ist er als Kunst produktiv, intensiv, im Nebeneffekt oft auch unterhaltsam. Selbst Konflikte sind erwünscht, wenn sie zu etwas führen, was die Wahrnehmung schärft. Zurück zur These: Im Jazz gibt es also rein strukturell wenig Idioten, weil jenen die Fähigkeit zur Selbstkritik, zur Aufmerksamkeit, zur Empathie fehlt. Jazz als eine Frage der Haltung. Dünnes argumentatives Eis. Aber ein Weg, diese Musik zu lieben. Doch keine Themaverfehlung.

106. Grund

Weil Jazz in vieler Hinsicht frei sein kann

Im Vergleich zu Rockmusik oder auch der Liedermacherei hat Jazz einen entscheidenden Vorteil: Ihm fehlen die Worte. Außerdem ist er ein wenig kompliziert, und so interessierten sich die Zensoren im Überwachungsstaat DDR wie überhaupt im kommunistischen Ostblock nur wenig für ihn und die Nische, in der seine Künstler sich produzierten. Je nach Lesart konnte man Jazz sogar einen antiimperialistischen Unterton zubilligen, als Musik der Unterdrückten, der Sklaven des Kapitals. Das hieß im Umkehrschluss aber nicht zwangsläufig, dass ihn alle Systemkritiker mochten. »Jazz stand im Ruch des Intellektuellen: Studentenmusik, Brillenträgermucke. Kulturpolitisch war er längst sanktioniert. Alt-Jazzer wussten von ähnlichen Kulturkämpfen mit der Staatsmacht zu berichten wie wir Rocker, nur dass sie ihre Schlachten eine Generation früher geschlagen hatten.«[141] Aber er war im offiziellen Duktus eben auch die Musik der unterdrückten afroamerikanischen Unterschicht, und so ließ man manchen Radioredakteur spätnachts auf DDR II mal einen John Coltrane auflegen, und in Peitz sammelten sich mehrmals im Jahr ein Haufen Sonderlinge zu den Konzerten der Jazzwerkstatt, die bewusst ihren Namen so gewählt hatte, um auf den Prozesscharakter der Musik und die Verbundenheit mit der Arbeiterklasse aufmerksam zu machen.

Und so passierten mehrere an sich gegensätzliche Deutungsmuster gleichzeitig. Jazz an sich war amerikanisch und als Spielart der Unterhaltungsindustrie verdächtig. Er war aber auch ein Zeichen des Widerstandes, für die einen gegen den Kapitalisten, für die anderen gegen die Uniformität der sozialistischen Kulturpolitik. Das galt insbesondere für die freien und experimentellen Stilformen. »Free Jazz bedeutete eine Art von Hard-Core-Musikgesinnung«, erzählt Bert Noglik, zu DDR-Zeiten freischaffender Jazzpublizist. »Für die Fans von Free Jazz wurde die Musik zu einem Soundtrack auf ihrem Weg in andere emotionale Erfahrungswelten. Die Einbindung dieser Klänge in einen bestimmten Lebensstil (inklusive Habitus, Kleidung, Lesekultur, Kommunikationsverhalten etc.) weist entfernt Parallelen zu den amerikanischen Beatniks und ihrem vom Bebop beflügelten existentialistischen Lebensgefühl auf.«[142]

Es war eine Zeit, wo man Jazz sagte, im Subtext aber andere Sachen meinte, eine Portion Widerwillen beispielsweise gegen oktroyierte Denkmuster, auch Selbstbestätigung innerhalb einer Gemeinschaft der Eingeweihten, deren Einzigartigkeit allerdings von einer Laune der Propaganda nicht ohne eine Prise Ironie eingeholt wurde. Denn je mehr die DDR-Führung mitbekam, wie erfolgreich Musiker wie Günter Baby Sommer, Conny Bauer oder Ulrich Gumpert aus dem eigenen Land sowohl daheim als auch im Ausland gefeiert wurden, desto mehr wurden sie als Kultur-Export eingesetzt. Gerade die Aura des Oppositionellen wurde nun zum Zeichen für die Offenheit des sozialistischen Systems und die eigentlich eigensinnigen Jazzer indirekt zu Kulturbotschaftern, die freimütig durch die Welt reisen durften. Pragmatisch gesehen war Jazz vor allem seit den späten 1970er-Jahren aus dieser Perspektive die Möglichkeit, eigene Musik zu machen, ohne von der Zensur allzu sehr gegängelt zu werden. Das war nicht die Freiheit, die die Künstler und ihre Fans ursprünglich meinten. Aber es war ein Freiraum, in dem man spielen konnte, was man wollte.

107. Grund

Weil er aufblüht, wenn man ihn fördert

Von dem Moment an, als der Jazz aus dem Zusammenhang des Entertainments heraustrat, war er darauf angewiesen, dass man ihn fördert. Denn sobald die Musiker nicht mehr dafür bezahlt wurden, dass sie für die passende Klangtapete eines Abend sorgten, sondern Kunst mit ungewissem Ausgang produzierten, brauchte es entweder Fans, die für diese Leistung Eintritt, und Labels, die dafür Vorschüsse bezahlten, oder Einzelpersonen, die als Mäzene in Erscheinung traten. Eine schillernde New Yorker Persönlichkeit mit Ambitionen war da die Aristokratin Pannonica De Koenigswarter. »Die Baroness war eine in London geborene Rothschild und über viele Jahre mit dem adeligen Diplomaten Jules de Koenigswarter verheiratet. Von dem hatte sie sich 1951 getrennt und war kurz darauf nach New York gezogen. Dort machte sie sich bald einen Namen als große Förderin des Jazz, organisierte Jam Sessions in ihrer luxuriösen Wohnung oder chauffierte ihre Musikerfreunde schon mal im Rolls-Royce zum Gig. Später freundete sie sich besonders mit Thelonious Monk an, der in den 1970er Jahren in ihr Haus in Weehawken, New Jersey, zog, wo er 1982 starb.«[143]

Obwohl sich ihre Familie von ihr absetzte, übernahm Nica de Koenigswarter über viele Jahre eine Art Beschützerfunktion, löste Instrumente beim Pfandleiher aus, bezahlte ausstehende Mieten, besuchte Musiker im Krankenhaus, ließ Künstler in ihrem Apartment in der Fifth Avenue wohnen. In die Jazzgeschichte ging sie vor allem wegen zwei Ereignissen ein. Zum ersten starb Charlie Parker am 12.März 1955 in ihrer Wohnung, wo er sich eigentlich von einer akuten Phase seiner Leberzirrhose erholten wollte. Und dann war da die Freundschaft mit Monk, die dazu führte, dass der unkonventionelle Pianist sich nicht allzu sehr Sorgen um seine Existenz machen musste. Als eine Art Dankeschön widmete er ihr seine Komposition *Pannonica* (1956), wie schon sein Kollege Horace Silver es zwei Jahre zuvor mit *Nica's Dream* gemacht hatte. Als ein Sammelsurium der Anekdoten hinterließ die Baroness außerdem eine Sammlung mit rund 300 Sofortbildern von Jazzmusikern, die sie bei der Aufnahme jeweils nach ihren drei Wünschen gefragt hatte und die posthum von ihrer Enkelin veröffentlicht wurden[144].

Lichtgestalten wie die Baroness der Fifth Avenue waren einerseits die Ausnahme, auf der anderen Seite gab und gibt es bis heute viele Musikbegeisterte, die mit der Tendenz zur Selbstausbeutung kleine Labels und Clubs betreiben, Veranstaltungen organisieren, spenden und Vereinsbeiträge bezahlen, manchmal sogar Stiftungen gründen, die sich mit Jazz beschäftigen. Seit sich die Musik von den 1970ern an zunehmend durch Studiengänge, Forschungsinstitute und Wissenschaftsprojekte institutionalisierte, nahm auch auf kommunaler Ebene die Bereitschaft zu, den Jazz in seiner Gesamtheit zu fördern. Dazu gehören Wettbewerbe, Residenzen, Festivals, geförderte Ensembles, eine gerade auch in Deutschland große Palette der Unterstützungen von den öffentlich-rechtlichen Rundfunkanstalten mit ihren Programmen, Festivals und Big Bands über Universitäten und Einzelstellen wie das Jazzinstitut in Darmstadt und staatliche Projektförderung durch die Initiative Musik bis hin zu Vereinen wie der Deutschen Jazzunion. Das hat nicht die Ausmaße der Klassikförderung, auch nicht den wirtschaftlichen Effekt wie etwa die Exportbüros Skandinaviens, aber doch Auswirkungen auf eine junge Jazzwelt, die den Blick nach vorne wendet. Da ist finanziell noch viel Luft nach oben, aber ein Fundament für Entfaltung ist vorhanden.

108. Grund

Weil Amateure den Jazz anschieben

Wer in München lebt und Jazz liebt, hat Glück. Denn er kann abends in die »Unterfahrt« gehen, in einen Club, der 1978 seine Pforten öffnete und seitdem mit stetig steigender Qualität ein täglich wechselndes Konzertprogramm auf die Beine stellt, das neben den regionalen Größen auch internationale Stars an einen Ort mit rund 130 Plätzen lockt, die sonst nur in die großen Hallen kommen. Finanziert wird dieser Luxus durch Eintrittsgelder, städtische Unterstützung und den Förderkreis Jazz und Malerei e.V. als monetäres Back-up.

Und das ist eine für Deutschland typische Mischstruktur aus öffentlichem und privatem Engagement: »Die Jazzszene lebt in den Clubs und Vereinen oder den Initiativen, wie sie heute oft etwas zeitgemäßer heißen und in dieser Benennung gleich klarmachen, dass es ihnen nicht nur um die Pflege des Jazz, sondern auch um die ›Initiative‹, um das aktive Vorantreiben von musikalischen Entwicklungen und den dafür notwendigen Strukturen geht. Clubs und Initiativen stehen zugleich für das bürgerschaftlichen Engagement, von dem der Jazz noch mehr lebt als viele andere Musikrichtungen.

Jazzinitiativen ersetzen hierzulande allerdings oft auch professionelle Strukturen, in denen Jazz hörbar werden könnte.«[145]

Tatsächlich gibt es den Jazz als lebendige Szene nur aufgrund der Vielzahl von ehrenamtlichen oder finanziell belastbaren Mitarbeitern, die bei Festivals am Parkplatz stehen und die Autos einweisen, in Freizeitbüros über Flugbuchungen für Künstler brüten oder an Clubtüren gegen Zuhören als Honorar die Tickets kassieren. Einen Herbie Hancock in eine Philharmonie zu buchen ist nicht schwer und am ehesten ein monetäres Risiko. Einen Club, ein Festival oder eine Initiative zu führen hingegen geht nur, wenn Überzeugungstäter im Team sind.

Dieses Beziehungsgeflecht hat Tradition. Während der ersten zwei Nachkriegsjahrzehnte musste Jazz sich in Deutschland sowohl auf Musikerseite wie auch bei den Bühnen im Anschluss an die Nazi-Ära erst neu formieren. Das geschah überwiegend über die Welt der Amateure. »Schätzungsweise 15.000 musikbegeisterte Jugendliche huldigten während der Adenauer-Ära aktiv dem Jazz oder dem, was sie dafür hielten. An anderer Stelle ist sogar von 50.000 Amateurjazzern die Rede. Landauf landab wurden Keller von Kneipen oder Wohnhäusern zu Clubs und Übungsräumen umgebaut, Riverboat Shuffles oder Jazzkonzerte in der freien Natur wurden zu beliebten Freizeitvergnügen von jazzbegeisterten Jugendlichen.«[146] Erst Beat, Rock und Flower Power ließen diese Begeisterung auf breiter Front schrumpfen. Die Avantgarde hingegen knüpfte mit Lofts und Kulturkneipen weiterhin an bestehende Konzertgewohnheiten an, wenn auch mit anderem Sound und Habitus. Das große Publikum der Stars wanderte in Richtung Festivals und Philharmonien ab, die Spezialisten brauchten weiterhin ihre kleinen Bühnen, und so wechselten eher Lokalitäten und Personal, als die Struktur. Bis heute schieben daher viele Liebhaber und Semi-Profis die Musik an, auch wenn das Zahlenmissverhältnis von Musikern und Spielstätten sich eher noch verschärft hat. Während am laufenden Band junge Instrumentalisten national und international von den Hochschulen in den

Ring geschickt werden, sterben Clubs, denen wegen eines irrwitzig gestiegenen Freizeitangebots in Kombination mit verändertem Konsumverhalten, gekürzten Subventionen, gestiegenen Mieten, Abgaben und zahlreichen weiteren Fallschlingen des Kulturbetriebs die Enthusiasten ausgehen.

109. Grund

Weil Jazz sich Genderfragen öffnet, wenn auch langsam

Da gibt's nicht viel zu lieben, zumindest aus feministischer Perspektive. Jazz ist Männermusik, in der Form, wie er über Jahrzehnte gepflegt und kommentiert wurde. Frauen kamen in seiner Frühgeschichte vor allem als Sängerinnen vor, selten als Komponistinnen, noch seltener als Instrumentalistinnen. Zwar wären die Voraussetzungen so schlecht nicht gewesen, schließlich hatten sich im Gefolge der Wahlrechtsbewegung und der sogenannten Goldenen Zwanziger starke Persönlichkeiten entwickelt, die wie Louise Brooks, Joan Crawford oder Olive Thomas ihre Unabhängigkeit von maskulinen Verhaltensweisen betonten.

Auf die Musik selbst hatte das jedoch wenig Auswirkung, auf deren Rezeption sogar eher gegenteiligen Effekt. Denn zugleich angezogen wie abgestoßen von den sexuellen Implikaturen des frühen Jazz als Sound des Nachtlebens und der Subkultur, lavierten die Kommentatoren zwischen Jubel und Moralisieren. »Die Texte vieler Hot Jazz Kritiker waren in Bezug auf die Repräsentation der Sexualität ambivalent. Auf der einen Seite begrüßten sie den antiviktorianischen Gestus des Jazz, seinen Widerstand dagegen, den sozialen Normen der Vergangenheit zu genügen. Auf der anderen Seite reagierten sie übermäßig kritisch auf alles, was sie als Über-Sexualisierung der Musik empfanden.«[147]

Als es dann darum ging, von der 1940er-Jahren an Jazz als Kunst zu legitimieren, wurden Sexualität und Geschlechterrollen prophylaktisch ausgeklammert, um dann ein gutes Jahrzehnt später von Autoren wie Amiri Baraka im Kontext der Bürgerrechtsbewegung als Möglichkeit der öffentlichen Rebellion gegen gesellschaftliche Normen wieder eingeführt zu werden.

Im Rahmen der Musik selbst blieben die Geschlechterrollen nach alten Mustern zementiert. Die Gleichberechtigung der Frauen war nicht der Kampf, der geführt wurde. Man(n) war genug damit beschäftigt, sich mit den Auswirkungen der Rassentrennung auseinanderzusetzen. Dementsprechend blieben auch die weiblichen Rollen festgeschrieben und wurden von der Musikindustrie konservativ unterstützt. Frauen waren Sängerinnen wie Bessie Smith, Billie Holiday, Ella Fitzgerald, Sarah Vaughan, selten Pianistinnen wie Lil' Hardin (Armstrong), Mary Lou Williams, Lovie Austin oder Nina Simone. Noch seltener gelang es ihnen, wie Irene Higginbotham, Ann Ronell oder Dorothy Fields, auch als Komponistinnen oder Texterinnen anerkannt zu werden. Auch da änderte sich die Situation erst von den 1960er-Jahren an ein wenig, als es zunehmend Künstlerinnen wie Carla Bley, Joni Mitchell, Alice Coltrane und Abbey Lincoln gelang, sich sowohl als Instrumentalistinnen wie auch als Bandleaderinnen durchzusetzen. Im Kern aber blieb das Business männlich, von den Verhaltensweisen wie den in Jam Sessions kultivierten musikalischen Ringkämpfen um die Vorherrschaft des Spieldiskurses bis zu den Produzentensesseln bei den Plattenfirmen, abgesehen von reinen Frauenensembles wie der Swing Big Band der britischen Bandleaderin Ivy Benson, die marginale Phänomene blieben.

Tatsächlich hat der Jazz bald 100 Jahre gebraucht, um die Frage der Gleichberechtigung in umfassender Weise zu stellen. Und die Amplituden der Entwicklung schlagen uneinheitlich in verschiedene Richtungen aus. Als das Magazin *Jazz thing* 2017 fünf Jazzmusikerinnen zum Roundtable einlud, um die aktuelle Situation zu reflektieren, stellte die Kölner Saxofonistin Christina Fuchs gleich zur Einleitung fest: »Die Situation im Jazz spiegelt die Gesellschaft. Gesellschaftlich schien es lange so zu sein, als wären wir Frauen auf einem guten Weg und hätten viel erreicht. In Zeiten wie diesen aber, mit Le Pen, Trump und Populismus, hat man in der Gesellschaft den Rückwärtsgang eingelegt, alte Werte kommen wieder hoch.«[148] Zwar wurde ihre Position im Laufe der Runde etwas relativiert, aber die Entwicklung ist noch immer weit am Anfang. Erst 2018 wurde beispielsweise mit der Schlagzeugerin Eva Klesse die erste Instrumentalprofessur in Deutschland an der Jazzabteilung der Hochschule für Musik, Tanz und Medien Hannover an eine Frau vergeben, die erste ihrer Art von immerhin 18 Hochschulen hierzulande, die Jazz als Studiengang anbieten. Eine zarte Pflanze, die da wächst, aber eine, die auch angesichts einer neuen Generation herausragender Musikerinnen von Esperanza Spalding und Linda Oh bis Mary Halvorson und Angelika Niescier. Noch ein weiter Weg bis zur echten Liebe, aber ein wenig Sympathie ist schon im Spiel.

110. Grund

Weil Jazz weder kompliziert noch chaotisch ist

Eine Anmerkung aus dem kritischen Alltag: Erzähle ich jemandem, der nicht vom Fach ist, ich sei Jazzjournalist, ernte ich verschiedene Reaktionen, die von neugierig über mitleidig bis ratlos reichen. Und das hängt mit einem Fundament fest ausgegossener Schwellenängste zusammen, die mit dem Wort »Jazz« verknüpft sind. Denn diskutiere ich weiter, folgen meist die beiden typischen Vorurteile, die sich über die Jahre im Zusammenhang mit der Musik verankert haben. Erstens: Das verstehe ich nicht, das ist mir zu hoch! Zweitens: Die spielen ja alle free! Beide Feststellungen sind nachhaltig wirkende Wahrnehmungsblockaden, die vor allem mit künstlerischen Entwicklungen zu tun haben, die inzwischen mehr als ein halbes Jahrhundert zurückliegen. Denn in den frühen 1960ern war es für die Musiker zunächst ebenso wichtig wie dann auch notwendig, sich von der bislang vollzogenen Entwicklung abzusetzen. Jazz hatte seinen Weg von der Unterhaltungskultur in die Nische der Kunst vollzogen. Er gab sich gerne ein wenig hermetisch und komplex, schon aus Gründen der Wertschätzung durch den Kulturbetrieb. Inhaltlich wiederum hatte Jazz in einer Tour de Force innerhalb weniger Jahrzehnte es von der Entwicklung des eigenen Genres bis hin zu dessen Infragestellung gebracht. Freie Spielformen waren daher vielen Künstlern ein Bedürfnis und für sie tatsächlich ein Akt der Loslösung von musikalischen Vorgaben, die als formale, politische, gestalterische Einengung empfunden wurden.

Allerdings harmonierten von diesem Punkt an die Selbstwahrnehmung der Künstler und die Bedürfnisse des Publikums nicht mehr. Die Musik wurde ausgefeilter, komplizierter, perfekter, spiritueller, auch politischer oder identifikatorischer, sie war zuweilen ohne Erklärung kaum noch zu verstehen. Sie wurde vom Konsum zur Hörarbeit. Konkurrenz bog mit Rock, Pop, Soul, Folk um die Ecke, das große Publikum machte den Umzug ins intellektuelle Lager nicht mit. Für die Jazzkritik wiederum war es schwierig, die weiterhin existierenden populären Strömungen als Kunst anzuerkennen, entsprachen sie doch weder dem Spezialistennimbus noch dem Genietypus des Innovativen. Jazzpäpste schrieben dagegen an, mit dem Effekt, dass sich die Selbstverständlichkeit des Jazzhörens noch weiter verflüchtigte.

Und das ist tatsächlich ein Hindernis. Denn Jazz im Kern ist weder schwierig noch kompliziert. Aber man muss ihn hören und erleben, um manche auf den ersten Blick überraschende Wendung nachvollziehen zu können. Im Unterschied zu sich selbst erklärenden Konsumkulturgütern erschließt er sich leichter und lustvoller, wenn man Zusammenhänge, Querverweise, Historisches kennt. Er hat Anspruch an sich selbst und seine Hörer, und gerade das macht den Spaß daran aus. Und er ist in den meisten Fällen eine Livemusik, die von den Energien lebt, die Musiker gelenkt oder spontan unter sich und mit dem Publikum entwickeln können. Vieles davon gilt auch für andere Musiken. Und klar, es gibt auch öden, käsigen, zutiefst uninspirierten, eitlen, überflüssigen, unverständlichen Jazz. Da wiederum können Publikum und Kritik auch mal den Saal verlassen. Aber das ist kein Strukturproblem.

111. Grund

Weil Jazz die Welt ein bisschen besser macht – statt eines Nachworts

Ich schreibe das mal so, aus der Perspektive von mehr als einem Vierteljahrhundert journalistischer Arbeit mit Jazzkünstlern und ihrer Musik, die mich vieles hat lernen lassen. So ist mir rückblickend eigentlich niemand begegnet, der die Regeln des guten Stils im menschlichen Miteinander hinter sich gelassen hat. Sicher gab es Künstler, die das Greenhorn aus Deutschland erst einmal getestet haben, Cecil Taylor etwa, der eine Runde Provokationen rausgehauen hat, um zu sehen, ob sich der Journalist aus der Ruhe bringen lässt. Oder Joe Zawinul, mit dem man schon mal einigen Sliwowitz hinter sich bringen musste, bis das Interview entspannt wurde. Oder Sonny Rollins, dem man eigentlich keine Frage stellen konnte, weil er eh alles wohlwollend großväterlich auf sich selbst bezogen hat. Aber das sind Kuriositäten, Anekdoten. Bis jetzt habe ich Jazzmusiker und Jazzmusikerinnen vor allem als leidenschaftliche Menschen erlebt, die es gewohnt sind, gegen Widerstände und Vorbehalte für ihre Sache einzustehen und das zu machen, was sie künstlerisch wichtig finden. Und das überträgt sich auf die Musik. Denn Jazz funktioniert nur in Kommunikation mit anderen, seien es Kollegen auf der Bühne, seien es Tonmeister und Produzenten im Studio, sei es das Publikum in Clubs und auf großen Bühnen. Das Credo des

Gemeinschaftlichen, des Kulturen übergreifenden Musizierens, der Aufmerksamkeit überträgt sich auf die Stimmung, die Konzerte und Klangereignisse im Normalfall prägen. Es gibt auch im Jazz Ungleichheiten, Neid und Ungerechtigkeiten, kein Lebensbereich ist davor gefeit. Trotzdem habe ich die Akteuere vom Weltstar bis zur Kassenkraft im Club nahezu ausnahmslos als passionierte Menschen erlebt, die wollen, dass etwas passiert, dass es vorangeht, dass Musik zu leuchten beginnt. Und auch das habe ich erlebt, Konzerte, deren unbändige kreative, alle Normalität überstrahlende Kraft noch Tage, Wochen weitergewirkt hat. Das ist das, was Jazz ausmacht, bestimmt nicht nur ihn, aber doch vor allem ihn. Esoterik? Vielleicht, denn keine Musik schafft es, nur durch sich selbst die Welt ein Stückchen besser zu machen. Obwohl, vielleicht ja doch.

112. Grund – Bonustrack

Weil 111 Alben ein guter Anfang sind

Jazz muss man hören. Hier sind ein paar Vorschläge, chronologisch nach Erstaufnahmen sortiert, mit Label-Hinweis und kurz kommentiert, um den Weg in die Musik zu finden:

1917 Original Dixieland Jazz Band: Essential Collection (*Avid Jazz* – der historische Anfang)

1923 Jelly Roll Morton: The Piano Rolls (*Nonesuch* – Klavierrollen des New-Orleans-Pioniers)

ab 1925 Louis Armstrong: Hot Fives & Sevens Box (*JSP* – New Orleans und Erfindung der Solistik)

ab 1926 Duke Ellington: Masterpieces 1926 – 1949 (*Proper* – von Cotton Club bis später Swing)

ab 1934 Django Reinhardt: Retrospective 1934 – 1952 (*Emarcy* – Box mit essenziellem Gypsy Swing) ab 1937 Billie Holiday: You Go To My Head (*BMG RM* – Best of Lady Day, inkl. *Strange Fruit*)

ab 1937 Dizzy Gillespie: The Complete RCA Victor Recordings (*Sony* – die Geburt von Bebop und Cubop)

1938 Benny Goodman: Carnegie Hall Concert (*Columbia* – legendäres Konzert mit Lionel Hampton)

ab 1945 Dinah Washington: Blues For A Day (*BMG RM* – große Stimme, gute Zusammenstellung)

1946 Woody Herman: At Carnegie Hall, 1946 (*Universal* – Big Band zwischen Swing und Bebop)

ab 1947 Thelonious Monk: Genius Of Modern Music Vol. 1 & 2 (*Blue Note* – Label-Start einer Klavierlegende)

ab 1948 Miles Davis: The Complete Birth Of The Cool (*Blue Note* – das berühmte Nonett, gab dem Stil den Namen)

ab 1949 Bud Powell: The Amazing Bud Powell Vol.1 (*Blue Note* – das Klaviergenie des Bebop)

ab 1949 Lennie Tristano & Wayne Marsh: Intuition (*Blue Note* – die andere Seite des Cool Jazz)

1952 Stan Kenton: New Concepts Of Artistry In Rhythm (*Capitol* – die Neuerfindung der Big Band als Klangkörper)

1952 Lester Young: With The Oscar Peterson Trio (*Verve* – Combo Swing, elegant, perfekt)

ab 1952 Gerry Mulligan: The Best Of The Gerry Mulligan Quartet (*Pacific Jazz* – cooler West Coast Jazz des pianolosen Quartetts und Karrierestart des Trompeters Chet Baker)

1953 The Quintet: Jazz At Massey Hall (*OJC* – Gipfeltreffen des Bebops mit Charlie Parker)

ab 1953 The Modern Jazz Quartet: Django (*Concord* – Grundlagen des MJQ, ein Klassiker)

ab 1953 Art Tatum: The Complete Pablo Solo Masterpieces (*Pablo* – am besten war der Klaviergott allein mit seinem Instrument)

1954 Frank Sinatra: In The Wee Small Hours (*Capitol* – ein Balladenalbum voller Hits und Kraft)

1955 Erroll Garner: Concert by The Sea (*Columbia* – das elegante Trio-Piano-Album schlechthin)

1955 Thelonious Monk: Plays The Music Of Duke Ellington (*Riverside* – Bebop-Humor im Trio-Format)

1956 Duke Ellington: At Newport (*Columbia* – der Startschuss des Big Band Revivals)

1956 Charles Mingus: Phitecanthropus Erectus (*Altlantic* – der Bassist formuliert im Quintett sein bluesig jazziges Konzept)

1957 Count Basie: Atomic Basie (*Roulette* – die Essenz des kraftvoll pointierten Basie-Swings)

1957 Coleman Hawkins: Encounters Ben Webster (*Verve* – zwei Saxofonlegenden konkurrieren, ganz entspannt)

1957 Sun Ra And The Arkestra: Sound Of Joy (*Delmark* – die Startrampe von Sun Ras Orchestersound)

1958 Cannonball Adderley: Somethin' Else (*Blue Note* – Starquintett mit essenziellem Hardbop)

1958 Art Blakey And The Jazz Messengers: Moanin' (*Blue Note* – Hardbop-Nukleus mit starkem, jungem Quintett)

1959 Dave Brubeck: Time Out (*CBS* – Brubecks Durchbruch, einschließlich *Take Five*)

1959 John Coltrane: Giant Steps (*Atlantic* – der Quantensprung der Saxofonartistik)

1959 Miles Davis: Kind Of Blue (*CBS* – gilt als bestes Combo-Jazz-Album aller Zeiten)

1959 Jimmy Giuffre: The Easy Way (*Verve* – cooler Vorläufer des Kammerjazz)

1959 Bill Evans: Portrait in Jazz (*Riverside* – Urform des modernen Klaviertrios mit Bassist Scott LaFaro)

1960 Ornette Coleman: Free Jazz (*Atlantic* – ein Schrei nach Freiheit im Doppelquartett)

1960 Wes Montgomery: The Incredible Jazz Guitar Of Wes Montgomery (*Riverside* – seitdem klingt die Jazzgitarre souliger)

1960 Art Farmer, Benny Golson: Meet The Jazztet (*Fresh Sound* – eleganter Hardbop im Sextett)

1960 Max Roach / Oscar Brown Jr.: We Insist! Freedom Now Suite (*Candid* – Jazz wird politisch)

1961 J.J. Johnson, Kai Winding: The Great Kai and J.J. (*Impulse!* – zwei Posaunisten definieren ihr Instrument)

1961 Rashaan Roland Kirk: Kirk's Work (*Prestige* – Saxofonpower an der Grenze von Hardbop und Soul Jazz)

1961 Stan Getz: Focus (*Verve* – Jazz und Streicher, ganz ohne Schmalz)

1961 Donald Byrd: Free Form (*Blue Note* – der Trompeter Byrd rebelliert gegen den Hardbop)

1961 Oliver Nelson: Blues And The Abstract Truth (*Impulse!* – Modern Jazz mit Blues im Geiste und perfektem Ensemblespiel)

1961 Lee Konitz: Motion (*Verve* – Konitz' kühles Altsaxofon bekommt im Trio Konturen)

1961 George Russell Sextet: Ezz-thetics (*Riverside* – so verwegen kann Avantgarde klingen)

1962 Sonny Rollins: The Bridge (*RCA Victor* – Rollins' kraftvoll modernes Comeback)

1962 Dexter Gordon: Go! (*Blue Note* – Hardbop-Quartett des Saxofon-Helden)

1962 Freddie Hubbard: Hub-Tones (*Blue Note* – der Trompeter Hubbard im Modern-Power-Modus)

1962 Oscar Peterson Trio: Night Train (*Verve* – gilt als Meisterstück des Piano-Trio-Swings)

1962 Duke Ellington, Charles Mingus, Max Roach: Money Jungle (*Blue Note* – so modern klang Duke Ellington selten sonst)

1962	Sarah Vaughan: +2 (*Pure Pleasure* – grandios persönlicher Vocal Swing im kleinen Trio)
ab 1962	Jan Johansson: Jazz På Svenska (*Playground* – Europas Jazz entdeckt die Volksmusik)
1963	Jimmy Smith: Back At The Chicken Shack (*Blue Note* – Soul Jazz mit Hammondorgel)
1963	Stan Getz & João Gilberto: Getz/Gilberto (*Verve* – Startschuss der Bossa-Nova-Welle)
1963	Charles Mingus: The Black Saint And The Sinner Lady (*Impulse!* – der Bassist und Komponist überträgt seine Soundidee auf ein großes Ensemble)
1963	Lee Morgan: The Sidewinder (*Blue Note* – mit Trompeter Morgan wird Soul Jazz zum Hit)
1963	Albert Mangelsdorff: Tension! (*L & R* – Europas Moderne meldet sich zu Gehör)
1963	Horace Silver Quintet: Song For My Father (*Blue Note* – ein Standard des Soul Jazz)
1963	Kenny Burrell: Midnight Blue (*Blue Note* – eines der entspanntesten Gitarren-Alben überhaupt)
1964	Albert Ayler Trio: Spiritual Unity (*ESP* – freies Saxofon voll anarchischer Energie)
1964	John Coltrane: A Love Supreme (*Impulse!* – grundlegend)
1964	Wayne Shorter: Ju Ju (*Blue Note* – modale Moderne des Saxofonisten im Quartett)
1964	Eric Dolphy: Out To Lunch (*Blue Note* – Klarinette und Flöte neu modern gedeutet)
1965	Herbie Hancock: Maiden Voyage (*Blue Note* – der junge Hancock, modal, modern, soulig)
1966	Charles Lloyd: Forest Flower (*Atlantic* – Jazz wird psychedelisch, hippietauglich)
1966	Cannonbal Adderley Quintet: Mercy, Mercy, Mercy! (*Capitol* – ein Klassiker des Soul Jazz)

1966 Cecil Taylor: Conquistador! (*Blue Note* – Avantgarde trifft Free ohne Destruktion)

1968 Peter Brötzmann: Machine Gun (*FMP* – pure Energie, ein Manifest des Free Jazz)

ab 1968 Carla Bley: Escalator Over The Hill (*Watt* – die große Form wird neu gedeutet)

1969 Charlie Haden: Liberation Music Orchestra (*Impulse!* – Jazzer gegen Krieg)

1969 Miles Davis: Bitches Brew (*CBS* – Jazzrock als erfolgreiches Experiment)

1971 Anthony Braxton u.a.: Circle – Paris Concert (*ECM* – Free Jazz mit theoretischem Überbau)

1971 Mahavishnu Orchestra: Inner Mounting Flame (*CBS* – mehr Rock als Jazz)

1972 Chick Corea, Gary Burton: Crystal Silence (*ECM* – Kammerjazz im feinen Dialog)

1973 Ella Fitzgerald: Take Love Easy (*Pablo* – Ella, sehr persönlich im Duo mit Gitarrist Joe Pass)

1973 Herbie Hancock: Head Hunters (*CBS* – viel Synthie, viel Fusion, viel Sound)

1974 Zentralquartett: Auf der Elbe schwimmt ein rosa Krokodil (*FMP / Intakt* – verschmitzter Free Jazz aus der DDR)

1975 Keith Jarrett: The Köln Concert (*ECM* – improvisiertes Solo-Piano und ein Welthit)

1976 Weather Report: Heavy Weather (*CBS* – Fusion-Klassiker, einschließlich *Birdland*)

1978 Art Ensemble Of Chicago: Nice Guys (*ECM* – Avantgarde mit Augenzwinkern)

1980 Abdullah Ibrahim Dollar Brand: African Marketplace (*Sire* – Südafrika erscheint im Jazz)

1982 Pat Metheny Group: Travels (*ECM* – ein Synthie-Gitarren-Rausch)

1983 Keith Jarrett Trio: Standards Vol. 1 (*ECM* – das Klaviertrio mit Standards ist zurück im Jazz)

1984 Bobby McFerrin: The Voice (*Electra* – unbegleiteter Solo-Gesang, bis dahin unbekannt)

1987 Ornette Coleman: In All Languages (*Harmolodic* – Free Funk trifft Avantgarde)

1989 John Zorn: Naked City (*Nonesuch* – polystilistisches Jazz-Patchwork)

1994 Cassandra Wilson: New Moon Daughter (*Blue Note* – große, soul poppige Stimme)

1994 Jan Garbarek: Officium (*ECM* – Altsaxofon improvisiert zu Renaissance-Gesang)

1995 Wynton Marsalis: Blood On The Fields (*Columbia* – ein Jazz-Oratorium zur Sklavengeschichte, mit dem Pulitzer Prize ausgezeichnet)

1996 Nils Petter Molvaer: Khmer (*ECM* – Elektrotexturen treffen solitäre Trompetentöne)

1996 Richard Galliano: New York Tango (*Dreyfus* – Musette verbindet sich mit Modern Swing)

1997 Bill Frisell: Nashville (*Nonesuch* – Gitarrist Frisell entdeckt Country für den Jazz)

1998 John Scofield: A Go Go (*Verve* – die Rückkehr des funky Groove in den Jazz)

1999 e.s.t.: From Gagarin's Point Of View (*ACT* – Klaviertrio mit Rock-Attitude)

2000 Charles Lloyd: The Water Is Wide (*ECM* – intensives Modern Quartett im Kammerjazzton)

2001 Branford Marsalis Quartet: Footsteps Of Our Fathers (*Marsalis Music* – perfektes Jazz-Quartett mit perfektem Neo-Traditionalismus)

2001 Chris Potter: Gratitude (*Verve* – der Saxofon-Hero des Jahrzehnts)

2003 Dhafer Youssef: Digital Prophecy (*Enja* – die Oud auf neuen Soundwegen)

2004 Heinz Sauer, Michael Wollny: Melancholia (*ACT* – ein Duo Sax-Klavier voller Empathie)

2005 Ornette Coleman: Sound Grammar (*Sound Grammar* – eine Essenz von Colemans Quartett)

2007 Michael Brecker: Pilgrimage (*Emarcy* – Nachwort zur Karriere eines großen Saxofonisten)

2010 Das Kapital: Ballade & Barricades (*Wizmar* – Eisler-Adaptionen eines schrillen Trios)

2011 Joshua Redman: James Farm (*Nonesuch* – komplex in sich stimmiges Modern-Quartett)

2013 Gregory Porter: Liquid Spirit (*Blue Note* – große Männerjazzstimme mit viel Soul)

2014 Michael Wollny Trio: Weltenraum (*ACT* – kammerjazziges modernes Klaviertrio)

2014 Pablo Held Trio: Meets John Scofield (*Pirouet* – hoch moderne, deutsch-amerikanische Zusammenarbeit von Klavier-Trio und Gitarre)

2015 Kamasi Washington: The Epic (*Brainfeeder* – hymnisch pathetischer Saxofon-Jazz)

2015 Cécile McLorin Salvant: For One To Love (*Mack Avenue* – Vocal Jazz voll differenzierter Kraft)

2018 Sons Of Kemet: Your Queen Is A Reptile (*Impulse!* – Schlagzeug, Tuba, Saxophon und Wut)

2018 Brad Mehldau: After Bach (*Nonesuch* – Solo-Klavier, das Bach präzise weiterdenkt)

Literaturhinweise

Beckstette, Sven / Gross, Ulrike u.a. (Hg.): I Got Rhythm. Jazz und Kunst seit 1920. München (Prestel Verlag) 2015

Berendt, Joachim-Ernst: Ein Fenster aus Jazz. Essay, Portraits, Reflexionen. Frankfurt/Main (S. Fischer Verlag) 1984

Berendt, Joachim-Ernst & Huesmann, Günther: Das Jazzbuch. Frankfurt / Main (S.Fischer Verlag) 2005

Blobel, Ulli (Hg.): Woodstock am Karpfenteich, Die Jazzwerkstatt Peitz. Bonn (Lizenzausgabe für die Bundeszentrale für politische Bildung) 2011

Brieu, Jean-François: Gesang auf der Titelseite. In: Booklet: Du Chant à la une!, Gainsbourg-CD-Edition, Philips / Universal 2001

Burkhardt, Werner: Klänge, Zeiten, Musikanten. Ein halbes Jahrhundert Jazz, Blues und Rock. Waakirchen (Oreos Verlag) 2002

Burns, Ken: Jazz. Eine Musik und ihre Geschichte. München (Econ Ullstein List Verlag) 2001

Castro, Ruy: Bossa Nova. The Sound Of Ipanema. Eine Geschichte des brasilianischen Musik. Höfen (Koch international) 2006

Claxton, William: Jazz Seen. Köln (Benedikt Taschen Verlag) 1999

Collier, James L.: Louis Armstrong. Eine Biographie. Zürich (Diogenes Verlag) 1990

Davis, Miles und Troupe, Quincy: Die Autobiographie. Hamburg, (Hoffmann und Campe Verlag) 1993

De Koenigswarter, Pannonica: Die Jazzmusiker und ihre drei Wünsche. Stuttgart (Reclam Verlag) 2007

Dimery, Robert (Hg.): 1001 Songs, die Sie hören sollten, bevor das Leben vorbei ist. Zürich (Edition Olms) 2011

Doering, Teddy: Coleman Hawkins. Sein Leben, seine Musik, seine Schallplatten. Waakirchen (Oreos Verlag) 2001

Dombrowski, Ralf: Portrait Saxofon. Kultur, Praxis, Repertoire, Interpreten. Kassel (Bärenreiter Verlag) 2010

Du. Die Zeitschrift der Kultur. Giant Steps. Album Tenor Sax. Heft Nr. 7, Juli 1998. Zürich (TA Media AG) 1998
Du. Die Zeitschrift der Kultur. Misterioso. Jazzlegende Thelonious Monk. Zürich (TA Media AG), März 1994
Du. Die Zeitschrift der Kultur. We Insist. Max Roach. das Schlagzeug. Zürich (TA-Media AG) 1996
Feather, Leonard / Gitler, Ira: The Biographical Encyclopedia of Jazz. New York (Oxford Press) 1990
Fischer, Klaus Gotthard: Jazzin' The Black Forest. Saba / MPS – Geschichte eines Jazzlabels. Berlin (Crippled Library) 1999
Fränzel, Dieter E. (Hg.): Sounds Like Whoopataal. Wuppertal in der Welt des Jazz. Essen (Klartext Verlag) 2006
Gillespie, Dizzy & Frazer, Al: To Be Or Not To Bop. Memoiren – Dizzy Gillespie. St. Andrä-Wördern (Hannibal) 1985
Jahn, Konstantin: Hipster, Gangster, Femmes Fatales. Eine cineastische Kulturgeschichte des Jazz. München (edition text & kritik) 2016
Jones, Quincy: Mein Leben, Meine Leidenschaften. Hamburg (Edel Germany GmbH) 2008
Kahn, Ashley: A Love Supreme – John Coltranes legendäres Album. Berlin (Rogner & Bernhard), 2004
Kahn, Ashley: Impulse! Das Label, das Coltrane erschuf. Berlin (Rogner & Bernhard Verlag) 2007
Kampmann, Wolf: Jazz. Eine Geschichte von 1900 bis übermorgen. Stuttgart (Reclam Verlag) 2016
Kerouac, Jack: Unterwegs. Reinbek (Rowohlt Verlag) 2001
Knauer, Wolfram (Hg.): Begegnungen. The World meets Jazz. Darmstädter Beiträge zur Jazzforschung, Band 10. Hofheim (Wolke Verlag) 2008
Knauer, Wolfram: Charlie Parker. Stuttgart (Reclam Verlag) 2014
Knauer, Wolfram (Hg.): Jazz @100. An alternative to a story of heroes. Darmstädter Beiträge zur Jazzforschung, Band 15. Hofheim (Wolke Verlag) 2018

Knauer, Wolfram (Hg.): Jazz Debatten / Jazzdebatten. Darmstädter Beiträge zur Jazzforschung, Band 13. Hofheim (Wolke Verlag) 2014

Knauer, Wolfram (Hg.): Jazz in Deutschland. Darmstädter Beiträge zur Jazzforschung, Band 4. Hofheim (Wolke Verlag) 1996

Knauer, Wolfram (Hg.): Jazz und Sprache, Sprache und Jazz. Darmstädter Beiträge zur Jazzforschung, Band 5. Hofheim (Wolke Verlag) 1999

Knauer, Wolfram: Louis Armstrong. Stuttgart (Reclam Verlag) 2010

Knauer, Wolfram / Jazzinstitut Darmstadt (Hg.): Wegweiser Jazz. Darmstadt (Jazzinstitut) 2009

Kunzler, Martin: Jazz-Lexikon, 2 Bände. Reinbek bei Hamburg (Rowohlt Taschenbuch Verlag) 2002

Lippegaus, Karl: John Coltrane. Biographie. Hamburg (Edel) 2011

Marsalis, Wynton: Jazz. Mein Leben. Von der Kraft der Improvisation. München (Siedler Verlag) 2010

Naura, Michael: Cadenza. Ein Jazzpanorama. Hamburg (Europäische Verlagsanstalt) 2002

Nolden, Rainer: Ella Fitzgerald. Ihr Leben, ihre Musik, ihre Schallplatten. Gauting-Buchendorf (Oreos Verlag) 1986

Paysan, Marko: Swinging Ballroom Berlin. Swing, Jazz & Sweet in historischen Originalaufnahmen 1926–1943. Booklet. Emarcy / Universal 1999

Peterson, Oscar: Meine Jazz-Odyssee. Höfen (Koch / Hannibal Verlag) 2003

Placke, Rainer / Wulff, Ingo (Hg.): Blue Note Photography (Jazzpresso), Bad Oeynhausen

Polillo, Arrigo: Jazz. Die neue Enzyklopädie. München (Herbig Verlag) 2003

Porter, Lewis: John Coltrane. His Life and Music. Michigan (The University Of Michigan Press) 1999

Priestley, Brian: Jazz On Record. Die Geschichte des Jazz auf Schallplatte. Wien (Hannibal Verlag) 1990

Renz, Thomas / Universität Hildesheim: Jazzstudie. Lebens- und Arbeitsbedingungen von Jazzmusiker/-innen in Deutschland. Hildesheim (Easydruck) 2016

Schaal, Hans-Jürgen: Jazz-Standards. Das Lexikon. Kassel u.a (Bärenreiter) 2001

Schramm, Holger (Hg.): Handbuch Musik und Medien: Interdisziplinärer Überblick über die Mediengeschichte der Musik. Wiesbaden (Springer VS), 2019

Schumann, Coco: Der Ghetto-Swinger – Eine Jazzlegende erzählt. München (dtv) 1997

Simon, George T.: Die Goldene Ära der Big Bands. Höfen (Verlagsgruppe Koch / Hannibal) 2004

Spiegel, Roland / Wittkamp, Rainer: 111 Jazz-Alben, die man gehört haben muss. Köln (Emons Verlag) 2019

Spitzer, Manfred: Musik im Kopf. Stuttgart (Schattauer Verlag), 2008

Viera, Joe: Jazz. Musik unserer Zeit. Schaftlach (Oreos Verlag) 1992

Vitali, Luca: The Sound Of The North. Norway and the European Jazz Scene. Italy (Haze and Alice Zevi Editions) 2015

Wagner, Christoph: Das Akkordeon oder die Erfindung der populären Musik. Mainz (Schott Verlag) 2001

Whitehead, Kevin: Warum Jazz? 111 gute Gründe. Ditzingen (Reclam Verlag), 2019

Wolbert, Klaus (Hg.): That's Jazz. Der Sound des 20. Jahrhunderts. Frankfurt/Main (Verlag Erwin Bochinsky), 1990

Young, Bob / Stankus, Al: Jazz Cooks. Die Größen des Jazz und ihre Lieblingsrezepte. Aarau (AT Verlag), 1996

Anmerkungen

1 Dombrowski, Ralf: Portrait Saxofon. Kultur, Praxis, Repertoire, Interpreten. Kassel (Bärenreiter Verlag) 2010, S. 16.

2 Kampmann, Wolf: Jazz. Eine Geschichte von 1900 bis übermorgen. Stuttgart (Reclam Verlag) 2016, S. 17.

3 Johnson, Bunk. In: Polillo, Arrigo: Jazz. Die neue Enzyklopädie. München (Herbig Verlag) 2003, S. 67/68.

4 Pfleiderer, Martin: The World meets Jazz. Zur Ästhetik des Jazz im Zeitalter der Globalisierung. In: Knauer, Wolfram (Hg.): Begegnungen. The World meets Jazz. Darmstädter Beiträge zur Jazzforschung, Band 10. Hofheim (Wolke Verlag) 2008, S. 48.

5 Eine kompakte Zusammenfassung zum Thema bietet der Wikipedia-Artikel https://de.wikipedia.org/wiki/Prohibition_in_den_Vereinigten_Staaten

6 Pollilo: Jazz, S. 90.

7 Kampmann: Jazz, S. 52.

8 Joppig, Gunther: Vom Bläserquintett zum Big Band. In: Wolbert, Klaus (Hg.): That's Jazz. Der Sound des 20.Jahrhunderts. Frankfurt am Main (Verlag Erwin Bochinsky), 1990, S.19.

9 Simon, George T.: Die Goldene Ära der Big Bands. Höfen (Verlagsgruppe Koch / Hannibal) 2004, S. 46.

10 Waller, Fats. In: Burns, Ken: Jazz. Eine Musik und ihre Geschichte. München (Econ Ullstein List Verlag) 2001, S.204.

11 Kunzler, Martin: Jazz-Lexikon, Band 2. Reinbek bei Hamburg (Rowohlt Taschenbuch Verlag) 2002, S. 1323.

12 Vgl. Burns: Jazz, S.412.

13 Burkhardt, Werner: Klänge, Zeiten, Musikanten. Ein halbes Jahrhundert Jazz, Blues und Rock. Waakirchen (Oreos Verlag) 2002, S. 53.

14 Umfassende und gut zusammengefasste Informationen zur Songgeschichte finden sich online unter https://de.wikipedia.org/wiki/Strange_Fruit

15 Marko Paysan, In: Swinging Ballroom Berlin. Swing, Jazz & Sweet in historischen Originalaufnahmen 1926–1943. Booklet. Emarcy / Universal 1999, S. 8.

16 Guido Fackler: Jazz im KZ. In: Knauer, Wolfram (Hg.): Jazz in Deutschland. Darmstädter Beiträge zur Jazzforschung, Band 4. Hofheim (Wolke Verlag) 1996, S. 64.

17 Fackler. In: Knauer (Hg.): Jazz in Deutschland, S. 84.

18 Horst Bergmeier, Rainer Lotz: Charlie And His Orchestra. Ein obskures Kapitel der deutschen Jazzgeschichte. In: Knauer (Hg.): Jazz und Deutschland, S. 46.

19 Bergmeier, Lotz. In: Knauer (Hg.): Jazz in Deutschland., S. 47.

20 Klaus Doldinger im Gespräch. In: Klaus Doldinger. Works & Passion 1955–2000. Berlin (Warner) 2001, Booklet S.44.

21 Berendt, Joachim-Ernst: Ein Fenster aus Jazz. Essay, Portraits, Reflexionen. Frankfurt am Main (S. Fischer Verlag) 1984, S. 174.

22 Granz, Norman. In: Booklet zu Jazz At The Philharmonic – The Philharmonic On Verve 1944 – 1949, Verve / Universal, Hamburg, 1998, S. 96.

23 Knauer, Wolfram: Louis Armstrong. Stuttgart (Reclam Verlag) 2010, S. 197.
24 Berendt, Joachim-Ernst & Huesmann, Günther: Das Jazzbuch. Frankfurt / Main (S.Fischer Verlag) 2005, S. 100/101.
25 Collier, James L.: Louis Armstrong. Eine Biographie. Zürich (Diogenes Verlag) 1990, S. 404.
26 Dombrowski, Ralf: Das Originale und das Originelle. Techniken kultureller Aneignung am Beispiel des Oriental Jazz. In: Knauer (Hg.): Begegnungen, S. 221.
27 Berendt, Huesmann: Das Jazzbuch, S. 120.
28 Vgl. Robert Dimery (Hg.): 1001 Songs, die sie hören sollten, bevor das Leben vorbei ist. Zürich (Edition Olms) 2011, S. 24.
29 Fitzgerald, Ella. In: Rainer Nolden: Ella Fitzgerald. Ihr Leben, ihre Musik, ihre Schallplatten. Gauting-Buchendorf (Oreos Verlag) 1986, S.52.
30 Burkhardt, Werner: Klänge, Zeiten, Musikanten. Waakirchen (Oreos Verlag) 2002, S. 48.
31 Morton, Jelly Roll. In: Nolden: Ella Fitzgerald, S. 52.
32 Schaal, Hans-Jürgen: Das Echo Afrikas. In: Du. Die Zeitschrift für Kultur. We Insist. Max Roach. das Schlagzeug. Zürich (TA-Media AG) 1996, S. 51.
33 Jones, Quincy: Mein Leben – meine Leidenschaften. Hamburg (Edel Germany GmbH) 2008, S. 61.
34 Doering, Teddy: Coleman Hawkins. Sein Leben, seine Musik, seine Schallplatten. Waakirchen (Oreos Verlag) 2001, S.87.
35 Simon, George T.: Die Goldene Ära der Bigbands. 2004 (Hannibal / Koch), Höfen, S. 101.
36 Schumann, Coco: Der Ghetto-Swinger – Eine Jazzlegende erzählt. München (dtv) 1997, S. 86.
37 Schumann: Der Ghetto-Swinger, S. 215.
38 Landolt, Patrik: Peter Brötzmann. Genie des Dilettanten. In: Du. Die Zeitschrift der Kultur. Giant Steps. Album Tenor Sax. Heft Nr.7, Juli 1998. Zürich (TA Media AG) 1998, S. 70.
39 Spiegel, Roland / Wittkamp, Rainer: 111 Jazz-Alben, die man gehört haben muss. Köln (Emons Verlag) 2019, S. 150.
40 Davis, Miles und Troupe, Quincy: Die Autobiographie. Hamburg, (Hoffmann und Campe Verlag) 1993, S. 7.
41 Davis, Troupe: Die Autobiographie, S. 488.
42 Davis, Troupe: Die Autobiographie, S. 475.
43 Wolfgang Schmid, eigenes Interview, November 2018.
44 Marsalis, Wynton: Jazz. Mein Leben. Von der Kraft der Improvisation. München (Siedler Verlag) 2010, S. 22.
45 Whitehead, Kevin: Warum Jazz? 111 gute Gründe. Ditzingen (Reclam Verlag) 2019, S. 13.
46 Pfleiderer, Martin: The World Meets Jazz – Zur Ästhetik des Jazz im Zeitalter der Globalisierung. In: Knauer (Hg.) Begegnungen, S. 52.
47 Kampmann: Jazz, S. 147.
48 Gillespie, Dizzy. In: Ponzio, Jacques. Monk sehen. In: Du, die Zeitschrift der Kultur. Misterioso. Jazzlegende Thelonious Monk. Zürich (TA Media AG), März 1994, S. 74.
49 Ponzio, Jacques. Monk sehen. In: Du, die Zeitschrift der Kultur. Misterioso, S. 74.
50 Davis, Troupe: Die Autobiographie, 1993, S. 263.

51 Knauer, Wolfram: Emanzipation wovon? Zum Verhältnis des amerikanischen und des deutschen Jazz in den 50er und 60er Jahren. In: Knauer (Hg.): Jazz in Deutschland, S. 145.
52 Marsalis, Wynton: Jazz. Mein Leben. Von der Kraft der Improvisation. München (Siedler Verlag) 2010, S. 31.
53 Crouch, Stanley: Die bittersüßen Jahre. In: Du: We Insist, S. 60.
54 Marc Ribot, eigenes Interview vom Juli 2018.
55 Pronitschew, Oleg: Die Institutionalisierung des Jazz. Wie die westdeutsche Jazzdebatte der 1970er Jahre das Selbstverständnis der Szene veränderte. In: Knauer, Wolfram: Jazz @100. An alternative to a story of heroes. Darmstädter Beiträge zur Jazzforschung, Band 15. Hofheim (Wolke Verlag) 2018, S. 191/192.
56 Marsalis: Jazz, mein Leben, S. 186.
57 Spiegel, Roman / Wittkamp, Rainer: 111 Jazz-Alben, die man gehört haben muss. Köln (Emons Verlag) 2019, S. 176.
58 Whitehead: Warum Jazz?, S. 78.
59 Kampmann: Jazz, S. 203.
60 Reich, Steve. In: Kahn, Ashley: A Love Supreme – John Coltranes legendäres Album. Berlin (Rogner & Bernhard) 2004, S. 141.
61 James, Rick. In: Kahn: A Love Supreme, S. 204.
62 Santana, Carlos. In: Kahn: A Love Supreme, S. 206.
63 Spitzer, Manfred: Musik im Kopf. Stuttgart (Schattauer Verlag) 2008, S. 397.
64 Berendt: Ein Fenster aus Jazz, S. 40.
65 Davis, Miles. In: Lippegaus, Karl: John Coltrane. Biographie. Hamburg (Edel) 2011, S. 294.
66 Nelson, Oliver: Blues And The Abstract Truth. Impulse! 1961.
67 Schaal, Hans-Jürgen: Jazz-Standards. Das Lexikon. Kassel u.a. (Bärenreiter) 2001, S.205.
68 Whitehead: Warum Jazz?, S. 20.
69 Davis, Troupe: Die Autobiographie, S. 272/273.
70 Joachim Kühn, eigenes Interview, November 1998.
71 Jones, Quincy. In: Quincy Jones. Mein Leben, meine Leidenschaften. Hamburg (Edel Germany GmbH) 2011, S. 50/53.
72 Renz, Thomas / Universität Hildesheim: Jazzstudie. Lebens- und Arbeitsbedingungen von Jazzmusiker/-innen in Deutschland. Hildesheim (Easydruck) 2016, S. 12.
73 Spitzer: Musik im Kopf, S. 212.
74 Alle drei Beispiele aus Naura, Michael: Cadenza. Ein Jazzpanorama. Hamburg (Europäische Verlagsanstalt) 2002, S.89, S.63, S.55.
75 Alle drei Beispiele aus Burkhardt: Klänge, Zeiten, Musikanten, S. 52, S. 133, S. 117.
76 Brieu, Jean-François: Gesang auf der Titelseite. In: Booklet: Du Chant à la une!, Gainsbourg-CD-Edition, Philips / Universal 2001.
77 Kerouac, Jack: Unterwegs. Reinbek (Rowohlt Verlag) 2001, S. 153.
78 Feather, Leonard / Gilter, Ira: The Biographical Encyclopedia of Jazz. New York (Oxford Press) 1990.
79 Knauer, Wolfram: Jazz – Sprache – Lyrik – Kritik. Einige grundsätzliche Anmerkungen. In: Knauer, Wolfram: Jazz und Sprache, Sprache und Jazz. Darmstädter Beiträge zur Jazzforschung, Band 5. Hofheim (Wolke Verlag) 1999, S. 13.

80 https://de.wikipedia.org/wiki/Honda_Jazz
81 https://jazzapple.com/eu/de/
82 https://de.wikipedia.org/wiki/Yves_Saint_Laurent
83 Schaal: Jazz-Standards, S. 172.
84 Spitzer: Musik im Kopf, S. 399.
85 Vgl: Kampmann: Jazz, S. 20/21.
86 Berendt / Huesmann: Das Jazzbuch, S. 12.
87 Burns, Ken: Jazz, S. 56.
88 Ellington, Duke. In: Burns, Ken: Jazz, S. VII.
89 Anfang der 2010er-Jahre fachte eine Gruppe von Musikern um den Trompeter Nicholas Payton und den Pianisten Robert Glasper die Diskussion um den Begriff »Jazz« neu an, indem sie ihn als oktroyiert und entleert kennzeichnete und stattdessen »Black American Music« als Alternative vorschlug. Nach anfänglicher Diskussion wurde die Idee teils übernommen, teils verworfen, ohne den Begriff als solchen weiter zu definieren. Vgl: Knauer, Wolfram: »Jazz« or not »Jazz«. From Word to Non-Word and Back. In: Knauer (Hg.) Jazz Debatten, S. 175-192.
90 Hutcherson, Bobby. In: Placke, Rainer / Wulff, Ingo (Hg.): Blue Note Photography, Bad Oeynhausen (Jazzpresso), S. 9.
91 Van Gelder, Rudy. In: Placke, Wulff, S. 13.
92 Kahn, Ashley. In: Placke, Wulff, S. 9.
93 Heckman, Don: Jazz Seen. In: Claxton, William: Jazz Seen. Köln (Benedikt Taschen Verlag) 1999, S. 260.
94 Zum Verhältnis von Musik und Werbung vgl.: Spangardt, Benedikt / Herget, Ann-Kristin / Schramm, Holger: Musik in der Werbung. In: Schramm, Holger (Hg.): Handbuch Musik und Medien: Interdisziplinärer Überblick über die Mediengeschichte der Musik. Wiesbaden (Springer VS) 2019, S. 187–212.
95 Taylor, Creed. In: Kahn, Ashley: Impulse! Das Label, das Coltrane erschuf. Berlin (Rogner & Bernhard Verlag) 2007, S. 41.
96 Jahn, Konstantin: Hipster, Gangster, Femmes Fatales. Eine cineastische Kulturgeschichte des Jazz. München (edition text & kritik) 2016, S. 240.
97 Guillermo E. Brown. In: Berendt / Huesmann: Das Jazzbuch, S. 638.
98 Anfang 2016 widmete sich die Ausstellung »I Got Rhythm. Jazz und Kunst seit 1920« im Kunstmuseum Stuttgart ausführlich dem Thema. Vgl: Beckstette, Sven / Gross, Ulrike u.a. (Hg.): I Got Rhythm. Jazz und Kunst seit 1920. München (Prestel Verlag) 2015.
99 Davis / Troupe: Die Autobiographie, S. 249.
100 Naura: Cadenza, S. 83.
101 Fränzel, Dieter E. / Rauschtenberger, Dietrich: Die Zeit der Clubs. In: Fränzel, Dieter E. (Hg.): Sounds Like Whoopataal. Wuppertal in der Welt des Jazz. Essen (Klartext Verlag) 2006, S. 85.
102 Brötzmann, Peter. In: Fränzel (Hg.): Sounds Like Woopathaal, S. 179.
103 Peterson, Oscar: Meine Jazz-Odyssee. Höfen (Koch / Hannibal Verlag) 2003, S. 225.
104 Vgl. Fischer, Klaus Gotthard: Jazzin' The Black Forest. Saba / MPS – Geschichte eines Jazzlabels. Berlin (Crippled Library) 1999, S. 15.
105 Vitali, Luca: The Sound Of The North. Norway and the European Jazz Scene. Italy (Haze and Alice Zevi Editions) 2015, S. 23, eigene Übersetzung.

106 Whitehead: Warum Jazz?, S.144.
107 Gillespie, Dizzy & Frazer, Al: To Be Or Not To Bop. Memoiren – Dizzy Gillespie. St. Andrä-Wördern (Hannibal) 1985, S. 258.
108 Socarras, Alberto. In: Gillespie / Frazer: To Be Or Not To Bop, S. 263.
109 Dombrowski, Ralf: Das Originale und das Originelle – Techniken kultureller Aneignung am Beispiel des Oriental Jazz. In: Knauer: Begegnungen, S. 224.
110 Roy, Maya: Buena Vista. Die Musik Kubas. Heidelberg (Palmyra Verlag) 2000, S. 208.
111 Vgl. Castro, Ruy: Bossa Nova. The Sound Of Ipanema. Eine Geschichte der brasilianischen Musik. Höfen (Koch international) 2006, S. 161ff.
112 Castro: Bossa Nova, S. 167.
113 Castro: Bossa Nova, S. 257.
114 Eine umfassende und noch immer gut lesbare Geschichte des Akkordeons stammt von Christoph Wagner, zu finden unter Wagner, Christoph: Das Akkordeon oder die Erfindung der populären Musik. Mainz (Schott Verlag) 2001.
115 Vgl. www.japantimes.co.jp/culture/2018
116 Eine gute Einführung in japanischen Jazz bietet Wikipedia unter https://en.wikipedia.org/wiki/Japanese_jazz
117 Blobel, Ulli: Russenpanzer, FDJ und Free Jazz. In: Blobel, Ulli (Hg.): Woodstock am Karpfenteich, Die Jazzwerkstatt Peitz. Bonn (Lizenzausgabe für die Bundeszentrale für politische Bildung) 2011, S. 17.
118 Blobel: Russenpanzer, FDJ und Free Jazz, S. 17.
119 Stern, Bert: Jazz On A Summer's Day (DVD + CD). Hamburg (Artistry Musik / Edel) 2001.
120 Davis / Troupe: Die Autobiographie, S. 380.
121 Doldinger, Klaus, eigenes Interview, April 2015.
122 Eine informative und gut strukturierte Seite ist whosampled.com, die umfassend Quellen und Bearbeitungen auflistet
123 Augustin, Gerhard: Der Pate des Krautrock. Berlin (Bosworth Music GmbH) 2005, S. 9.
124 Asher, Don / Hawes, Hampton: Ganz tief Luft holen. Autobiographie eines Jazzmusikers. Frankfurt am Main (Nexus Verlag / Jürgen A. Schmitt Publikationen) 1983, S. 46/47.
125 De Valk, Jeroen: Chet Baker. Schaftlach (Oreos Verlag) 1991, S. 107.
126 Davis / Troupe: Die Autobiographie, S. 135.
127 Die ganze Geschichte von Henry Grimes wird in dem Fotobuch »American Jazz Heroes« erzählt, das mehrere Dutzend alte Herren des Genres einfühlsam porträtiert. Vgl: Reimer, Arne: American Jazz Heroes. Köln (Verlag Axel Stinshoff) 2013, S. 138–141.
128 Reimer, Arne: American Jazz Heroes Volume 2. Köln (Verlag Axel Stinshoff) 2016, S. 11.
129 Eigenes Interview mit Joe Zawinul, Februar 2000.
130 Angaben laut magazine.ferrari.com
131 Davis / Troupe: Die Autobiographie, S. 390/91.
132 Davis / Troupe: Die Autobiographie, S. 375.
133 Priestley, Brian: Jazz On Record. Die Geschichte des Jazz auf Schallplatte. Wien (Hannibal Verlag) 1990, S. 152.
134 Kampmann: Jazz, S. 329.
135 Berendt / Huesmann: Das Jazzbuch, S. 515.

136 Kurt Elling, eigenes Interview, Juni 2015.
137 Vgl. Young, Bob / Stankus, Al: Jazz Cooks. Die Größen des Jazz und ihre Lieblingsrezepte. Aarau (AT Verlag), 1996.
138 Porter, Lewis: John Coltrane. His Life and Music. Michigan (The University Of Michigan Press) 1999, S. 296, eigene Übersetzung.
139 Viera, Joe: Jazz. Musik unserer Zeit. Schaftlach (Oreos Verlag) 1992, S. 40.
140 Berendt / Huesmann: Das Jazzbuch, S. 467.
141 Dieckmann, Christoph: Doch alle Lust will Ewigkeit: Jazzplatten als Grenzverletzer der DDR. In: Blobel (Hg.): Woodstock am Karpfenteich, S. 63
142 Noglik, Bert: Petz und der Feuerschlucker vom Centre Pompidou. In: Blobel (Hg.): Woodstock am Karpfenteich, S. 38/39.
143 Knauer, Wolfram: Charlie Parker. Stuttgart (Reclam Berlag) 2014, S. 182.
144 De Koenigswarter, Pannonica: Die Jazzmusiker und ihre drei Wünsche. Stuttgart (Reclam Verlag) 2007.
145 Knauer, Wolfram / Jazzinstitut Darmstadt (Hg.): Wegweiser Jazz. Darmstadt (Jazzinstitut) 2009, S.11/12. Online vgl. www.jazzinstitut.de
146 Pfankuch, Gert: Amateurjazz in den fünfziger Jahren. In: Wolbert (Hg.): That's Jazz, S. 411.
147 Dunkel, Mario: Sexuality, Eroticism and the Construction of the Jazz Tradition. In: Knauer, Wolfram (Hg.): Gender and Identity in Jazz. Darmstädter Beiträge zur Jazzforschung, Band 14. Hofheim (Wolke Verlag) 2016, S. 39/40.
148 Fuchs, Christina: Wir sind Heldinnen. Jazz thing Magazin 119 7-8/2017. Köln (Verlag Axel Stinshoff) 2017, S. 66.

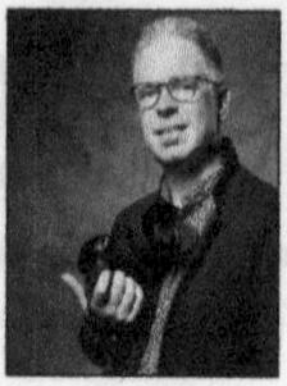

RALF DOMBROWSKI, geboren 1965 in München, studierte Germanistik und Geschichte, bevor er 1994 begann, für die Süddeutsche Zeitung über Jazz und Stilverwandtes zu schreiben. Seitdem arbeitet er regelmäßig für Tageszeitungen, Fachmagazine, Radioanstalten und Online-Medien, ist außerdem ein profilierter Fotograf, Mitglied zahlreicher Jurys, Festivalleiter, Buchautor und Archiv-Scout.

Ralf Dombrowski
111 GRÜNDE, JAZZ ZU LIEBEN
Mit Fotografien des Autors

ISBN 978-3-86265-804-6

VERLAG
Schwarzkopf & Schwarzkopf Verlag GmbH
Kastanienallee 32, 10435 Berlin
Telefon: 030 – 44 33 63 00, Fax: 030 – 44 33 63 044

INTERNET | E-MAIL
www.schwarzkopf-schwarzkopf.de
info@schwarzkopf-schwarzkopf.de
www.facebook.com/schwarzkopfverlag